사상으로서의 편집자

이 도서의 국립중앙도서관 출판예정도서목록(CIP)은 서지정보유통지원시스템 홈페이지(http://seoji.nl.go.kr)와 국가자료공동목록시스템(http://www.nl.go.kr/kolisnet)에서 이용하실 수 있습니다.
(CIP제어번호: CIP2015003577)

사상으로서의 편집자

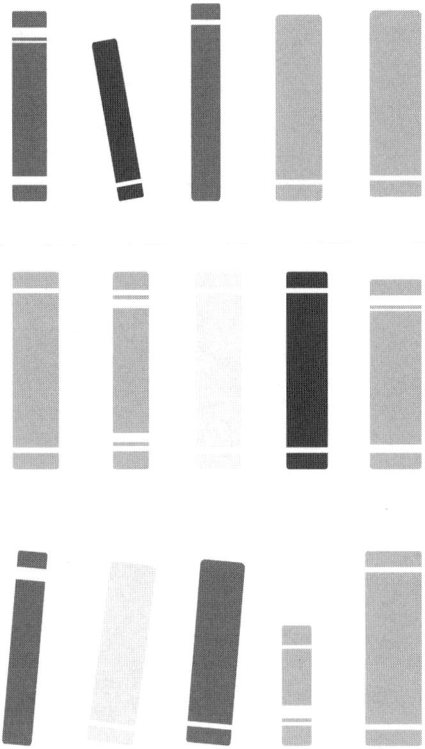

현대 독일 프로테스탄티즘과 출판의 역사

후카이 토모아키 지음
홍이표 옮김

한울
아카데미

한국어판 서문

1

하이델베르크의 라인하르트 메링(Reinhard Mehring)은 마르틴 하이데거(Martin Heidegger)의 사상과 정치적 행동을 해석하기 위한 하나의 관점으로 자신이 고안한 '유고정책(遺稿政策, Nachlasspolitik)'에 주목해왔다. 라인하르트는 하이데거가 "민족사회주의(Nationalsozialismus) 시기에 자신이 겪은 정치적 좌절을 뒤로하고, (새롭게 상정되는 독자들의) 행선지를 의도적으로 바꾸기로 결심했다"고 보았다. 구체적으로 말하면, 하이데거는 자신의 작품을 자기 손으로 직접 '후세 사람들'에게 전달하기 위한 작업에 몰두하기 시작한 것이다. 즉 자신의 사상을 독자들에게 직접 마케팅하는 일을 자신의 중심 활동으로 삼게 된 것이다. 하이데

이 글에 참고한 자료들은 다음과 같다. Reinhard Mehring, *Heideggers Überlieferungsgeschick. Eine dionysischer Selbstinszenierung*, (Würzburg, 1992); "Heideggers Bestimmung seiner Hörer zur Überlieferung. Eine These", in: *Zeitschrift für Religions- und Geistesgeschichte* 45 (1993), pp. 372~376; Reinhard Mehring, *Edition und Rezeption. Max Weber, Carl Schmitt und Martin Heidegger*, p. 1, 12.

거는 1930년대의 정치적 좌절 이후, 사상가로서의 자기 인생을 재구축하기로 결심하였다. 그는 이후에 일어날지도 모르는 정치적 비판을 피하고, 자신의 사상을 담은 작품과 편집 활동이 안정적으로 이루어져, 온전하게 후세에 전달될 수 있기를 간절히 바라며 그 일에 온 힘을 기울였다. 이런 모습은 하이데거에게서만 발견되는 것은 아니다. 사상가 스스로가 자신의 저작이나 작품이 후세에게 어떤 취급과 평가를 받게 될지 염두에 두고 글을 작성하고 편집하는 모든 행위 전략의 총체를 라인하르트 메링은 '유고정책'이라고 명명했던 것이다. 메링은 그러한 유고정책을 이 한마디로 표현했다.

> 그것은 작품 전체의 보존, 편집, 해석적 평가에 관한 일이며, 작자(사상가)의 전략 가운데 중요한 일부분이다.

메링은 한 걸음 더 나아가, 사상가 자신이 실시하는 '유고정책'을 '유고편집정책(Nachlass-editionspolitik)'과 '유고해석정책(Nachkassinterpretationspolitik)'으로 구별하여 설명하고 있다. 전자는 저자 자신이 구체적으로 저작집의 편집 작업에 관여했거나 아니면 생전에 전집 간행을 진행시킨 것으로서, 결국 그 작품의 전승 과정에 직접 개입한 경우이다. 후자는, 앞의 경우처럼 저자가 구체적이고 직접적으로 자기 사후의 작품 계승 문제를 걱정한 것은 아니지만, 결과적으로는 편집 작업을 이끄는 가이드라인을 제시하고 자신의 해석을 반영함으로써 이후에 오랜 기간 집대성되는 편집 작업에 간접적으로 영향을 미치는 경우이다. 메링에 따르면, 하이데거는 그 양쪽 정책이 모두 교묘한 방법으로 서로 결합된 사상가였다고 한다. 그러한 관점에서 하이데거의 사상을 바라보면, "하이데거가 낳은 최대의 작품은, 결국 그의 전집(혹은 저작집)"이 되어 버린다. 따라서 그러한 전집류도 "하나의 작품으로서 읽힐 수 있게 된다". 메링의 하이데거 사상 연구의 핵심 주제는, 하이데거가 대학에 있을 때 나치즘과 맺었던 관계나 그들에게서 받은 영향 등이었다. 따라서 메링의 연구는 자연스럽게 철학 분야로부터 미디어 분석(언론학)의 영역으로 옮겨갔고, 나중에는 후자의 분석이 더욱 중심을 차지하게 되었다. 하이데거가 남긴 작품의 독창성은, "자기 연출의 실행을 분석"한 데 있다. 그는 본인 스스로에 대한 해석을 독자적인 편집 정책으로 전환시켰다. 자기 손으로 해석과 편집을 통합했으며, 자신의 해석학을 동원해 편집상의 "지시에" 따르는 "하이데거 신봉자"를 확보해갔다. 그러므로 메링은 "하이데거의 저작 활동에 관한 엄밀한 분석은, 이 저작집의 독자성을 분명히 밝히는 작업이 되지 않으면 안 된다"고 결론지었던 것이다.

물론 메링의 견해가 모든 시대의 모든 사상에 대해서 유효하게 적용될 수는 없을 것이다. 하지만 현대 사상의 연구에 새로운 관점을 제공하고 있음은 확실해 보인다. 그것은 바로 '편집'이라는 시점이다. 기존의 사상사 연구는, '저자로서의 사상가' 개인에 대한 연구라는 틀, 혹은 '저자가 기록하고 표현한 텍스트'를 '독자 또는 연구자가 어떻게 받아들였나'라는 틀 속에서 이루어져 왔다. 즉 '저자 ⇄ 독자'의 관계라고 하는 틀이다. 그것은 저자에게 정치적, 종교적, 학문적인 권위가 자명하게 부여되던 시대의 틀이다. 하지만 근대 이후 시대에 접어들면서, 대학이나 아카데미 등의 제도권 사상계는 당초의 권위를 잃고 상대화되어갔다. 이윽고 그러한 제도권을 넘어선 대학 밖에서의 학문 활동이 특별한 의미를 갖게 되었다. 따라서 '사상'의 구축과 표현은 전문가 집단으로서의 대학인이나 학회 회원에게만 주어지는 것이 아니라, 일반 대중에게도 그 영역을 넓혀갔다. 이처럼 '사상의 시장'이 확대되어 일부 지적 서클의 독점물이던 '사상'이 자유롭고 광활한 무대를 얻게 되었을 때, 기존의 사상 연구의 틀은 파괴되었고 '저자 ⇄ 독자'라는 고착된 양자 사이에 새로운 지성의 프로모터인 편집자가 등장하였다. 그들은 기존 사상가의 독보적 권위를 대신하게 되었으며, 시장이 필요로 하는 사상을 적시에 공급하기 위하여 역사의 무대에 등장했다. 그러므로 편집자들은 경영이나 인쇄 기술만 다루면 되었던 기존의 역할을 뛰어넘어, 책에 담아내던 사상의 내용과도 깊숙이 관계 맺게 되었다. 그 순간 '저자 ⇄ 독자'의 관계라는 틀이 변화하여, '저자 ⇄ 편집자 ⇄ 독자'라는 틀이 등장한 것이다.

> 시대정신이 어떠한 명확한 이미지[像]로서 그 모습을 드러낼 때는, 그 표현을 담당한 출판 사회에 변화가 일어난다. 지식인의 운동을 파고들어가 보면, 반드시 출판인이 항상 함께 움직였음을 발견하게 된다. 출판은 새로운 지성의 탄생에 '보이지 않는 손'과 같은 역할을 담당하며, 늘 그림자 속에 있지만 동시에 지성의 창조 작업을 조직해나가고 있다. 따라서 사상이 창출되고 요동치는 이면의 구조를 살펴보기 위해서는, 출판에 대한 생태적 관찰이 반드시 필요하다. 그것은 원래부터 출판이 창조적 작업이었기 때문이다.
>
> —上山安敏, 『神話と科學: ヨーロッパ知識社會 世紀末~20世紀』, p. 159

19세기 말엽부터 사상은 대학이나 교회의 독점으로부터 해방되었고, 국가권력도 상대화시켜 그들로부터 받던 정치적 검열도 약화되어갔다. 그러한 19세기부터 오늘날 같은 고도의 정보화 사회에 이르기까지, 사상은 출판사 혹은 편집자를 요구했으며, 동시에 출판사나 편집자가 사상의 창안자가 되어왔을 가능성이 있다. 물론 지금 이 순간에도 편집자들이 새로운 사상을 산출하고 있을지도 모른다. 그러한 의미에서 편집자라는 존재는 사상사 연구에서 새롭게 자리매김되며, 결국은 '편집자의 사상'에 대한 분석도 사상사 연구에서 중요한 의미를 지니게 된다. 하이데거는 자신의 '유고정책'을 통해서, 자기 자신의 사상에 대한 편집자가 되어 작업에 나섰고, 그렇게 편집한 사상을 후세에 남겼다. 동시대의 대표적 신학자 파울 틸리히(Paul Tillich)의 경우도 이와 같은 '유고정책'의 사례로서 제시할 수 있을 것이다.

이 책에서 나는 그러한 '편집자의 사상'에 주목하는 관점에 서서, 빌헬름 제정기부터 바이마르 시기에 걸친 독일의 신학사상사를 새롭게 다시 읽어보고자 했다.

2

이 책이 일본에서 간행된 것은 2012년이었는데, 일본 신학계뿐만 아니라 기독교 신학을 꼭 전문으로 하지 않는 연구자들에게도 꽤 주목을 받아 여러 편의 서평이 소개되기도 했다. 요네다 고우지(米田綱路)의 「지성의 프로모터, 편집자의 사상사적 고찰—세기 전환기의 모데르네

(Moderne)로부터, 21세기의 과제까지」(≪圖書新聞≫, 2011년 10월호), 마쓰자와 다카시(松澤隆)의 「마지막에 남는 것은 어떤 사상인가?」(『神保町の匠』, 三省堂書店, 2011년 8월 25일), 익명 필자의 「지금 '편집자'의 진가가 질문받고 있다」(≪出版ダイジェスト≫, 제2230호, 2011년 7월), 사가라 요시코(相良喜子)의 「편집자라는 관점으로부터의 사상사 연구」(≪ドイツ思想研究≫, 제74호, 2013년), 이케다 가즈미(池田一二)의 「근대 독일 사상의 핵심에 다가가다」(≪時代批判≫, 2012년 12월호), 노무라 히토시(野村仁)의 「사상사 연구의 새로운 관점」(≪政治思想研究≫, 近代政治思想學會編, 제38호, 2013년), 니시타니 요시히데(西谷能英)의 「비판적 사상으로서의 편집이라는 영위(營爲)」(≪未來≫,제575호, 2014년 8월) 등이 그 대표적인 것들이다.

이 책의 간행 후, 일본의 교토대학 대학원에서 유학하며 연구를 이어가던 홍이표 선생님이 한국의 대표적인 신학 잡지인 ≪기독교사상≫에 번역 연재해주시게 되었다. 한국에서의 연재 과정을 통해서 원 저서에는 없던 적절한 사진들이 많이 소개되어 책의 내용이 더욱 풍성해졌다. 유감스럽게도 나는 경애하는 이웃 나라 한국의 말과 글을 이해할 수 없었지만, 현재 몸담고 있는 대학에서 만난 한국인 동료들이 ≪기독교사상≫의 한국어 문장을 보고 매우 훌륭한 번역이라고 알려주었다. 이 책의 내용을 한글로 옮기기 위해 귀중한 시간을 기꺼이 내주신 홍이표 선생님에게 진심으로 감사의 말씀을 드리고 싶다.

또한 이 책의 한국어판에 나의 오랜 친구인, 존경하는 장로회신학대학교의 낙운해(落雲海) 교수님이 서평을 써주시어, 한국의 독자들이 이 책을 한눈에 조망할 수 있도록 소개해주셨다. 그 서평이 이 책의 뒷부분에 수록되었으니 한국인 독자들께 반드시 일독을 권하고 싶다. 낙운해 선생님은 내가 가장 존경하는 인격자이시며, 신뢰할 수 있는 동년배 신학자이다. 그런데 우리는 이 책이 일본에서 간행된 직후, 어떤 불행한 사건으로 인해 소식을 끊고 지낼 수밖에 없는 상황에 놓였다. 그러한 기간이 2년 가까이 이어지던 동안 한국에서 이 책이 번역 연재되어갔고, 결국 한국어판 단행본으로 출판되는 과정을 거치면서, 정말로 하나님의 섭리로밖에는 여겨지지 않는 방법으로 서로가 다시금 연락을 취할 수 있었다. 나는 이 책이 지금 신학 분야에서 선진국이자 지도적 국가라 할 한국의 언어로 번역 출판되는 일을 큰 영광으로 여기며 감사하고 있다. 하지만 그 이상으로, 이 번역 출판을 통해서 더없이 소중한 외우(畏友)와의 교류가 회복될 수 있게 된 점을 진심으로 감사하고 있다. 이 간절한 마음을 도저히 숨길 수 없기에, 이례적일지 모르지만 여기에 꼭 적어두고자 한다.

나는 이 책을 마주하게 되실 한국의 독자 여러분께, 그리고 이 책을 간행하기로 용단을 내려주신 도서출판 '한울'의 모든 분들과 번역해주신 홍이표 선생님, 그리고 마지막으로 서평을 적어주신 낙운해 선생님께 진심으로 감사드린다는 말씀을 전하고 싶다.

2014년 5월 30일

긴죠가쿠인대학(金城學院大學) 연구실에서

후카이 토모아키

차 례

일러두기

본문 하단에 있는 각주는 옮긴이의 주, 본문 이후에 제시된 주(註)는 저자의 원주임을 밝혀 둔다.

프롤로그

편집자란 누구인가? 누가 편집자인가?

1948년에 일어난 사건:
틸리히 + 애덤스 + 위크 = 『프로테스탄트 시대』

1933년 4월 13일, 독일의 신학자 파울 틸리히(paul Tillich)는 「관리재편법(官吏再編法)」 제4조에 따라 프랑크푸르트대학 철학부 교수직에서 정직 처분되었고, 같은 해 12월 20일 자로 정식 해고되었다. 그것은 사상사 연구에서는 자주 언급되는 유명한 사건이다. 그러나 훗날 미국으로 망명한 틸리히가 그 후 어떤 과정을 거쳐 뉴욕 브로드웨이를 휩쓸며,[1] ≪타임(Time)≫지 특집호의 표지를 장식한 저명한 망명 지식인 가운데 한 사람이 되었는지에 대해서는 그다지 소개되지 않았다.

그는 독일에서는 이미 어느 정도 알려진 철학자이자 신학자였지만, 미국에서는 그의 사상에 대해 극히 일부의 신학 관계자, 혹은 독일어권의 신학이나 사상적 스타일에 정통한 사람들 몇몇만이 알 뿐이었다. 사실 미국의 지식인 사회가 그의 사상을 이해하고 받아들이기까지는 망명 후 꽤 긴 시간이 필요했다. 망명자 중에는 처음부터 성공이 약속되어 초

≪타임≫지 표지에 소개된 파울 틸리히 (1959년 3월 16일 자)

빙된 경우도 있었지만 틸리히는 그렇지 않았다. 대우가 좋았던 이공학계의 연구자나 예술가와 달리, 인문계통의 연구자들 상당수는 망명 후 학문적 인정을 받기 위해서는 걸음마 단계부터 다시 시작하지 않으면 안 되었다.[2] 그가 뉴욕 유니온 신학교의 공식적인 교수 집단의 멤버가 된 것은 망명 후 7년이 지난 1940년의 일이었으며, 그는 결코 인기 있는 논객(Writer)이나 칼럼니스트도 아니었다. 그 이유 중 하나는 틸리히가 영어에 서툴렀다는 점이다. 이에 더하여 독일 관념론적 전통을 계승하여 줄곧 '체계'를 고집하며 사색하는 틸리히의 스타일도 미국 사상계에 안착하는 것을 방해하고 있었다. 그것은 그만의 특별한 입장도 아니었다. 그의 프랑크푸르트 시대의 동료들인 테오도어 아도르노(Theodor W. Adorno)와 막스 호르크하이머(Max Horkheimer), 혹은 한나 아렌트(Hannah Arendt)나 헤르베르트 마르쿠제(Herbert Marcuse)도 같은 상황이었기 때문이다.[3] 아마 유일한 예외로서 에리히 프롬(Erich Fromm) 정도를 들 수 있을 것이다. 그는 독일 시절부터 영어에 통달하여 자신의 사상을 자유롭게 영어로 표현할 수 있었고, 그 결과 뉴욕에 카운셀링 센터를 개설할 수도 있었다.

그런데도 틸리히는 "자신의 상황에 대한 무익한 불평불만을 내뱉지 않았고", "이 상황이 불가피한 것이라고 스스로 납득해가면서 운명을 긍

촉망받던 신학자이자 철학자였던 틸리히가 독일에서 가르치던 1930년경 모습(왼쪽)과 미국 생활 이후 만년의 모습(오른쪽)

정"하였다. 그래서 "미국에서의 운명을 받아들여 그것을 있는 그대로 수용하여 뒤를 되돌아보거나 하지" 않았다. 그리고 "망명 후 몇 년 동안 그는 끊임없이 학문적 성공을 이루기 위해, 또 미국이란 새로운 세계에서 자신을 바로 세우기 위해 성실하게 매진"했다.[4] 그러나 유감스럽게도 그의 절친한 벗들이 증언하듯이, 그가 미국에서 널리 알려진 것은 '철학적 신학자로서 지닌 독창성이나 창조성 때문'은 아니었다. 오히려 빌헬름 파우크(Wilhelm Pauck)가 말하듯이 "다른 이주자들에 대한 이주자로서의 관계", 즉 다른 망명자들이 미국에서 낳은 지적 영향력이 사람들을 틸리히의 사상에 관심을 갖고 수용할 수 있도록 이끌었다. 그런 측면에서, 틸리히는 "독일 시절의 사상적 자산과 재고(在庫)를 미국이라고 하는 새로운 시장을 위해서 다시금 새롭게 꾸리지 않으면 안 되었다".[5]

틸리히는 '미국에서 여전히 알려지지 않았던 시절, (독일에서 쓴) 저작들을 통해 자신을 소개하자'는 생각과 함께 '새로운 세계 속에서 자신의 아이덴티티를 탐구해보자'는 의도를 가지고 『경계선 위에서(On the boundary)』라는 최초의 지적인 회고록(자서전)을 썼다.[6] 이것은 1936년의 일로서 그 회고록을 서문으로 하여, 그 스스로가 미국에 소개하고 싶다고 생각한, 자신의 사상적 정수를 녹여낸 기존의 독일어 논문 몇 편을 영어로 번역해 『역사의 해석(The Interpretation of History)』(1936)[7]이라는 제목으로 출판했다.

그런데 이 책은 틸리히의 기대와는 달리 대체로 반응이 차가웠다. 그의 회고나 거기에 이어지는 논문의 번역이 애매하고 적절하지 않았던 것도 있었고, 특히 '역사의 해석'이란 제목의 논문에 나오는 개념들이 너무 난해하고 복잡했던 까닭에, 틸리히의 사상이나 그 적절성에 대해서 명료함보다는 오히려 혼란을 초래하고 말았다.[8] 이 책은 "'완전히'라고 말해도 좋을 만큼 전혀 팔리지 않았다"[9]고 한다. 그때 틸리히는 이미 49세의 나이였지만, 이 사건을 통해 자신이 학문적 경력 면에서 최초의 걸음마 단계로 추락해 있다는 사실을 새삼 깨닫게 되었다. 유니온신학교의 헨리 코핀(Henry S. Coffin) 교장은 비록 틸리히가 비전임 강사였지만 그를 사실상 교수와 다를 바 없다고 생각하고 있었다. 하지만 틸리히가 유능한 인물이라는 것은 인정하더라도, 그가 "독일이나 그리스의 사상을 지나치게 강조한다는 이유 때문에 그를 학부의 전임교수 지위에 앉히는 것이 적절한지에 대해서는 마음속으로 결정하지 못하고 있었다. 게다가 임명이나 승급의 권한을 갖고 있던 이사회는 틸리히의 사상에 대해서 어떻게 평가해야 할지 전혀 모르는 상황이었다".[10]

그러한 틸리히가 뉴욕 브로드웨이의 어퍼타운에서 다시금 화려하게 데뷔하여 뉴욕의 지식인들 사이에서만이 아니라, 더욱 영역을 넓혀 미국 전체의 독자층에게 반향을 일으키게 된 것은, 결국 그 12년 후인 1948년

1936년 『역사의 해석』을 미국에서 처음으로 출간해준 스크리브너스 출판사(오른쪽)와 이어 별도로 출간된 『경계선 위에서』의 표지(위)

에 출판된 한 권의 책 때문이었다. 그는 『역사의 해석』이 실패한 해로부터 수년 뒤, 다시 한 번 미국에 자신의 사상을 번역해 소개하기로 했다. 물론 그는 『역사의 해석』에서 맛보았던 실패를 두 번 다시 반복할 수 없다고 다짐한 상태였다. 따라서 그는 다른 망명 지식인들의 학문 활동의 성공 사례를 상세하게 분석했고, 그가 과거 20년 동안 쓴 글 중 어떤 논문이 미국의 정신적 상황에 잘 적용될 수 있을까 정성껏 조사했다. 그때 탁월한 상담자가 되어준 사람이 훗날 하버드대학의 교수가 된 제임스 애덤스(James L. Adams)와 뉴욕에서 활동하던 동료 빌헬름 파우크였다. 그들 사이에 오간 수많은 편지가 하버드대학의 앤도버 신학도서관의 「틸리히 문서」 파일 안에 남아 있다. 논문을 선정할 때 틸리히는 오로지 애덤스와 상담해 결정했다. 그도 그럴 것이 애덤스는 미국에서 최초로 틸리히의 사상에 대한 박사논문을 쓴 신학자로서, 틸리히가 "나 이상으로 나의 사상을 잘 아는 애덤스"[11]라고 불렀을 정도로 그와 오래 함께했기 때문이다. 이러한 별명은 틸리히의 유머라고도 이해할 수 있겠지만, 한편으론 미국에서 이루어진 틸리히의 저작 활동이 지닌 성격을 정확하게 증언하는 말이기도 하다. 애덤스는 틸리히 저작의 번역자 이상으로 재해석자요, 재구성자라고 말해도 충분한 인물이었다. 그것은 애덤스와의 상담을 통해 취합되던 틸리히의 새로운 논문집은 전작과는 여러 면에서 달랐기 때문이다. 즉 애덤스는 "독일의 루터파가 미국의 프로테스탄티즘과는 전혀 다른 종교적 상황에 놓여 있음"에 주목하면서, "(그러한 다른 상황에 기반을 둔 틸리히의 사상이야말로) 그리스도교적인 것이라고 확인할 수 있는 원리적인 논문들"이란 점이 부각되기를 바랐다. 또 그는 "(미국이) 승전국임에도 불구하고 유럽의 그리스도교 세계가 낳은 정신적인 여러 문제 앞에서는 승리하지 못하고, 오히려 서양 문명의 위기를 여전히 공유하고 있음을 밝혀내는 논문"[12]이 수록되어야 한다고 제안했다.

틸리히는 애덤스의 제안을 받아들여, 프랑크푸르트 시절 가까운 벗이었고 망명 후에도 틸리히를 중심으로 정기적인 모임을 가져왔던 프랑크푸르트 사회연구소의 친구들과 이러한 생각을 나누었다. 그중에서도 특히 호르크하이머와 깊이 있게 상담했다. 호르크하이머는 새로운 논문집 안에 틸리히가 계속 염두에 두던 '문화와 종교'라는 주제를 둘러싼 독일 시절의 철학적 논문이 아니라, 오히려 '종교사회주의'나 '심리학적 분석'을 포함한 논문들을 수록하는 것이 좋겠다고 권유했다. 호르크하이머는

미국에서 틸리히의 새 출발을 도와준 코디네이터 애덤스(왼쪽)와 빌헬름 파우크(오른쪽)

"과학기술의 발전으로 인해 인간이 인간을 조작(操作)하게 된 상황과 그 결과 배태된 광의의 비인간화(非人間化)로 인해, '조화로운 사회'의 모습은 이미 과거의 것으로 전락해 버렸음을 지적한 틸리히의 논문들"[13]이야말로 그 당시 미국 사회에 번역 소개되어야 한다고 제안했다.

애덤스는 틸리히와 호르크하이머, 이후에는 아도르노까지 보탠 소중한 조언들을 참고로 하여 틸리히의 저작에 대한 영어 번역을 주도해갔다. 그 고단한 작업은 일체의 보수를 받지 않고 이루어진 자발적이고 헌신적인 협력이었다. 그런데 그것은 정확히 말해 영어로의 번역 작업이라기보다는 미국이라는 새로운 지적 상황 속에서 전개된 틸리히 사상의 재구성 작업이었다. 왜냐하면 애덤스는 틸리히가 정립한 여러 개념들이 미국의 지적 풍토 속에서 쉽게 이해될 수 있도록 다시 읽어가며 대담한 수정을 시도하였기 때문이다. 한편 새로운 문장을 덧붙이거나 불필요한 서술은 삭제하기도 했다. 그래서 영어로 번역된 논문을 독일어의 원문과 비교해보면 훨씬 일목요연해진 것을 확인할 수 있었다. 이러한 작업을 거쳐 수록된 여러 글은 '개정 제2판'이라고 꼭 명시해야 하거나, 완전히 새로운 논문으로 재탄생되고 있었다. 이 모든 일을 도맡아 책임졌던 사람이 바로 애덤스였고, 이 점 때문에 틸리히는 '나 이상으로 나의 사상을 잘 아는 애덤스'라고 말했던 것이다. 그 밖에도 이 번역 및 재구성 작업에 협력한 사람들이 또 있었다. 그때 이미 한나 아렌트로부터 소개를 받아 틸리히의 유니온신학교 시절 비서가 된 틸리히의 애인 힐데 프란켈(Hilde Frankel)이 그 주인공이었다. 그녀는 틸리히와 애덤스 사이를 오가며 원고 재수정을 몇 차례 이상 계속 반복하더라도, 그때마다 불평 한마디 없이 다시 타이핑 작업을 하며 헌신적으로 도왔다. 이 원고들은 늦어도 1943년 가을에는 완성되어야 했다.

그런데 애덤스와 틸리히의 공동 작업을 통해 영어로 번역되고 완전히 환골탈태한 논문들은 전혀 새로운 문제에 직면했다. 그것은 이 원고들을 받아주는 출판사를 찾을 수 없다는 사실이었다. 여기서도 재확인할 수 있듯이 틸리히의 미국 망명은 결코 성공이 보장된 것이 아니었으며, 그가 '학문적 경력의 걸음마 단계부터 새롭게 시작해야 했다'고 고백한 미국에서의 어렵던 상황이 결코 과장도 거짓도 아님을 잘 보여준다. 예전에 『역사의 해석』을 출판했던 뉴욕의 스크리브너스(Charles Scribner's Sons)사가 이 원고를 받고 검토 중이었는데, 2년이나 지나고 나서 돌연 출판이 어렵다는 대답을 해왔던 것이다. 스크리브너스사는 두 명의 저명 신학자에게 검토를 의뢰했고, 그들이 틸리히의 원고를 읽어보았다. 하지만 결국 이 책은 미국의 독자들에게 받아들여질 가능성이 낮다는 결론에 이르렀다는 것이다.[14]

2년 넘게 출판이 지연되고 있던 1946년 연말, 애덤스는 다른 업무 관계에서 신뢰를 쌓아온 시카고대학 출판국의 편집자 프레드 위크(Fred

왼쪽부터 틸리히의 벗 아도르노, 호르크하이머, 한나 아렌트

Wieck)에게 이 원고를 보냈다. 위크는 훗날 한나 아렌트의 『인간의 조건(The Human Condition)』(Chicago University Press, 1958)을 통해 그녀의 사상을 미국에 소개하게 되는 동료 알렉산더 모린(Alexander J. Morin)과 함께 이 원고를 성심껏 읽었다. 그들은 전후 미국 사회가 직면하고 있던 여러 문제를 성찰하기 위해 독일로부터 망명해온 지식인들의 사상이 중요한 공헌을 할 수 있다고 기대하면서 취재를 계속해오던 차였다. 위크는 이미 틸리히의 책들을 독일어로 읽어왔으며 틸리히 개인에 대한 정보도 상당량 입수하고 있었다.

위크도 틸리히의 원고를 읽은 뒤, 이대로는 역시 출판이 불가능하겠지만 만약 틸리히가 위크의 계획에 따라 수정하거나 재작성해줄 것을 받아들인다면, 그의 사상이 미국의 지적 세계에 폭넓게 소개될 가능성이 있다는 대답을 해왔다. 구체적으로는 번역된 논문의 수정과 변경을 요구하면서 틸리히가 독일 시절에 썼던 "심리학적 방법론을 따른 논문이 가장 번역에 적당"하다고 평가하면서, 책의 구성에 대해서도 세 번에 걸쳐 편지를 주고받았다. 위크는 책의 수정이나 변경을 싫어했던 틸리히

위크와의 만남을 통해 틸리히에게 새로운 명성을 안겨준 시카고대학 출판국(왼쪽)과 그곳에서 출판되어 반향을 일으킨 『프로테스탄트 시대』의 표지(오른쪽)

에게 편지를 쓰면서 "…… 당신의 이 개념들은 미국에서는 필요하지 않다"[15]라고까지 말하고 있다.

위크는 "…… 전후의 미국은 무엇에 승리하였고 무엇에 패배했는지, 그리고 여전히 해결되지 못한 문제는 무엇인지를 성찰하기 위해 도움이 될 만한 책을 세상에 내놓고 싶다. …… 그리고 (틸리히의) 고찰이 그것을 위한 지적인 재료를 틀림없이 제공할 수 있다"[16]고 생각했다. 그런 의미에서 편집자 위크가 고민하고 있던 전후 미국 사회에 대한 분석의 틀 속에서 틸리히의 작품들이 미국에 소개되었다고 해도 과언은 아닐 것이다.

최종적으로는 애덤스와 틸리히가 선택했던 논문 중 3분의 1이 삭제되었고, 위크가 새롭게 선택한 세 편의 논문을 애덤스와 틸리히가 예전처럼 영어로 번역했다. 한편 위크의 지시(요청)로 한 편의 논문은 완전히 새로운 신작 논문으로서 새롭게 작성되었다.

여기에다 책 제목에 대해서도 애덤스와 틸리히, 그리고 위크 사이에 몇 번이나 토론이 오갔고, 미국의 지적 상황뿐만 아니라 프로테스탄트 교회의 상황을 토대로 하여 결정해갔다. 틸리히는 계속해서 '프로테스탄트 시대의 조종(弔鐘)'이라는 제목을 주장했지만, 결국 최종적으로 그 책의 제목은 '조종'이란 표현이 삭제된 『프로테스탄트 시대(The Protestant Era)』(The University of Chicago Press, 1948)로 고쳐져 출판되었다.

게다가 위크는 이 책을 출판하는 조건으로서 틸리히의 핵심 저서가 될 것으로 보였던 『조직신학(Systematic Theology)』(1951~1963) 시리즈(전 3권)도 시카고대학 출판국에서 간행하기로 약속을 받아 그 계약을 서면으로 남겼다.

이러한 공동 작업을 거쳐 틸리히의 사상은 다시금 미국 사상계에 소개될 수 있었던 것이다. 『프로테스탄트 시대』는 『역사의 해석』에서 맛본 실패가 거짓말처럼 느껴질 만큼, 1948년에 처음 출판되자마자 그해에만 3판까지 증쇄되었고, 1950년에 새롭게 조판된 페이퍼북까지 총 11회의 증쇄를 반복하였다. 결국 이 책은 무명의 독일 출신 망명 신학자였던 틸리히를 미국의 지적 세계 중심부에 새롭게 데뷔할 수 있도록 이끌었다.•

공연스럽기는 하지만, 지금까지 틸리히의 대표작 『프로테스탄트 시대』가 출판되기까지의 긴 여정을 소개해보았다. 그 이유는 틸리히의 책

• *The Protestant Era*의 번역서가 늦었지만 최근 한국에서 출간되어 참으로 다행이다: 파울 틸리히 지음, 이정순 옮김, 『프로테스탄트 시대: 파울 틸리히의 철학과 신학』(서울: 대한기독교서회, 2011).

이 출판되는 과정이, 이후 이 책 『사상으로서의 편집자』의 내용 전개를 위한 의도와 뜻을 분명히 할 수 있는 적절한 본보기가 될 수 있지 않을까 생각했기 때문이다. 그 책이 출판되는 과정은, 지금까지의 사상사 연구에서 '틸리히는 1948년에 망명 후 두 번째 논문집을 영어로 출판했고 그로써 많은 독자를 확보'했다는 짧은 서술 정도로만 끝나버리던 사건이다. 그런데 다행스럽게도 틸리히의 『프로테스탄트 시대』가 세상의 빛을 볼 수 있었던 사례는, 출판의 뒤쪽 무대에서 펼쳐진 모습들을 전해주는 자료가 상당히 남아 있었기에 그 프로세스를 자세히 알 수 있었다. 한데 이것을 우연히 발견된 단 하나의 사례로만 끝내버려도 괜찮은 것일까? 애덤스와 위크의 역할과 노고가 없었다면 틸리히의 영문판 책도, 또 틸리히의 사상도 미국의 지성계에 널리 알려질 수가 없었기 때문이다. 또 이때의 번역자인 애덤스와 틸리히의 관계를 단순하게 '저자'와 '번역자'라는 관계로만 처리할 수 있는 것일까? 틸리히의 책 『프로테스탄트 시대』의 구성과 최종적으로 완성된 내용과 사상을 올바로 이해하기 위해서는, 그 책이 틸리히의 서재에서 집필된 뒤 곧장 독자에게 전달됐다는 식의 접근만으로는 부족하지 않을까? 이 책이 미국 사회에서 온전히 받아들여질 수 있었던 과정을 이해하기 위해서는 '저자'와 '독자', 즉 한 사람의 '사상가'와 '독자'(혹은 연구자)들이라는 종래의 구도로는 파악할 수 없는 보다 폭넓은 지적 정보가 요구된다. 그런 면에서 틸리히의 『프로테스탄트 시대』 한 권을 이해하기 위해서는 사상사뿐만 아니라 사회사적인 시점으로 바라보는 눈이 필요할 것이다. 그것이 이 글을 시작하며 처음으로 내걸었던 표제, 즉 '뉴욕의 망명 지식인 틸리히 + 미국의 사상

책상 위에서 기록된 틸리히의 사상은 애덤스라는 편집자를 통해 미국과 전 세계에 퍼져 나갈 수 있었다. 책상에서 집필 중인 틸리히(왼쪽)와 그의 사상을 함께 설계하고 구성해간 애덤스의 대표작 *Paul Tillich's philosophy of culture, science, and religion* (New York: Harper & Row, 1965)의 표지(오른쪽)

지도 제공자 애덤스 + 편집자 위크 =『프로테스탄트 시대』'라고 하는 덧셈 수식의 숨은 의미인 것이다. 결국 본 저작은 '틸리히 =『프로테스탄트 시대』'가 아니라 '틸리히 + 애덤스 + 위크 =『프로테스탄트 시대』' 라는 덧셈 형식의 수학적 표기 없이는 그 책의 성립뿐만 아니라, 사상적인 의도나 내용도 정확하게는 이해될 수 없을 것이라는 질문에서 시작되었다.

'편집자'는 어디에 있는가: 사상사 연구에서 편집자가 선 위치

지금까지 사상사 연구는, '저자로서의 사상가' 혹은 그 저자에 의해서 집필되고 표현된 텍스트를 '독자' 혹은 '연구자'가 어떻게 받아들이는가 하는 틀 속에서 전개되었다. 즉 '저자 – 독자'의 관계라는 틀이다. 그것은 저자에게만 학문적, 종교적, 정치적인 권위가 자명하게 부여되던 시대의 틀이다. 그러나 근대 이후 대학이나 아카데미라고 하는 제도가 과거와 같은 권위를 잃고 상대화되었고, 그러한 제도적 학문의 울타리를 넘어 대학 밖에서의 '학(學)'이 특별한 의미를 지니게 되었다. 결국 전문가 집단으로서의 대학인(大學人)이나 학회원(學會員)을 통해서만이 아니라, 더욱 폭을 넓혀 대중에게 사상의 시장이 확대되어갔고, 한발 더 나아가 그 시장이 사상의 가치를 직접 판단하게 되었다. 이처럼 사상이 더 이상 일부 지적 서클의 독점물이 아니게 되었을 때, '저자-독자'라는 공고한 틀은 깨어졌고 양자 사이에 새로운 지성의 프로모터로서 '편집자'가 등장했다고 말할 수 있지 않을까? 그들은 자명한 권위를 대신하여 시장이 필요로 하는 사상을 공급하기 위해 등장했다. 말하자면 그들은 경영이나 기술로서의 인쇄라고 하는 문제를 뛰어넘어, 사상의 내용과도 관계 맺게 되었다. 그때 사상사 연구에 '저자-독자'라는 단순한 관계적 틀을 넘어, '저자-편집자-독자'라고 하는 새로운 틀이 등장한 것이다.

우에야마 야스토시(上山安敏)* 교수는 다음과 같이 말한 바 있다.

> 시대정신이 어떠한 명확한 이미지[像]로서 그 모습을 드러낼 때는, 그 표현을 담당한 출판 사회에 변화가 일어난다. 지식인의 운동을 파고들어가 보면, 반드시 출판인이 항상 함께 움직였음을 발견하게 된다. 출판은 새로운 지성의 탄생에 '보이지 않는 손'과 같은 역할을 담당하며, 늘 그림자 속

* 1925년생. 교토대학 명예교수이며 서양법제사, 법사회사, 법사상사를 전공했다.

에 있지만 동시에 지성의 창조 작업을 조직해 나가고 있다. 따라서 사상이 창출되고 요동치는 이면의 구조를 살펴보기 위해서는, 출판에 대한 생태적 관찰이 반드시 필요하다. 그것은 원래부터 출판이 창조적 작업이었기 때문이다.[17]

또 간골프 휘빙거(Gangolf Hübinger)도 다음과 같이 말하였다.

편집자는 사상을 잉태하고 낳는 어머니일 뿐만 아니라, 편집자 스스로가 사상가의 역할을 감당하고 있을 수도 있다.[18]

하지만 그러한 변화의 사상사적·사회사적인 의미는 기존의 사상사 연구에서는 별로 의식되지 않았던 것이 사실이다. 즉, 사상이 대학이나 교회의 속박에서 해방되고, 국가에 의한 정치적인 검열도 상대화되기에 이른 19세기 말엽부터 오늘날과 같이 고도로 정보화된 사회에 이르기까지, 사상이나 종교 역시 출판사 혹은 편집자를 필요로 하고, 또 출판사나 편집자가 사상이나 종교를 잉태한 산실(모태) 같은 역할을 했을 가능성이 있다. 왜냐하면 근대 시기에 사상은 특정 제도나 서클로부터 해방되어가긴 했지만, 그에 따라 사상도 시장에서 소비되게 되었기 때문이다. 아무리 탁월한 사상이라 해도 정보화 사회가 만들어낸 출판이나 유통제도, 매스미디어 시스템 밖에서는 그저 '광야의 외침'으로 끝나버릴 가능성이 높기 때문이다. 반대로 어떤 사상이라 할지라도 '지성[知]'의 프로모터(Promoter)가 '대중'이라는 익명의 편집자가 품고 있는 의향(意向)을 마케팅하고 판매하기 시작해 결국 성공하게 되면, 그것은 '사상의 시장'을 지배하게 될 가능성도 있는 것이다. 그러므로 근대 이후의 사상 연구는 어느 한 사람의 천재적 연구자, 카리스마를 가진 사상가의 한 가지 연구만으로는 온전히 완성될 수 없게 된다. 그 사상을 기획하고 가공하여 시장에 내보낸 편집자와의 관계까지 연구의 손길이 미치지 않으면 안 된다. 심지어 편집자 자신이 사상가인 경우도 있다. 우리는 이 점에 주목해야 할 것이다. 바로 거기에서 오늘 사상사를 새롭게 다시 읽기 위한 가능성을 발견할 수 있지 않을까?

'브라이언 S. 엡스타인'이라는 사례

'사상가로서의 편집자'라는 말이 가능하도록 하기 위해 또 하나의 예를 살펴보고 싶다. 이번에 소개하는 사람은 출판계의 편집자는 아니지만, 편집자의 사회적 기능이란 관점에서 볼 때 도움이 될 것이다. 바로 브라이언 새뮤얼 엡스타인(Brian Samuel Epstein)이다.

1934년 9월 19일에 영국의 리버풀에서 태어난 엡스타인은 할아버지 대에 리투아니아에서 영국으로 이주한 유대인 집안 출신이다.[19] 그는 학생 시절 성적이 탁월했음에도 불구하고 유대인 출신이었기 때문에 관료를 향한 길이 굳게 닫혀 있었고, 군인이 될 만한 체력도 없었다. 그래서 런던의 왕립 극예술 학교에 진학하여 배우의 삶을 꿈꾸기도 했다. 그러나 불과 1년 만에 그 꿈은 깨지고 말았다. 이후 음악 잡지 ≪머시 비트(Mersey Beat)≫에서 칼럼니스트로 활동하기도 했지만, 결국은 성공한 사업가였던 아버지가 개업한 레코드점의 주인으로 눌러 앉게 되었다. 그의 전기 작가인 데버러 겔러(Deborah Geller)와 앤서니 월(Anthony Wall)에 따르면,

> 그의 생애에 대해서는 특별히 기록할 것이 없다. 엡스타인에게는 특별히 언급할 만한 특수성 — 혹은 고유함 — 이 전혀 없다고 해도 과언이 아닐 것이다. 그러나 그의 관점(觀点)은 언제나 특별하고 남달랐다.…… 그것은 그가 리투아니아에서 온 유대인으로서 영국 사회를 언제든 바깥에서 바라볼 수 있었기 때문이었는지도 모른다. 말하자면 그는 영국 사회가 '전통이라는 요괴'에 지배된 나머지 볼 수 없게 되었던 것들을 직시하여, 한 시대가 잉태한 강력한 새로운 힘에 민감하게 반응할 수 있었던 것이다.[20]

무엇보다도 그가 쓴 음악 평론에는 그의 독특한 재능을 보여줄 만한 문장을 전혀 찾아낼 수 없다. 또 그는 확실히 그 시대의 음악과 유행에는 정통했지만 그것은 평균 이상의 것도 아니었고, 물론 그 자신이 퍼포먼스를 통해 보여줄 뭔가도 없었다.

엡스타인은 불과 32년이라는 짧은 생애를 살고, 1967년 8월 27일에 죽었다. 이토록 짧은 삶 속에 그가 남긴 업적 중 음악 평론가로서의 활동을 기억하는 사람은 많지 않을 것이다. 오히려 그는 자신이 발견하고 세상에 데뷔시킨 네 명의 음악가 때문에 온 세상 사람들에게 더욱 강한 인상을 남기고 기억될 수 있었다. 엡스타인의 말이나 사상이 어떤 독자적 형태로 남아 있는 것도 아니다. 하지만 그의 업적은 그가 찾아내어 세상

비틀즈를 발견하고 세상에 내놓은 엡스타인

에 소개한 비틀즈(the Beatles)라는 그룹을 통해 20세기 역사에 새로이 새겨졌다. 그의 생애는 토니 기텔슨(Tony Gittelson)이 쓴 각본을 통해 영화로 만들어지기도 했는데, 그 영화 속에서 엡스타인은 "비틀즈를 만든 남자"[21]라고 불리고 있다. 또 비틀즈 멤버 중 한 사람인 폴 매카트니(Paul McCartney)도 "최초의 비틀즈는 누구였냐고 묻는다면, 그것은 브라이언 엡스타인이라고 대답할 것"이라고 말하기도 했다.

엡스타인과 비틀즈 멤버들의 만남에 대해서는 정확하게 알 수 없고, 단지 여러 이야기가 있을 뿐이다. 엡스타인의 자서전 『지하실을 가득 채운 음악(A Cellarful of Noise)』에 따르면, 그가 1961년 11월 19일에 리버풀 변두리에 위치한 캐번 클럽(Cavern Club)을 방문했을 때에 모든 것이 시작되었다.[22] 엡스타인은 자기가 경영하던 아버지의 레코드점에서 들어본 적도 없는 그룹의 음반을 사러 온 젊은이들에게 관심을 갖게 되었고, 이내 그들이 연주하는 클럽을 직접 방문해보았다. 그곳에선 울부짖듯 괴성을 지르며 무대에서 담배를 피우기도 하고, 종종 손님들과 싸움을 하기도 하며, 독특한 취향이라고 말해주기도 민망한 더러운 옷을 입은 네 명의 남자가 노래하고 있었다. 그러나 그러한 모습과 함께 그 음악을 처음 듣는 순간부터 엡스타인은 그들의 비범한 재능을 느꼈다. 결국 한 달 후쯤인 그해의 크리스마스 직전에, 엡스타인은 이 그룹을 세상에 알리기 위한 매니지먼트 계약을 맺었다. 이후 비틀즈의 활약에 대해서는 여기서 더 이상 설명을 덧붙일 필요도 없을 것이다.[23]

왜 엡스타인인가? 여기서 강조하고 싶은 것은, 그가 비틀즈를 발견하여 그들을 세상에 내보냈다는 점이다. 비틀즈의 재능은 어떤 경로를 통해서든 언젠가는 결국 이 세상에 드러나 사람들에게 큰 영향을 주게 되었을 것이라고 주장할 수도 있다. 하지만 엡스타인 없이는 비틀즈의 재능이 이 세상에 알려질 수 없었음은 역사적 사실임에 틀림없다. 아니, 한 발짝 더 나아가 생각해보면, 사람들은 비틀즈의 음악을 듣게 되었지만, 그 사람들 눈앞에 등장한 비틀즈와 그들이 듣게 된 비틀즈는 분명히 '엡스타인의 비틀즈', 즉 '엡스타인에 의해 만들어진 비틀즈'였던 것 또한 부인할 수 없는 사실이다. 바로 여기서 (이 글의) 근원적 전제를 ― 혹은 출발점을 ― 재확인할 필요가 있다. 즉, 고도의 정보화 사회에서는 '어떤 훌륭한 예술이나 사상도, 그것이 사람들에게 읽히거나, 들리거나, 보여질 수 있는 구조를 통하지 않고서는 절대로 대중에게 알려질 수도 받아들여질 수도 없다'는 사실이다.

테오도어 아도르노는 마르크스주의가 지적하는 근대의 물화(物化) 비판을 넘어서, 현대에 이르러 정신이나 문화까지도 매매되고 거래되는 것을 비판적으로 고발하였다. 바로 그것이 현대사회의 운명이 된 것은 아닐까? 그리고 그것은 신학이나 종교사상도 예외가 될 수 없을 것이다. 근대 이전의 사회체제 안에서는 정치적 지배자의 의도에 따라 사상과 종교와 예술이 보호되고, 기록되고, 극화되며 재연되었다. 그러나 그러한 지배구조가 붕괴한 뒤 시장이 바로 그 역할을 담당하게 되었다. 오늘날

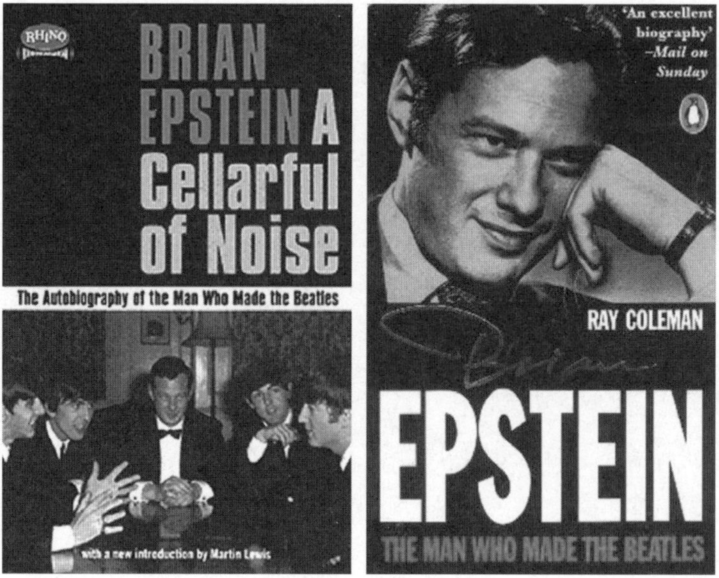

엡스타인의 자서전 *A Cellarful of Noise* 표지(왼쪽)와 레이 콜맨(Ray Coleman)이 쓴 평전 *The Man who Made the Beatles*(London, 1989)의 표지(오른쪽)

에는 예술도 사상도, 그리고 종교마저도 시장에서 분석되고 선택받아 소비된다. 예술도 사상도 상품화되고 가격이 붙여져 매매되는 것이다. 이 체제가 인간적인가 하는 문제, 즉 마르크스주의나 프랑크푸르트 학파의 근대 비판에 대해서는 여기서 따로 묻지 않기로 한다. 단지 이 글에서 확인하고 싶은 것은, 엡스타인이 이 체제 안에서 하나의 성공과 성취를 이루어냈다는 사실이다. 비틀즈를 처음으로 발견한 사람은 엡스타인이었으며, 우리가 아는 비틀즈도 그를 통해 발견된 비틀즈라는 사실이다.

근대 프로테스탄티즘에서의 사상가와 출판사

틸리히나 엡스타인의 사례가 전형적으로 보여주는 것은, 사상가 혹은 예술가와 그들을 세상에 내보내는 프로듀서나 코디네이터와의 관계의 전환, 혹은 코디네이터의 지위 확립이라는 사건이다. 사상의 영역에서는 그러한 경향이 엡스타인의 경우보다 훨씬 오래 전부터 일어나고 있었다. 그것은 사상가와 출판사의 관계에 관한 문제다. 근대의 정보화 사회에서는 사상가와 출판사의 관계가 근대 이전에 비해 크게 변화하고 있다.[24]

물론 그것은 신학이나 종교사상의 세계에서도 예외는 아니었다. 신학이나 종교의 세계에서만 이러한 시장 시스템이 작동하지 않고, 세속적인 세계 한가운데에 별도의 '성스러운 섬'으로 존재한다는 것은 있을 수 없는 일이다. 근대 이후의 정보화 사회 혹은 현대와 같은 고도 정보화 사회에서, 종교 단체도 세속 집단과 마찬가지로 교의나 사상을 전달하고 전파하기 위해 출판을 포함한 매스미디어 매체와 관계를 맺지 않을 수 없다. 사실 수많은 종교 단체는, 특히 출판사업(교단 내부에 출판사업을 가지는 경우뿐 아니라 일반 출판사와의 위탁 관계로 묶인 경우를 포함하여)과 깊은 관계를 지속적으로 맺어오고 있다. 그러한 출판 활동 없이는 탈신화화(脫神話化)된 현대사회에서 자신들의 사상이나 종교의 내용을 제대로 전달할 수 없기 때문이다. 출판의 관점에서 생각해볼 경우에는, 아무리 훌륭한 종교사상을 가진 인물이 있다 해도, 근대 이후의 정보화 사회에서는 출판사 혹은 편집자의 프로듀싱 없이 그 사상을 대중에게 온전히 전달하기 어려운 시대가 된 것이다.

이러한 전환기에 편집자와 출판사가 중요한 역할을 담당하게 되었다. 그들 스스로 의도하고 있었든, 그렇지 않았든 간에 그들은 종교와 출판 사이의 관계에 큰 변화를 이끌어왔다. 왜냐하면 출판사의 성공과 독서 인구(독자)의 확보를 통해 종교 단체와 편집자의 관계는 서서히 역전해 갔으며, 결국 편집자가 큰 힘을 가지게 되었고, 종교사상이 편집자의 의도에 따라서 선택되고 유포(배포)되어갔기 때문이다. 즉, 근대의 고도 정보화 사회에서는 사상도 종교도 모두 출판사와 편집자를 필요로 하게 되었고, 결국 출판사나 편집자가 사상과 종교의 새로운 산실(모태)이 되었던 것이다.

프리드리히 빌헬름 그라프(Friedrich Wilhelm Graf)는 이러한 새로운 관계의 전개 과정을 의식하여, 종교의 경우에는 '출판사 종교(Verlagsreligion)'라는 말까지 사용한 바 있다.[25] 그러므로 근대 이후의 신학사상의 연구는 천재적이거나 카리스마적인 어느 한 사상가의 업적만을 중점적으로 다룰 것이 아니라, 그 사상을 제작하여 세상에 내보낸 출판사, 특히 편집자와의 관계로까지 관심과 연구가 확대되지 않으면 안 된다. 바로 이 지점에 이제껏 간과되었던 근대 사상사를 새롭게 읽고 쓰기 위한 관점이 존재하는 것은 아닐까?

몇 가지 사례를 또 들어보자. 아도르노는 많은 사료를 남겨 이러한 연구가 가능하게 만든 철학자라고 말할 수 있다. 실제로 아도르노는 프랑크푸르트의 주어캄프(Suhrkamp) 출판사의 편집자 페터 주어캄프(Peter Suhrkamp)와 그 후계자인 지그프리트 운젤트(Siegfried Unseld)

페터 주어캄프(왼쪽)와 지그프리트 운젤트(오른쪽), 1957년

가 주고받은 자세한 내용의 편지들을 남겼다.[26] 주어캄프와 아도르노의 교류에 대해서는 운젤트가 쓴 『페터 주어캄프』[27]라는 평전에 잘 나타나 있다. 주어캄프는 S. 피셔(S. Fisher)사의 고트프리트 베르만 피셔(Gottfried Bermann Fischer)가 나치시대에 국외로 망명해 있던 시절, 피셔사의 업무 대리인으로 근무했던 편집자다. 또한 그는 전쟁 말기에는 작센하우젠 강제수용소에 감금되기도 한 극작가이자 연출자이다.

출판되지는 않았지만, 뮌헨의 크리스티안 카이저(Christian Kiser)사[28]와 20세기 신학계에 큰 영향을 준 위르겐 몰트만(Jürgen Moltmann, 1926~) 사이에 『희망의 신학(Theologie der Hoffnung)』(München: Kaiser, 1964)[29]이 출판되기까지 오간 편지들도 흥미로운 자료이다.[30] 『희망의 신학』이 1967년에 영어로 번역되었을 때 ≪뉴욕타임즈(New York Times)≫의 서평란은 "신학도 유행의 시대로 들어섰다"[31]라고 풍자했다. 하지만 몰트만과 크리스티안 카이저사의 편집자가 이 책의 파급 효과를 높이기 위해서 책 제목에 대해 심도 있게 검토하였던 모습들, 또 볼프하르트 판넨베르크(Wolfhart Pannenberg)가 이미 사용하고 있던 '희망의 하나님'이나 '희망의 신학적 고찰'이라는 용어와 차별화하고자 편집자가

"작가에게 시간을 주어라. 이것이 우리의 첫째 계명이다. 우리는 작가의 한 권의 책이 아니라 전체 문학 형상물로서의 작가를 소개한다"라는 것이 주어캄프 출판사의 정신이었다. 그 결과 수많은 문호와 학자들이 이곳에서 책을 냈고, 그 책들은 독자들에게 인기를 끌었다. 주어캄프의 대표적 작가들로 왼쪽부터 헤르만 헤세, 버나드 쇼, 아도르노.

몰트만에게 책 제목을 조언했던 사실 등은, 확실히 사상가와 편집자 양쪽이 모두 함께 참여하여 '사상'이라고 하는 하나의 작품을 생산하고 있었음을 확인해준다.[32]

하이데거는 칼 바르트(Karl Barth)의 『로마서 강해(Der Romerbrief)』(1919년 초판, 1922년 제2판)의 집필 방식에 큰 영향을 받았다고 하지만,[33] 이 책의 성공도 출간을 주도한 편집자가 없었다면 역사 속에서 실현되지 않았을 것이다. 바르트는 당시 거의 이름이 알려지지 않은 스위스 벽촌의 한 목사였고, 마찬가지로 무명이던 스위스의 작은 출판사 한 곳에서 인쇄된 책이 바로 『로마서 강해』였다. 하지만 이 책은 초기에 거의 팔리지 않아 출판사 창고에 그대로 남아 썩고 있었다. 그러던 중 바르트의 강연 내용을 전해 들은 크리스티안 카이저사의 알베르트 렘프(Albert Lempp)가 판권을 매입하여 독일에서 판매 경로를 확보하기 시작했다. 그 결과 곰팡이 슬어 역사 속으로 사라질 뻔한 이 책은 1922년 제2판을 찍어내며 1920년대를 대표하는 책으로 알려지게 된 것이다.

또 한 가지 예로 위와 같은 시절, 독일 예나의 오이겐 디더리히스(Eugen Diederichs, 1867~1930)[34]와 그가 세운 출판사를 들 수 있다. 디더리히스(Diederichs) 출판사는 에른스트 트뢸치(Ernst Troeltsch, 1865~1923) 밑에서 더 이상 연구의 진전을 보지 못하던 신학자 프리드리히 고가르텐(Friedrich Gogarten, 1886~1967)을 발굴해냈다. 당시 고가르텐은 대학에서의 학위나 교수자격 취득을 단념한 채 새로운 시대의 조류를 스펀지처럼 흡수하고 있었고, 디더리히스 출판사 덕에 과격하게 교회를 비판한 글을 잇달아 쓸 수 있게 되었다.[35] 이 경우도 출판사와 편집자는 새로운 사상의 산실(모태)로서 재확인된다. 그 전까지는 출판사의 업무라고 하면 그저 원고 할당이나 교정, 인쇄 준비 같은 주변적 업무가 주종을 이루었지만 이제 그런 기능을 뛰어넘는 주체적 기능을 발휘하기 시작했기 때문이다.

또 그보다 조금 앞서 오이겐 디더리히스는, 그의 아내 헬레네 디더리히스(Helene V. Diederichs)를 통해 헤르만 헤세(Hermann Hesse)의 데뷔에도 관여하였다. 디더리히스의 아내는 결혼 전부터 헤세와 편지를 주고받으며 친구로 지냈고, 헤세의 첫 번째 산문집인 『한밤중의 한 시간(Eine Stunde hinter Mitternacht)』(1899)을 남편에게 추천하였다. 그 결과 1899년 그의 출판사에서 헤세의 첫 산문집이 간행될 수 있었다. 그 무렵 헤세는 말브론 신학교를 자퇴하여, 크리스토프 블룸하르트(Christoph Blumhardt)에게로 도피했다가 그 후 다양한 직업을 전전하고, 결국 스위스 바젤의 R. 라이히 서점에서 근무하게 되었다. 22세의 젊은 시절이었

헤세가 다녔던
말브론 신학교

다. 그러한 방황을 거듭하던 1899년 4월 6일, 헤세는 디더리히스에게 "나의 이 작은 책이 독특함이나 내밀한 개인적 취향 때문에 전혀 팔리지 않을 것은 너무나 자명한 일이라고 생각합니다. 농담 섞어 6백 명 정도의 구매자를 상상하는 것조차 저는 엄두를 낼 수 없습니다"[36]라고 편지를 썼다. 실제로 판매율은 예상대로 저조했지만, 디더리히스의 눈에 그런 것은 전혀 문제가 되질 않았다. 예를 들어 1899년 9월의 「독일 문학 소개」라는 칼럼에서 대문호인 라이너 마리아 릴케(Rainer Maria Rilke)가 헤세의 그 책을 높게 평가하기도 했다.

이런 것들은 그저 하나의 예에 불과하다. 하지만 이러한 사례의 배후에 지성의 프로모터, 즉 편집자들의 모습이 비치는 것이 보인다. 그런 면에서 '브라이언 엡스타인 없이 비틀즈가 과연 존재할 수 있을까?'라는 사람들의 질문처럼, '뛰어난 편집자 없이 하나의 사상이 과연 세상 속에 퍼져 나갈 수 있었을까?'라는 질문도 필요하다는 생각을 하게 된다.

편집자란 누구인가?

독일어로 출판사(publisher)를 페어라크(Verlag)라고 한다. 그리고 출판사에서 일하는 편집자(editor)를 페어라거(Verlager)라고 부른다.[37] 그러나 이 페어라거라는 말 자체가 원래부터 편집자만을 의미하는 것은 아니었다. 페어라거는 초기 자본주의의 시대에 출현한 도매업자(중간상인)를 의미했었다.[38] 도매업자나 중간상인, 혹은 오늘의 말로 표현해본다면 종합상사와 같은 일을 하던 개인 혹은 단체를 페어라크(Verlag)라고 불렀던 것이다. 즉, 페어라거란 한 상품의 종합적 코디네이터였다. 그들은 다양한 수공업자를 조직하고 연결하여 새로운 상품을 만들어갔다. 이러한 페어라거의 역할은 직물공업, 제지공업 혹은 철공업이나 광업 분야에서 그 형태를 발견할 수 있었다.[39] 그들은 당시 은행으로부터 자금을 조달해 원료의 산지를 파악하고 그것을 이동시키기 위한 운수 경로를 확보하였다. 그리고 다양한 가공 단계에 필요한 수공업자들을 확보했으며, 또 그것을 판매하기 위한 소매업자와 점주를 확보했다. 그들 같은 코디네이터가 없었다면 근대적 의미의 상품이란 온전하게 만들어질 수 없었을 것이다. 그런 의미에서 페어라거야말로 새로운 상품을 낳는 신개념의 창조자였다.

그 이전 시대를 거슬러 올라가 보아도, 은행업과 함께 페어라거의 역할을 감당했던 직업군이 있다. 예를 들면, 남부 독일의 아우크스부르크에 본사를 뒀던 푸거(Fugger) 가문이다. 그들은 금융업으로 얻은 막대한 자금과 그 자금을 교회나 영주에게 대출하여 획득한 상업상의 이권을 이용하여,

푸거 가문은 새로운 개념으로 상업 활동을 펼쳤다.

유럽의 여러 광산과 은 매장지 같은 공업 자원을 파악해 그곳들을 선점하고 가공해갔다. 한 발 더 나아가 그들은 판매 경로도 폭넓게 확보함으로써 이익을 새롭게 창출해나갔다. 그러므로 그들은 기존 개념인 시장의 지배에만 안주하지 않고, 새로운 시장의 창설자가 되었다. 그런데 그들은 상업 분야에서만 활약하지 않고 교회나 영주를 끌어들여 정치와 종교계로까지 깊게 침투하여 관계를 맺는 상업 활동의 모습을 보였다. 이처럼 푸거 가문의 자금이 점점 영주나 교회가 가지고 있던 경제적 이권을 빼앗아 오게 된 것처럼, 페어라거도 당시의 사회를 경제적으로 지배하였던 것이다. 이러한 페어라거라는 이름이 훗날 출판계에만 남아 있게 된 것은 대단히 흥미롭다.

출판의 영역에서 페어라거의 역할을 감당했던 대표적인 집단이 바로 수도원이다. 오늘날 개념으로 말하자면 수도원이 제지업을 시작으로 사본가(寫本家), 즉 인쇄업을 도맡았고 또 사본(인쇄물) 제작을 기획하여 수도원 내의 신학자를 새롭게 발굴하기도 했다. 그리고 그렇게 만들어진 인쇄물을 대학이나 교회의 필요에 따라 보내는 업무도 모두 수도사들이 담당하고 있었다.

그런데 18세기 이후, 교회나 국가에 의한 출판물 검열이 큰 폭으로 완화되거나 더 심하면 폐지되기도 했다. 그 결과 저술가들이 급증하였고 또 그 서술 영역이 전문화되고 복잡해져 갔다. 결국 출판은 인쇄업자가 담당하던 일의 한계와 범위를 넘어서게 되었다. 또 18세기 이후 등장한 잡지(雜誌, magazine)가 출판에서 차지하는 편집자와 출판사의 위상에 큰 변화를 가져왔다. 이제는 전문지식을 가진 편집자가 새로운 사회적·경제적 콘텍스트(context) 안에서 요청되기에 이르렀다. 결국 출판은 인쇄와 판매로부터 분리되어 편집 그 자체에 더욱 큰 비중을 두게 되었고, 출판사의 전문화를 한층 더 요구하게 되었다. 덧붙여서 이러한 변화의 경계선상에 있던 사람이 바로 프리드리히 슐라이어마허(Friedrich Schleiermacher, 1768~1834)였다. 그의 책이 출판된 것도 애초에는 그의 친구이자 인쇄업자였던 게오르크 라이머(Georg Reimer)를 통해서였다. 그가 운영하던 라이머 인쇄소도 실제론 인쇄 기술을 가르치는 실업학교에 부속된 영리사업부에 불과했지만, 훗날 이 인쇄소는 베를린의 발터 드 그뤼터(Walter de Gruyter) 출판사로 발전해간다.[40]

이것은 출판 영역에서 페어라거의 역할이 결정적으로 전환해갔음을 의미한다. 종래의 페어라거는 전통적 상품인 성서를 시작으로 교회가 공인한 종교적 저작, 이른바 고전으로 불리는 책들*을 인쇄하고 제본하여 판매했던 것이다. 그러나 더 나아가 동시대인의 새로운 저작들을 출

* 예를 들어 아퀴나스의 『신학대전』 등.

판하게 되면서 그로 인한 추가적 수익을 경험하고 주목하게 되었고, 시간이 지날수록 오히려 후자의 사업이 출판사의 주된 업무가 되어갔다. 이제 출판사는 기존 저작을 다시금 출판하는 것이 아니라, 누구의 책을 간행하는 것이 좋을지, 혹은 누구에게, 무엇을 위해, 왜 쓰도록 할지 등 매우 어려운 고민에 몰두하게 되었다. 그러한 고민을 해결하기 위해서는 고도의 전문적 지식이나 경험뿐만 아니라 정치적 감각도 요구되었다. 단적으로 말해 팔리지 않는 책을 간행하면 회사는 도산하고 만다. 정치 권력자들 혹은 사회의 지배적 동향에 반하는 내용을 간행하면 회사는 정치적·경제적인 이유 때문에 강제적으로 폐쇄될 가능성도 있었다. 그들이 의도했는지 아니었는지는 별도로 하더라도, 페어라거는 급속히 사상의 '상품화'와 '정치화'에 응답하도록 요구받게 되었다.

근대에 발생한 이러한 편집자와 출판사의 변화를 적극적으로 받아들인 사람들이 19세기 독일에서 나타나기 시작했다. 실은 그것이 이 책이 주목하고자 하는 바로 그 '편집자와 출판사'인 것이다. 그들은 출판이라고 하는 도구(tool)를 이용해 기존의 사회 시스템이나 지배적 문화에 도전한 사람들이다. 또한 그들은 사상가에게 (수동적으로) 협력했다기보다는, 자신들의 생각을 언어화(言語化)해줄 수 있는 사상가(집필자)를 찾아내어 그들을 통해 발언하고자 했다. 기존의 사회체제나 교회를 비판하는 젊은 세대는 훗날 표현주의자, 전위파 혹은 신성 프런트 세대* 등

---

* 독일 루터 교회의 국가 추종적 보수 신학을 철저하게 비판하며 기존 교회에 의한 지배가 아닌 새로운 하나님의 자기 계시를 희구했던 세대를 통칭하는 말. 즉 하르낙, 트뢸

으로 불리게 된다. 이 세대가 권위적인 여러 분야의 학계를 지배하고 있던 전 세대(前世代)의 학문이나 종교 시스템을 대담하게 비판하는 모습을 일반인 독자들도 접하고 알 수 있게 된 것은, 새로운 세대의 사상을 이해하고 그것을 세상에 내보낸 편집자와 출판사가 존재하고 있었기 때문이다. 결국 그들은 '편집자라는 이름의 사상가'였다. 그러므로 이 시대의 사상사 연구에서 반드시 찍어야 할 방점(傍點)은 기존의 '저자-독자'라는 단순 관계만이 아니며, '저자-편집자-독자'라고 하는 심층적 관계에 주목하여 더욱 깊게 생각해보아야만 한다. 이것은 그동안 근대사상사 연구에서 전혀 주목받지 못했지만, 실은 너무나도 중요한 과제가 아닐까? 이 책을 통해 근현대 독일과 프로테스탄티즘의 역사를 여행하며 그러한 필요성을 좀 더 자세히 살펴보고 싶다. 그것이 이 책의 제1부를 구성하는 '편집자란 누구인가?'라는 물음이다.

누가 편집자인가?

그런데 현대의 사상사 연구는 또 하나의 시점을 필요로 하고 있다. 사상사 연구에서 차지하는 편집자의 위치나 의미의 인식도 중요하지만, 한편으론 현대와 같이 '사상의 상품화'가 운명처럼 되어버린 사회에서, 편집자나 출판사가 사상가 및 저자와 대치(對峙)하는 것만이 아니라 시장

치, 바르트, 본회퍼, 틸리히 등을 일컫는데, 그들은 기존 신학을 비판하고 해체하기 위해 신학을 최대한 이용하였다.

(市場)과도 대치하도록 해야 한다. 즉, 시장에서 바라는 저작과 사상을 시장에 내보내는 것이 '출판사의 경영'이라는 점에서 중요해진다. 그런데 그 과정에서 또다시 새로운 상황이 발생하지 않았나 곱씹어 본다. '편집자 자신이 곧 사상가'로서 활약하였던 19세기부터 20세기 초반을 지나 또다시 그림자 속에 자신을 감추며 새로운 사상가들이 등장하지 않았는가 하는 점이다. 즉 이제는 전문적인 '편집자'를 대신하여 시장 혹은 대중이라고 하는, 눈에 보이지 않는 '익명의 편집자'가 등장하였고, 시장이나 대중으로 불리는 숨겨진 편집자가 새롭게 사상의 편집 과정을 지배하게 되었다. 20세기 초두에 일어난 '편집자의 사상', '사상가로서의 편집자'에 대한 발견은 '편집자란 무엇인가?'라고 하는 물음으로 사상사 연구에 큰 울림을 주었지만, 21세기 이후의 사상사 연구에서는 한층 진일보하여 '누가 편집자인가?'라는 물음을 던져야 하는 것이 아닐까? 새로운 듯 보이는 이 물음은 사실 오래된 낡은 질문일 수도 있다. 그러한 점들을 확인해가면서 그 물음을 둘러싼 여러 문제에 대해 함께 생각해보는 것이 이 책의 제2부를 구성하는 '누가 편집자인가?'라는 문제의식이다. 제2부에서도 제1부와 같이 근현대 독일 프로테스탄티즘의 역사와 출판사의 역사를 예로 삼아 흥미로운 시간 여행을 함께 떠나보기로 하자.

제1부

편집자란 누구인가

?

제1장

디더리히스 출판사와 독일 프로테스탄티즘

1 오이겐 디더리히스는 누구인가?

2 고가르텐의 두 스승

3 막스 베버 뒤의 '숨은 그림자', 디더리히스

4 '교회 밖의 기독교'와 디더리히스

5 시골 목사 바르트, 세상으로 나오다!

6 저자의 사상과 편집자의 사상 사이에서

1 오이겐 디더리히스는 누구인가?

표현주의 시대의 주인공은 바로 디더리히스였다!

표현주의(表現主義, Expressionism) 시대는 분명 존재했지만 엄밀한 시대 구분을 하기는 어렵다. 하지만 굳이 시대를 나눠보자면, 넓게 잡았을 경우 1905년부터 1930년대 전반까지, 좀 더 엄밀하게 볼 때는 1910년의 ≪데어 슈투름(Der Sturm)≫의 창간 때로부터 1923년에 반(反)표현주의적인 전위예술운동으로 발흥한 이른바 '신즉물주의(新卽物主義, Neue Sachlichkeit)' 시기까지의 약 10년 동안을 '표현주의 시대'라고 부를 수 있다.[1] 그것은 프로이센(Preussen)의 정치신학•을 촉매로 하여 다양한 전통이 상호 반응을 하는 과정에서 생성된 빌헬름 제정기(1890~1918)의 말

• '프로이센의 정치신학'은 오스트리아를 배제한 '독일 통일'에 대한 프로이센의 신학적 논리를 말한다. 이 신학은 '통일된 독일'이 프로테스탄트적인 독일, 그리고 '루터의 나라'가 되어야 함을 주장했다. 즉, 독일 민족주의 확대에 이용된 일종의 소독일주의(小獨逸主義) 신학이다.

1916년과 1917년의 ≪데어 슈투름(Der Sturm)≫지 표지. 표현주의라는 말은 1910년 창간된 이 현대 미술 잡지에 처음으로 등장했다. 미술에서 자연의 재현은 부차적이며, 주관의 표현이야말로 무엇보다 우선해야 한다는 입장을 취한 이 경향은 독일뿐 아니라 유럽 각국에서 끊임없이 등장했으며 20세기 전반 독일에서는 '다리파'와 '청기사 그룹'의 두 경향으로 나뉘어 전개되었다.

기로 거슬러 올라간다. 빌헬름 제정 말기에는 그 시대에 만들어진 권위와 제도의 종언을 고하기라도 하듯 여러 사건들이 연이어 터졌다. 즉 1914년에 일어난 제1차 세계대전, 1918~1919년의 혁명과 그 실패, 그리고 패전, 황제의 퇴위와 망명이라고 하는 정치적인 사건들이 그것이다. 이런 상황을 전후로 바이마르 공화국이 출범하였는데, 트뢸치는 그것을 "달수를 남긴 채 미숙아로 태어난" 정권이라며 힐난했고, 그러한 "어설픈 정치성에 의한 당파 대립"을 풍자적으로 비꼬기도 했다.[2] 그리고 마침내 나치스가 등장하고 대중사회가 그들을 받아들이게 된 격동의 시대가 바로 빌헬름 제정 말기 이후의 시대적 풍경이었다. 그 시대의 사상적 조류에 대해서는 '근대의 조종(弔鐘)'이라는 말로 자주 언급되곤 하지만, 정확하게는 오토 프리드리히(Otto Friedrich)가 지적하고 있듯이 그 당시는 "낡은 시대는 이미 사라졌으나 새로운 시대도 여전히 도래하지 않고 있었다".[3] 이러한 표현대로 당시는 '때와 때, 시대와 시대의 사이'에 놓여 있었다고 말할 수 있다.[4]

'표현주의자'들은 '다다이스트(dadaist)'와 같이 구체적 선언을 하며 등장한 것이 아니기 때문에, 명확한 날짜를 가지고 그 활동 기간을 규정할 수는 없다.* 또 '표현주의자'의 정의조차도 유동적이며 주관적이다.[5] 그러므로 그 용어는 다양하게 사용된다. 그러나 그 시대를 '표현주의 시대'라고 부르는 것을 지지하는 철학자나 사회학자는 적지 않다. 예를 들어 게오르크 지멜(Georg Simmel)은 1918년에 출판된 『현대문화의 갈등』이라는 책에서 이 시대의 문화적·사회적 동향을 설명하기 위해, '표현주의적'이라는 말을 선택하고 있다.[6] 혹은 『바이마르 문화』를 쓴 피터 게이(Peter Gay)는 우선 빌헬름 제정기를 '아버지의 시대'라고 보면서, '자식 세대'라 할 수 있는 '바이마르 프런트 세대'의 시대를 급진적 반항의 시대라고 보았다.[7] 이러한 시각들은 모두 당시 시대를 '표현주의적인 시대'로 간주하는 시도라고 말해도 좋을 것이다.

일반적으로 '표현주의(Expressionismus)'란 용어는 회화(繪畵)의 영역에서 잘 알려져 있다. 하지만 그 경우는 주로 '인상주의(Impressionismus)' 화풍에 대응한 개념으로서 사용된다. 표현주의자는 본질을 표현하는 것을 방해하는 기존의 형식이나 형태를 파괴하려고 했다. 화가들은 스스로

---

* 다다이즘(Dadaism)은 기존의 모든 가치나 질서를 철저히 부정하고 야유하면서 비이성적, 비심미적, 비도덕적인 것을 지향하는 예술 사조를 말한다.

샤갈(Marc Chagall)의 모습과 그의 작품 <골고다(Calvary)>(1912). 샤갈은 파리에서 해마다 열리는 '독립미술가전람회'와 '가을 살롱전'에 작품을 전시한 뒤, 1914년에 현대미술 잡지인 ≪데어 슈투름≫을 발간한 베를린의 화랑에서 처음으로 개인전을 가졌다. 그때 주목은 받은 작품 가운데 하나가 <골고다>이다. 이때 샤갈은 독일의 표현주의 화가들에게 강한 영향을 미쳤다.

가 전하고 싶은 것을 '끄집어내기' 위하여, 그 작업을 방해하며 장막처럼 덮고 있던 전통적인 회화 기법이나 주제들을 애써 파괴하였다. 그 중요한 시도로서 바실리 칸딘스키(Wassily Kandinsky)의 추상화나 아르놀트 쇤베르크(Arnold Schönberg)의 무조음악(無調音樂)을 들 수 있다.[8]

그러나 이러한 생각은 예술의 영역에만 한정되어 있던 것은 아니다. 오히려 이 시대의 문화나 사회, 정치나 경제, 종교나 도덕의 모든 영역에서 일어난 사조였다고 볼 수 있다. 표현주의자들은 본래 존재해야 하는 것을 안으로부터 끄집어내어 표현하기 위해서 기존의 덮개(장막)를 파괴하려 했던 것이다. 그리고 그것을 통해 기존의 문화나 형식, 전통적인 것이 지닌 기만이나 위장을 폭로하려고 했다. 그러므로 '표현주의'라고 불

칸딘스키(W. Kandinsky)는 추상화의 아버지라 불린다. 그의 작품 중 <컴포지션 No.7>(1913, The Tretyakov Gellery, Moscow)은 <컴포지션 No. 8>을 그리기 전에 제작한 것으로 흐트러진 색의 추상 세계를 표현한 것으로 유명하다.

리지 않은 경우에도, 혹은 본인이 그것을 의식하지 않았던 경우에도, 그 사상이나 운동 자체가 '표현주의적'이었다라고 간주하는 것이 가능하다. 한편 그러한 경향이 모두 표현주의로 불린 것만은 아니었다. 오히려 각각의 시대나 지역에 의해서, 또 파괴의 정도나 방법에 따라 '전위파(前衛派, avant-garde)'나 '바이마르 프런트 세대' 등으로 불리기도 했다.

오토 프리드리크가 전하는 리하르트 휠젠베크(Richard Huelsenbeck, 1892~1974)의 뉴욕 강연은, 이 시대의 표현주의자들의 성과에 대해 잘 설명하고 있다.[9] 그들은 각각의 영역에서 기성 형식이나 형태, 전통적인 것을 비판하고 파괴하기 위해서 노력했다. 하지만 그들 스스로도 기성 영역에 속하는 방법을 사용하면서 그러한 기성 요소들을 비판했던 것이다. 예술 영역의 표현주의자들은 "예술에 반대하면서도, 예술 그 자체를 통해서 그들 자신을 표현했던" 것이다. 그러한 의미에서 그들의 파괴력은 가공할 만한 힘을 지니고 있었지만, 자기 안에 결정적인 모순을 안고 있기도 했다. 그들은 낡은 형식이 진정한 예술을 표현하는 것을 방해한다고 생각했기에 그 낡은 형식을 부정했다. 그러므로 그들의 발언이나 행동은 파괴나 비판에 머물러 있어야만 의미를 지닐 수 있었다. 낡은 틀에 덮인 상태로는 결코 자신들의 참모습을 나타낼 수 없었다. 따라서 진실을 겉으로 드러내기 위해서, 그 낡은 틀을 파괴하려 했던 것이다. 그러나 그러한 몸부림 속에서도 그 후를 대치할 만한 '새로운 틀'이 준비되어 있지는 않았다. 바로 그 점이 당시 표현주의자들의 문제였다.

'새로운 틀'은 그다음 시대가 도래하면 옛것이 되어버리기 때문에, 그들은 '파괴를 위한 파괴'와 '비판을 위한 비판'을 반복하게 되었다. 파괴 다음에 오는 것이 '새로운 형성'이나 '재생'이 아니었고 단지 '파괴를 위한 파괴'일 뿐이었다. 그 파괴에는 확실히 진실이 깃들어 있었지만, 그 후에 와야 할 새로운 틀의 '형성'이 없었다. 그들은 양파 껍질을 벗기는 일만 계속 반복했던 것이다. 그러나 대중은 마침내 그 반복되는 파괴에 질리고 지쳐버렸다. 비록 그것이 허구라 할지라도 앞으로는 바뀔 가능성이 없는 강한 그 무엇을 요구하기 시작했다. 결국 '새로운 틀의 형성 없이 전개된 파괴의 반복'이라는 혼란 속에서 '나치즘'이 태어났던 것이다.

1867년에 태어나 1896년(29세)에 출판업을 시작하였고, 1930년(63세)에 세상을 떠난 편집자 오이겐 디더리히스. 그는 이러한 시대의 방관자나 단순한 증인 정도로서만 살지는 않았다. 그는 이러한 '전환 시대'의 드라마 속에서 활약한 주인공 가운데 한 명이었다.

그런데 지금까지 디더리히스와 그 출판사라고 하면 신낭만주의(Neoromanticism)와 신비주의에 관한 출판사라고만 여겨져왔다. 확실히 그 출판물의 내용이 낭만주의적 혹은 신비주의적인 내용이 많았던 시기도 있었지만, 편집자로서 그가 지닌 입장, 또 그가 생각했던 출판사의 사회적인 기능을 되짚어 보면,[10] 그것은 오히려 '표현주의적'이었다고 말해야 하지 않을까 싶다. 물론 그 경우의 '표현주의'라는 용어는 앞서 소개한 특정 시대의 예술이나 철학 사조를 말하는 것이 아닌, 보다 넓은 의미의 '표현주의'를 의미한다. 즉, 빌헬름 제정기의 사회를 감싸고 있던 기존 제도나 전통, 종교나 학문의 스타일은 그 문제의 본질을 가려버리고 말았고, 따라서 그 제도나 시스템을 파괴해야 한다고 하는 사상적·생활적 태도를 넓은 의미의 표현주의라고 생각한다면, 그의 노력들은 분명히 표현주의적이었다고 말할 수 있다는 것이다.

표현주의 세대는 그 시대의 건축이나 회화, 음악이나 문학, 철학이나 종교 영역에서 허위(가짜)로서 표출된 외관(外觀)을 회의했다. 즉, 그들은 하층부나 심층부로 밀려나 버린 참된 실체(진짜 모습)를 회복시켜 다시 겉 표면으로 끌어내기(expression = 표현) 위해 기존의 허위들을 철저히 파괴하지 않으면 안 된다고 생각했던 것이다. 그것은 뮌헨의 '청기사(靑騎士, der Blaue Reiter)'나 드레스덴의 '브뤼케파(Die Brücke)'*만의 문제는 아니었다. 또 아르놀트 쇤베르크 등이 활동 초기에 음악 연출자로 활동했던 카바레 무대에서 보여준 정치적 대본의 내용 문제만도 아니었다. 물론 지그문트 프로이트(Sigmund Freud)가 그만의 독자적인 방법으

---

* 1905년 드레스덴 실업학교 건축학과 학생들이 결성한 독일의 표현주의 미술가 단체.

만년의 오이겐 디더리히스

로 이런 외관들을 파괴한 것만이 중요한 것도 아니었다. 디더리히스는 그의 출판사 경영과 편집이라는 방식을 통해 이러한 기성 외관의 파괴 작업에 관여했던 것이다. 그의 사상적 경향은 게르만 민족주의적(volkisch)이라는 높은 평가와 함께, 낭만주의적 혹은 신비주의적이라고 불리는 것을 부정할 수는 없다. 하지만 그가 설립한 출판사는 넓은 의미의 '표현주의 시대'를 풍미했던 출판사라 말할 수 있다.

출판을 통해 낳은 자식들

이제 사상사 연구에서 편집자가 지니는 의미를 다시 한 번 생각해보려 한다. 특히 근대 이후의 독일에서 출판사가 행한 사회적 기능에 대해 깊이 고찰하기 위해, 출판사와 사상가들과의 관계라는 측면에서 새로운 시대를 열어간 편집자 '오이겐 디더리히스'를 중요한 사례로 삼아보려고 한다. 물론 그를 단지 편집자라고만 한정지어 부를 수는 없을 것이다. 그는 확실히 유능한 편집자이자 '지성[知]의 프로모터'였지만, 동시에 마르크 렘슈테트(Mark Lehmstedt)*가 말하듯이 "디더리히스는 그 스스로가 사상가이며, 정치적 지도자이며, 때로는 교조(教祖)"[11]와도 같았다.

또한 조지 E. 모세(George E. Mosse)는 "디더리히스가 펴낸 여러 책이나 그 편집 작업 중에서 그의 독자적인 사상체계까지도 발견할 수 있다"[12]고 생각하였다.

페터 멘델스존(Peter Mendelssohn)은 디더리히스에 대해서 "출판사와 작가의 사이에 새로운 관계를 만들어낸 편집자의 한 사람"[13]이라고 평가했다. 여기서 '디더리히스가 낳은 둘 사이의 새로운 관계'란, 디더리히스 자신이 '출판을 통해 낳은 자식' 혹은 '정신적 혼인'이라고 일컬었던 관계를 말한다. 구체적으로는 편집자가 작가를 찾아내거나 투자하여, 글을 쓰게 하고 (사상가 혹은 작가로 _ 옮긴이) 길러낸다고 하는 의미에서의 '새로운 관계'이다. 그 바탕엔 그의 '교육자로서의 사명감'[14]도 깔려 있었다.

예를 들어 피셔(G. B. Fischer)와 그의 출판사도 그랬지만,[15] 이러한 모습을 보인 사람은 비단 디더리히스만은 아니었다. 이 시대에 태어난 다양한 출판사가 작가를 발견하고 길러내며, 더 나아가 독자를 키워내 시장까지도 개척한다는 사명감을 갖고 있었다. 우에야마 야스토시 교토대 명예교수가 지적하듯이, 예를 들어 S. 피셔사는 '출판 패밀리'를 낳았다.[16] 그것은 "살롱도 아니고 식민지(colony)도 아니다. 창작 포기라는 위기로부터 작가들을 구해내 그들의 생활을 돕는다". 작품이란 "이러한 인간과 인간 사이의 정(情)을 매개로 하여 생산된다. S. 피셔사는 이러한

● 그는 최근 『독일 서적출판의 역사(Geschichte des deutschen Buchwesens)』(Berlin, 2000)라는 책을 썼다.

출판인과 작가의 새로운 관계를 처음으로 만들어냈고, 그 시대 출판의 중요한 유형으로 자리매김시켰다"는 것이다. 간골프 휘빙거도 그러한 '새로운 관계성'에 대해서 "출판사라는 정신공동체, 출판사라는 종교, 출판사라는 정치결사(結社)였다"[17]라고 말한 바 있다.

그러면 오이겐 디더리히스와 그의 출판사는 어떠한 모습이었을까? 오이겐 디더리히스는 1867년 6월 22일, 튀링겐 지방의 나움부르크에서 태어났다. 그의 사상 형성과 출판인으로서의 성장 과정에 대해서는 그다지 많은 자료가 남아 있지 않다. 그와 출판업과의 첫 만남은 1888년 독일 할레에서 신학 계통 출판업을 경영하고 있던 오이겐 슈트린(Eugen Strien)의 문하로 입문하게 되면서였다. 이어 그는 아버지의 유산을 이어받아 1896년에, 처음 일을 배웠던 이탈리아 피렌체에서 출판사업을 시작했다. 하지만 곧바로 독일 라이프치히로 돌아왔고, 그곳에서 비로소 출판업을 본격화했다. 덧붙여서 라이프치히는 당시 '출판 도시'라고도 불려 수많은 출판업자들이 모여 있는 도시 중 하나였다. 이후 디더리히스는 출판사 사옥을 예나로 옮겨 그곳을 새로운 거점으로 하여 출판 활동을 펼쳐갔다. 예나로 옮겨 가게 된 이유는 지리적·정신적인 이유 등이 있었기 때문이라고 디더리히스는 술회한 바 있다. 즉, 지리적인 면에서 볼 때, "예나는 세계의 중심이다. 왜냐하면 대륙의 중심이 유럽이며, 유럽의 중심이 독일이며, 그리고 동서의 중심뿐 아니라 남북의 중심부에 예나가 자리 잡고 있기 때문"[18]이라고 말했다. 한편 정신적인 이유로는 다음과 같이 말하고 있다.

예나의 과거 모습과 오늘날 풍경

나를 예나로 이끈 것은 정신적 이유 때문이었다. 이곳은 낭만주의가 꽃핀 곳이며, 실러, 괴테, 횔덜린, 그리고 피히테가 활동한 장소이기도 하다. 게다가 바이마르가 근처에 있기 때문에, 과거의 역사가 풍부한 자연과 고풍스러운 건물들과 함께 현대로까지 계승되는 곳이었다. 그러한 이유로 그들 선진 사상가들의 정신적 유산을 흠뻑 느끼며 발견하는 것이 용이한 공간이었다. 나는 언제나 실러의 노래와 예나의 풍경을 중첩해보는 기쁨을 느끼고 있었다.[19]

디더리히스의 출판사가 1896년에 창설되었을 때, 그는 분명히 일반 저널리즘과는 구별되는 새로운 지성[知]의 프로모터로서 스스로 그 방향성을 자각하고 있었다. 그런 면에서 디더리히스 출판사의 출발선은 다른 출판사와 달랐다. 당시 저널리즘의 주류는 잡지와 신문이었다. 그러나 디더리히스는 이러한 언론이 지지하고 있던 기존 단체나 학자들이 아니고, 오히려 당대의 아웃사이더(마이너리티)들의 활동을 돕고자 했다.

예나의 카를 차이스(Carl-Zeiss) 광장에는 1945년 파괴된 오이겐 디더리히스 출판사(Eugen Diederichs Verlags)의 건물 위치에 기념 부조가 새겨져 있다.

또 독일에 절실히 필요하지만 여전히 소개되지 않았다고 생각한 다양한 외국 사상을 번역 출판하고, 전통적인 기독교회나 국가 권력에 의해서 덮이고 가려져 버린, 하지만 꼭 지키고 소개해야 할 '독일적인 것'의 새로운 부흥을 시도했다. 그는 단순한 출판이나 인쇄업을 시도한 것이 아니었다. 오히려 명확한 정치적·학문적인 입장 그리고 민족주의(nationalism)를 지니고 새로운 주장을 전개해나갔다. 그리기 위해서 그는 지자를 새롭게 발굴하고, 또 그들의 저작을 편집해갔던 것이다.

앞서 소개하였듯이 프리드리히 빌헬름 그라프는 이러한 디더리히스의 출판사를 하나의 '출판종교(Verlagsreligion)'라고 불렀다. 그는 다음과 같이 말했다.

디더리히스는 편집자 입장에서, 처음에는 주변부에 위치한 문화로부터 출발했으나 중심부의 정치라는 창구(窓口)를 새롭게 열어, 결국 정치를 문화의 시점에서 새롭게 활성화하려고 했다. 그러므로 디더리히스는 새로운 시대의 지(知)의 조직자이며, 정치적 문화의 형성자였다.

말하자면 그는 출판이라는 수단을 통해 기존의 사상이나 제도를 파괴하고 새로운 지식(학문)의 틀을 만들고자 했던 것이다. 디더리히스는 그러한 구조 속에서 활약한 편집자이며, 야마구치 도모조우(山口知三)•가 말하듯이, 편집자들의 사상이나 활동은 "작자(作者)의 창조 행위도, 독자의 수용 행위마저도 결정적으로 규정해버리고 있는 것은 아닐까 하는 생각이 들 만큼 비대해져"[20] 버렸던 것이다.

디더리히스가 꿈꿨던 출판이란?

그러면 이러한 새로운 지식의 유통 구조를 만들어낸 디더리히스는 어떠한 출판을 목표로 하고 꿈꾸었던 것일까? 그라프가 말하듯이, 괴테와 그가 세운 콧타(Cotta) 출판사 간의 관계를 비교해보면 좋을 것이다. 괴테의 시대에, 괴테 자신이 『시와 진실』에서 표현하였던 것처럼 "출판업

• 교토대학 문학부 명예교수. 『나치스 거리의 출판사: 독일의 출판인과 작가들 1886-1950(ナチス通りの出版社:ドイツの出版人と作家たち 1886-1950)』(人文書院, 1989)이라는 책으로 일본출판학회상을 수상했다.

은 학술 전문서 등 수요가 일정한 출판물을 주로 취급했고, 저작에 대해서는 최소한의 보수만 지불되고 있었다. 그러나 시 작품의 창작은 신성한 일로 간주되어서, 보수를 받거나 그 액수를 끌어올리기 위해 애쓰는 등의 행위는 마치 성물(聖物)을 매매하는 것처럼 여겨지고 있었다".[21]

디더리히스 세대의 편집자들은 이러한 출판의 구조를 파괴하여 독자 앙케트 등을 통한 새로운 마케팅을 실시하였다. 또한 시대정신을 다루기 위한 예민한 감각을 가지고 독일 국민에게 필요하다고 생각되는 사상을 속속 발견하고 출판하여, 저술가(혹은 작자)가 대학이나 교회에 의존하지 않아도 생활할 수 있는 수준의 보수를 지불했다. 그에 따라 저술가는 자립할 수 있게 되었고 자유로운 발언을 위한 든든한 후원자를 얻었던 것이다. 뒤에서 또 언급하겠지만, 이러한 측면은 편집자와 저술가의 관계를 오히려 부자유스러운 방향으로 만들어버린 측면이 있는 것도 사실이다.

디더리히스는 출판사 창립 당시에 오이겐 디더리히스사의 출판 목적에 대해서 "문예, 사회학, 신지학(神智學, theosophy) 분야에서의 근대적(Moderne) 출판"이라고 밝힌 바 있다. 빌헬름 제정기의 독일은 공업 분야에서는 이미 영국을 능가하고 있었으며, 출판 분야에서도 대단한 발전을 이루고 있었다. 우에야마 교수에 따르면 1851년경에는 독일 국내에서 발행된 신간서적 수가 8천 종 정도였지만, 1910년에는 3만 3천 종에 이르게 되었다고 한다. 한편 휘빙거에 따르면, 1800년대의 신간서적 부수는 도서관 제도를 전제로 하였기 때문에 700부가 표준이었다고 한다. 하지만 디더리히스 출판사의 사람들은 서적을 도서관이나 대학, 일부 부유층의 인텔리로부터 해방시켜, 일반 대중에게까지 보급시키려고 생각했다. 그 결과 발행 부수는 비약적으로 증가했다.

디더리히스와 그 출판사가 다루었던 분야는 꽤 광범위하다. 1927년에 집필된 디더리히스의 자서전에 나온 분류를 참고해보면, 그의 출판사가 어떠한 주제를 중점적으로 다루었는지 쉽게 파악할 수 있다.

(1) 플라톤과 신플라톤주의(Neoplatonism)의 플로티노스(Plotinos, *Πλωτινοζ*), 이른바 소크라테스 이전 시대, 그리고 '그리스 신비주의'.

(2) 범신론적 단자론(單子論, monadology)을 전개한 조르다노 브루노(Giordano Bruno), 아시시의 신비주의 사상가 성 프란체스코(St. Francesco d'Assisi).

(3) 독일 신비주의의 대가인 마이스터 에크하르트(Meister Eckhart 1260~1328)와 독일 신학, 그리고 요하네스 아모스 코메니우스(Johannes Amos Comenius)의 교육학.

(4) 독일 인문주의 계보에서 신비적 자연주의자로 활약한 의학자 파라셀수스(Paracelsus).

(5) 독일생활사 전 2권을 편집한 G. 슐라인하우젠(G. Schleinhausen).

(6) 독일 낭만주의에서는 노발리스(Novalis)와 횔덜린의 첫 저작 전집의 편집.

(7) 철학 부문의 모리스 마테를링크(Maurice Maeterlinck) 저작집 간행.

(8) 프리드리히스하겐 크라이스(Friedrichshagen Kreis)*에 속하는 사람들의 저작집 발행.

(9) 신학 부문에서 아르투르 보누스(Arthur Bonus)나 프리드리히 고가르텐(Friedrich Gogarten)의 저작 간행, 레프 니콜라예비치 톨스토이(Lev Nikolajevič Tolstoj) 전집, 그리고 쇠렌 키르케고르(Søren Kierkegaard)의 독일어 번역 저작집의 간행.

(10) 독일청년운동에 대한 교육학의 지원 협력, 즉 반더포겔(Wandervogel) 관련 서적들의 간행.

(11) 미술 관련 서적.

(12) 독일의 민화(民話) 수집을 포함한 문학서.

이 가운데 마지막 12번째의 민화 관련 서적들은 일본에서도 꽤 빠른 시기부터 주목받아 번역되었다. 디더리히스는 위의 대부분 항목에서 성공을 거두었다. 그것은 당시에 존재했던 여타 전문 출판사도 쉽게 엄두를 내지 못한 기획들이며, 그 일에 디더리히스 자신도 모두 참여하였다.

• 베를린 시내에 위치한 프리드리히스하겐 구(區)에 거주하던 자연주의 시인들의 모임 이름이다. 아름다운 호수 옆에 위치한 빌헬름 뵐셰(Wilhelm Bölsche)와 부르노 빌레(Bruno Wille)의 집에서 1888년부터 모임이 시작되었다. 하지만 그 모임의 '정신적 출발점'은 위 두 사람의 친구들이 베를린 남동부의 에르크나(Erkner)라는 지역에서 게르하르트 하우프트만(Gerhart Hauptmann)을 방문한 때라고 한다. 그들은 고요한 자연을 찾아 보헤미아풍의 삶을 지향하며 집단적 문학 활동을 이어갔다.

독일의 신학 전문 출판사는 교회나 대학과 결합하여 존속하고 있었다. 그리고 이러한 시장을 지탱해온 출판사 가운데에는 18세기까지 그 역사를 거슬러 올라가는 곳도 적지 않았다. 예를 들어 개신교를 대표하던 출판사 판덴회크 운트 루프레히트(Van den Hoek und Ruprecht)사는 1735년에 제지업과 인쇄 공방으로서 창업되었지만, 이후에 괴팅겐대학의 인쇄 출판을 맡게 되었다. 말하자면 괴팅겐대학의 대학출판사로서 성장하여 주로 신학과 철학, 법학의 출판을 계속해오고 있었다. 프라이부르크의 가톨릭계 출판사인 헤르더(Herder)사도 1798년 창업되었다. 19세기 초에 프랑크푸르트에서는 J. C. B. 모르(J. C. B. Mohr) 출판사의 전신인 인쇄소가 창업되었다. 하지만 이 회사는 1878년부터는 파울 지벡(Paul Siebeck)이 경영하게 되면서 튀빙겐으로 이전하였고, 결국 그곳에서 튀빙겐대학의 출판사가 되었다. 슐라이어마허, 아우구스트 슐레겔(August W. v. Schlegel)과 프리드리히 슐레겔(Friedrich v. Schlegel) 형제, 카를 훔볼트(F. W. C. K. F. F. von Humboldt) 그리고 그림 형제(Bruder Grimm) 등의 저작을 출판했던 게오르크 라이머사도 같은 무렵에 창업되었다(이 회사는 1923년부터 발터 드 그뤼터 출판사로 회사명을 변경했다).

최대의 성공 사례는, 1835년에 귀터슬로에서 창업하여 처음에는 기독교 경건주의 단체와 결부된 교회 출판사로서 계몽서를 출판하던 C. 베텔스만(Bertelsmann) 출판사일 것이다. 이 출판사는 훗날 국제적인 출판사이자 종합적인 미디어 기업인 귀터슬로(Gütersloh) 출판사로 발전한다. 이 회사는 20세기 말에 부도 직전에 처한 크리스티안 카이저사도 인수 합병하여 산하에 두게 되었다.

디더리히스의 출판사는 이처럼 당대 어느 출판사와 비교해보아도 분명하게 차이가 났다. 대부분의 출판사들이 대학이나 교회와 결부되어 그 기관의 인쇄·출판을 하청받고 있던 것에 비해, 편집자 디더리히스는 자신의 철학이나 신학을 지니고 종래의 학문이나 지성의 틀을 넘어서 궁극적으로는 그것들을 해체(파괴)하려고 시도하였던 것이다. 즉 참신한 저자를 발굴하고, 주제를 설정하며, 새로운 분야를 개척하여 서적을 간행하기 시작했다. 그러므로 필자는 디더리히스를 그 시대의 '표현주의적 편집자'라고 부르고 싶은 것이다.

그리고 그때 분명하게, 디더리히스 출판사를 통해 책을 펴내던 작가만이 아니고, 디더리히스 스스로가 시대와 사상의 최첨단에 서 있었다는 사실도 잊어서는 안 될 것이다. 이미 되풀이하여 말한 대로 그는 새로운 사상적 동향을 민감하게 파악하고 선별했으며, 새로운 사상을 창출하기 위해서 피동적으로 출판을 하청받는 것이 아니라 오히려 능동적으로 출판을 기획하고 제작하였던 것이다.

이어서 편집자 디더리히스에 힘입어 (직간접적으로) 세상에 나온 여러 작품을 통해 좀 더 구체적인 사례를 소개해볼까 한다. 첫 번째로는 프리드리히 고가르텐을, 두 번째로 막스 베버의 『직업으로서의 학문』을, 세 번째로는 그 시대의 '교회 밖 기독교 잡지'였다고 볼 수 있는 ≪디 타트≫에 대해서, 그리고 네 번째로 칼 바르트의 『로마서 강해』 초판이 그것이다.

2 고가르텐의 두 스승

신학적 아방가르드, 고가르텐과 디더리히스

오이겐 디더리히스를 통해 세상과 소통했던 첫 번째 사상가로서, 바이마르의 '신성 프런트 세대'에 속하는 프리드리히 고가르텐을 들 수 있다. 그는 1922년에 칼 바르트, 에두아르트 투르나이젠(Eduard Thurneysen), 게오르크 메르츠(Georg Merz) 등과 편집 동인으로서 잡지 ≪때와 때 사이(Zwischen den Zeiten)≫를 발행하여 이른바 '변증법적 신학' 운동의 선두에 서서 독일 신학사상 형성에 큰 역할을 하게 된다. 앞서 소개한 것처럼, 디더리히스는 도르트문트에서 태어나 미술사에 흥미를 가지게 되었고 당시 독일에서 전개되던 청년운동의 열광적인 지지자가 되었다. 훗날 신학부로 전향한 그는 하이델베르크와 베를린에서 에른스트 트뢸치에게 신학과 철학을 배우면서 역사주의에 크게 경도되기도 했지만, 이후 역사주의에 모순을 느끼게 된다. 그러던 중 디더리히스는 "학문에서의 혁명"이라는 말을 내뱉으면서 반역사주의적인 언동을 거듭하고 있던 젊

고가르텐(왼쪽)과 그의 두 스승 트뢸치(가운데)와 디더리히스(오른쪽)

은 목사 고가르텐을 발견한다. 결국 그는 고가르텐에게 교회와 당시의 지배적 신학을 비판하는 소책자들을 마음껏 쓸 수 있도록 배려하였다.

고가르텐은 그 당시 피히테에 관한 학위 논문을 거의 완성하는 중이었지만, 전통적 스타일의 연구 방식에 회의와 한계를 느끼고 있었다. 그는 훗날 예나대학, 브레슬라우대학, 그리고 괴팅겐대학의 교수가 되었지만, 실은 학위 논문이나 교수자격 논문도 쓰지 않은 상태에서 연구 활동을 이어갔다. 그 당시 전위적 신학을 전개하였던 칼 바르트도 고가르텐과 동일한 경우일 것이다. 그들은 학문의 장소를 교회나 대학으로부터 그 바깥 세계로 끌고 나갔다. 그러한 상황에서 디더리히스는 트뢸치 문하에서 떠나가야 할지 계속 머물러야 할지 고민하고 있던 고가르텐과 운명적으로 조우했던 것이다. 그것이 1913년의 일이다.

그해는 파울 틸리히가 처음으로 『조직신학(Systematische Theologie)』의 체계를 세상에 알렸던 해이며,[1] 스트라빈스키(I. F. Stravinsky)가 파리의 샹젤리제 극장에서 니진스키(V. F. Nijinsky)의 안무로 〈봄의 제전〉을 처음 무대에 올려 소동을 일으킨 유명한 해이기도 했다. 또 에드문트 후설(Edmund G. A. Husserl)의 『순수현상학 및 현상학적 철학을 위한 여러 고안(Ideen zu einer reinen Phanomenologie und phanomenologischen Philosophie)』, 프로이트의 『토템과 타부(Totem and Taboo)』가 출판된 해였을 뿐만 아니라, 신학을 떠나 뮌헨에서 화가로 변신한 프란츠 마르크(Franz Marc)가 강렬한 색채를 이용해 〈자고 있는 동물〉을 그린 해이기도 했다. 더욱이 그해는 제1차 세계대전이 터지기 직전의 해이기도 했고, 빌헬름 제정기가 막을 내리기 한 해 전이기도 했다. 이러한 때에 고가르텐은 디더리히스라는 '표현주의적 편집자'의 기획과 지도하에 새로운 '신학하기'의 길을 선택했던 것이다. 고가르텐은 그 후 수년에 걸쳐 당시 교회와 신학에 대한 충격적인 비판인 『종교 이후(Religion weither)』를 제1차 세계대전이 한창이던 1917년에 완성했다.[2]

디더리히스와 고가르텐 사이의 편지가 남아 있기 때문에 두 사람의 관계가 어떻게 시작하여 어떻게 발전해갔는지 오늘날에도 잘 알 수가 있다. 두 사람을 연결시킨 것은 북유럽에 대한 동경, 특히 화가 에드바르 뭉크(Edvard Munch)가 던진 충격, 그리고 이른바 표현주의에 대한 깊은 관심이었다. 고가르텐은 1915년에 디더리히스에게 보낸 편지에서 "표현주의라는 것은 '때와 때 사이(Zwischen den Zeiten)'의 예술이며, 신학과 교회에 주어진 새로운 가능성입니다"[3]라고 말하였다. 이에 대해 디더리히스는 "당신이 내 마음속으로부터 '때와 때 사이'에 대해 의식하고 느껴주었다면, 그날은 나에게 너무나 성공적인 하루였다고 말하지 않을 수 없습니다"[4]라고 회답하였다.[5]

왼쪽부터 프리드리히 고가르텐, 에두아르트 투르나이젠, 칼 바르트. 이들은 ≪때와 때 사이(Zwischen den Zeiten)≫의 편찬을 위해 자주 만나며 교류했다. 사진은 1922년의 모습(Basel, Karl Barth-Archiv 소장 자료).

결국 고가르텐은 트뢸치를 떠나, 디더리히스와의 사상적인 공감대 속에서 새로운 신학을 모색한다. 디더리히스는 확실히 트뢸치를 대신하여 고가르텐을 지도하였고, 자신의 출판사에서 번역 출판을 준비 중이던 키르케고르와 도스토예프스키의 저작들을 접해보도록 권유하며 고가르텐을 학자로서 길러나갔다.[6] 고가르텐은 디더리히스에게 보낸 편지에서 "나는 당신의 출판사에서 신학 공부의 A, B, C부터 다시 배우기 시작했습니다"[7]라고까지 쓰고 있다.

트뢸치는 이러한 자초지종을 쭉 지켜보고 있었고, 그 당시 시작되고 있던 새로운 지적인 동향을 파악하여 그 자신이 느끼는 충격 속에서 「키르케고르의 나무에서 떨어진 사과」라는 유명한 논문을 썼다. 이 논문은

'반역사주의적'으로 흘러가던 새로운 신학적 동향을 트뢸치가 민감하게 감지하고 있었음을 잘 보여준다. 여기서 문제가 되는 것은 고가르텐을 시작으로 새롭게 등장하던 신학적 전위파들의 존재이지만, 트뢸치는 오히려 디더리히스라고 하는 새롭고 카리스마적인 지적(知的) 프로모터의 출현을 경계하고 있었다. 트뢸치는 1917년에 쓴 편지에서 "디더리히스 출판사는 단순한 잡화상 같아 보이지만, 힘 있는 사상가의 범위를 넘어선 하나의 종교와도 같다"[8]라고 말하였다.

이후 고가르텐은 대학을 떠나, 결국 튀링겐에서 목사로서 활동하게 되었다. 그는 1920년 10월에 『로마서 강해』 초판을 출간한 칼 바르트를 만나기 위해 자펜빌을 직접 방문하기도 했다. 고가르텐은 그 무렵 독일 바르트부르크에서 개최된 ≪그리스도교 세계(Die Christliche Welt)≫의 독자대회에서 행한 '위기와 문화'라는 강연을 통해 유명해지게 되었다(이 강연은 이후에 자주 인용된다). 바르트와 고가르텐은 그곳에서 서로 의기투합하게 된다. 특히 바르트는 고가르텐에 대해서 "우리가 적들에 맞설 수 있도록 우리 편에 서주는 거대 전함"[9]이라고까지 흥분하며 표현했다. 그들의 공통의 적이란, 그 당시 엄존해 있던 기성 교회와 신학이었다. 그리고 바르트가 투르나이젠에게 보낸 편지를 보면, "고가르텐이 떠난 뒤에 …… 갑자기 『로마서 강해』가 빛을 보기 시작했던"[10] 것이다.

고가르텐의 증언에 따르면, 그는 바르트에게 디더리히스 출판사에서 간행되고 있던 키르케고르와 도스토예프스키의 번역서들을 읽어보도록 권하였다. 한편 니체의 문제 제기를 검토하기 위해서는, 적어도 프란츠 오버베크(Franz Overbeck)의 관점과 견해를 먼저 접하고 나서 읽어야 한

≪때와 때 사이(Zwischen den Zeiten)≫의 1923년 제2권 및 1933년 마지막 호의 표지

다고 말했다.[11] 바로 그때 『로마서 강해』의 개정이 시작된 것이므로 거기에는 디더리히스의 그림자가 보일 듯 말 듯 존재하고 있다. 하지만 실제로 바르트의 『로마서 강해』가 이미 독일 땅에도 들어와 있었는데, 그것이 디더리히스의 혜안과 주도로 이루어졌다는 사실은 의미하는 바가 크다(이 이야기는 뒤에서 더욱 자세히 다루겠다).

그런데 이러한 고가르텐과 바르트의 관계를 놓고 볼 때, 지금까지 이른바 '변증법 신학'에 내해서 당사자들의 증인이나 설명에만 의존해 알려진 내용들이 지니는 한계를 발견하게 된다.[12] '변증법 신학'이 실제로는 그렇게 단순하게 형성·발전해가지 않았다는 것이다. 예를 들어 바르트는 마치 고가르텐에게 배신을 당하여 그의 정치적인 입장을 이제야 처음 알았다는 식의 견해를 잡지 ≪때와 때 사이≫의 폐간을 즈음해 말하고 있지만, 그것은 좀 이상한 측면이 있다. 바르트는 초기부터 고가르텐이 신낭만주의적인 출판사에서 일하며, 자유로우면서도 민족주의에 지배되고 있던 디더리히스의 제자라는 사실을 충분히 알고 있었을 것이기 때문이다. 한편 바르트 자신도 디더리히스의 출판 활동에 큰 영향을 받고 있었던 게 확실하고, 또 (디더리히스와 고가르텐이) 기존 대학과 교회 제도를 비판한다는 점이 자신과 공통된다는 사실을 잘 알고 있었기 때문이다. 여기서 우리는 바르트와 고가르텐 양자의 '결별'[13]이 널리 알려진 이유가 아니라, 전혀 다른 곳에 그 원인이 있었음을 고민하게 된다.

3 막스 베버 뒤의 '숨은 그림자', 디더리히스

편집자의 시점에서 본 『직업으로서의 학문』

두 번째 사례는 막스 베버(Max Weber, 1864~1920)와 오이겐 디더리히스의 관계이다. 디더리히스가 편집자로서 등장했던 시대는, 확실히 트뢸치의 말을 빌리면 "학문에서의 혁명"이 진행되던 시대와 겹치고 있다. 새로운 지적 프로모터로서 등장한 디더리히스는 이러한 '학문의 혁명'을 이끌어가는 중심지로서 별도의 공간을 요구하고 있었다. 여기서 혁명이란 이미 지나간 아버지 시대인 빌헬름 제정기에 대하여 '자식들의 새로운 시대'로서 등장한 '바이마르 프런트 세대의 반항'이라고 말해도 괜찮을 것이다.[1] 근대 독일 신학사의 흐름에서 보면, 그러한 혁명의 시대는 이른바 독일의 정치적·신학적 자유주의(自由主義, liberalism)나 전통적 보수주의에 대응하여 등장한 '변증법적 신학'이라고 명명된 '신학적 전위파들의 반항 시대'였다고 말할 수 있다. 좀 더 넓은 사상사적인 관점에서 보면, 그것은 막스 베버의 대표작 『직업으로서의 학문(Wissenschaft als Beruf)』

(1919)을 둘러싼 세대 간 논쟁으로 보이는 문제의식이다. 마리안네 베버(Marianne Weber)는 이 대립에 대해서 다음과 같이 말하고 있다.

> 청년들은 전통적 평가로부터의 배반, 특히 끊임없이 새로운 전쟁을 일으키는 국가와 사회질서로부터의 배반으로 인해 노인들(기성세대)과 스스로를 단절하고 있었다. 그들은 생활의 단순화, 새로운 공동사회의 형성, 새로운 신앙을 동경하고 있었다. 이처럼 하나님(신)을 모르는 세계는 그들에게는 파멸해야 할 시점(때)에 봉착해 있는 것처럼 보였다. 그들은 새로운 세계, 평화와 동포애와 연대와 사회주의가 지배하는 순간을 언젠가 꼭 볼 수 있게 되길 기대했다. 즉 그러한 이상이 실현된, 초국가적으로 결합된 세계의 탄생을 꿈꾸었던 것이다.[2]

『직업으로서의 학문』[3]은 막스 베버가 1917년에 행했던 강의를 1919년에 다시 한 번 실시하면서 글로 다듬어 책으로 펴낸 것이다. 게오르게 일파(George-Kreis)를 옹호하는 에리히 폰 칼러(Erich von Kahler)가 『학문의 직분』에서 그 책을 비판한 것이나,[4] 아돌프 폰 하르낙(Adolf von Harnack, 1851~1930)에 대하여 신학적 아방가르드(전위파)로서 칼 바르트가 신학의 학문적 성격을 놓고 벌였던 비판,[5] 그리고 트뢸치와 신학적 표현주의자인 고가르텐 사이에 발생한 역사주의를 둘러싼 논쟁[6]이 모두 이러한 틀 속에서 일어났던 것이다. 확실히 그 지점에서는 트뢸치가 말하듯이 "낡은 학문에 대한 새로운 학문의 투쟁 선언"[7]이 이루어지고 있었던 것이다.

막스 베버와 그의 아내 마리안네 베버 (Mount Allison University 소장자료)

그런데 베버의 아내 마리안네가 쓴 베버의 전기를 보면, 베버는 제1차 세계대전이 한창일 때, 즉 뮌헨에서 교수 활동을 재개하기 전인 1917년에는 "초여름과 가을에는 라우엔슈타인 성에서 정신적 교류와 투쟁으로 밤낮을 지새우며 몹시도 빠듯한 나날"[8]을 보내고 있었다. 이 성은 오랫동안 몹시 황폐해져 궁핍한 민중들이 주로 살고 있었지만, 어느 호사가가 그곳을 매입한 뒤 레스토랑으로 사용하게 되었다. "바로 이곳에 예나의 오이겐 디더리히스 출판사가 학자, 예술가, 정치평론가, 사업가들, 자유독일청년연합의 회원 등 잡다한 단체들을, 현대의 의미와 과제를 고민하기 위한 사상 교류를 위해 불러 모았던 것"[9]이다.

디더리히스는 공동 개최자로서 튀링겐의 '1914년 조국협회', '뒤러 동맹(Dürer-Bund)', 그리고 그 자신도 관계하고 있던 '독일 코메니우스학회(Deutsche Comenius-Gesellschaft)'를 선택해 문화와 정치의 문제를 지극

슈테판 게오르게(Stefan George, 왼쪽)와 그의 지지자 에리히 폰 칼러(오른쪽). 독일의 대표적인 서정 시인인 게오르게는 파리, 뮌헨, 베를린에서 철학과 예술사를 공부하던 중 말라르메와 상징주의자들을 만났고, 런던에서는 라파엘 전파(前派)들과 교제하였다. 독일로 돌아온 뒤에는 문학단체 게오르게 일파(George-Kreis)를 만들었다. 많은 유명 작가들이 이 단체의 회원이거나 여기서 나오는 간행물 ≪예술회보(Blatter fur die Kunst)≫(1892~1919)에 기고했다. 이 간행물의 목적은 쇠퇴하고 있던 독일 문어(文語)를 부흥시키는 것이었다.

히 낭만주의적인 입장에서 다루려고 하였다.* 여기에 다양한 입장과 세대를 대표하는 사람들이 참가한 것 같지만 실제로는 독일적인 것에 대한 옹호와 독일 민족주의, 혹은 '1914년의 이념'을 옹호하는 사람들의 모임이라는 성격이 강했다. 그러므로 이 모임에서는 토론과 함께 중세 독일의 비적극(秘蹟劇)**이 상연되기도 했다. 이것은 전쟁 중의 정신적 고양 속에서 빌헬름 제정기의 장래를 어떻게 정치적으로 이끌어가야 할 것인

* 코메니우스(John Amos Comenius, 1592~1670)는 모라비아(현재의 체코) 출신의 보헤미아 형제교단 목사, 교육사상가, 기독교교육학자이다.

** 미사 중심의 중세 우의극.

가 하는 과제를 조망하는 열광적인 의사(擬似)종교적 모임이었다.

마리안네 베버의 회고를 보면, 이 집회에 참가한 사람들을 다음과 같이 소개하고 있다.[10]

(1) 유명 학자: 프리드리히 크루지우스(Friedrich Crusius), 프리드리히 마이네케(Friedrich Meinecke), 에드가 야페(Edgar Jaffé), 베르너 좀바르트(Werner Sombart), 페르디난트 퇴니에스(Ferdinand Tönnies) 등.

(2) 예술가: 리하르트 데멜(Richard Dehmel), 파울 에른스트(Paul Ernst), 요제프 빙클러(Josef Winkler), 빌헬름 페르스호펜(Wilhelm Vershofen), 발터 폰 몰로(Walter von Molo) 등.

(3) 정치평론가 및 사업실무가: 게르트루트 보이머(Gertrud Bäumer), 테오도어 호이스(Theodor Heuss), 아돌프 그라보브스키(Adolf Grabowsky), 베른할트 캄프마이어(Bernhard Kampffmeyer), 카를 셰플러(Karl Scheffler) 등.

디더리히스는 이들 지식인의 모임이 곧 도래해야 할 새로운 독일의 정치적 활동의 출발점이 되어야 한다고 은밀하게 바라고 있었다. 그런 의미에서 구세대의 자유주의적 민족주의자들과 새로운 세대의 표현주의적 민족주의자들을 한곳에 모아 동석시켰던 것이다.

베버는 이 집회에서, 프리드리히 나우만(Friedrich Naumann)이나 파울 겔레(Paul Gehle)의 친한 친구가 되었지만, 민족주의적인 낭만주의자 막스 마우렌브레허(Max Maurenbrecher)와는 격렬하게 대립하고 논쟁하였다. 그것은 19세기의 '권위주의적, 가부장적, 전통적인 사회'를 대표하는 세대와 위계(hierarchy)나 안정성은 상실했지만 카오스 안에서 묘한 창조성과 힘을 지니고 있던 이른바 '표현주의 세대' 간의 대립이었다. 베버는 디더리히스를 통해서 이러한 대립 구도의 중심에 우뚝 설 수 있게 되었다고 말해도 괜찮을 것이다.

5월 29일부터 31일까지 첫 번째 집회가 개최된 뒤, 9월 29일부터 10월 3일까지 두 번째 집회가 열렸다. 그곳에서는 '국가와 문화에 관련된 지도자의 문제'라는 주제하에 토론이 벌어졌다. 이곳에서도 베버는 '인격과 생활 질서'라는 기조강연을 실시하였다. 베버는 이 강연을 통해 분명하게 표현주의적 예술가들이나 새로운 학문 스타일을 가진 표현주의자들이 겨냥하고 있는 '학문의 위기'를 감지하며 그에 대한 경종을 울리면서도, 동시에 표현주의자들의 주장을 잘 살려내기 위한 길도 모색했다. 마리안네의 회고에 따르면, 베버는 이 회의에서 "이야기하고 싶어 견딜 수 없는 논제의 풍부함이란 것은 불합리하다"고 느끼며 흥분했고, 열정적으로 말하고 끊임없이 토론했다고 한다. 그 모습은 마치 새로운 시대의 정치적 지도자 혹은 예언자와 같았다고 한다. 마리안네는 "베버의 지식은 사람들을 압도했다. 특히 표현주의적인 원시성을 추구하며, 그러한 지식의 흐름을 빨리 흡수하기 위해 지나치게 협소한 사고의 그릇만을 지니고 있던 젊은 예술가들의 경우 그에게 더욱 강하게 압도되었다"고 증언하였다. 그에게 열광한 대다수의 참가자들은 베버에 대해서 "앞으로 도래해야 할 시대의 지도자 혹은 예언자로서 우리 안으로 어떻게든 모셔 올 수 없을까" 하고 생각했을 정도였다. "하지만 베버는 그들의 요청과 기대를 거부했다. 그는 그 무리가 동경하고 있던 새로운 구원을 선언할 수 없었다"면

라우엔슈타인(Lauenstein) 성

서 학문에 대한 다음과 같은 결론으로 일갈(一喝)하였다.

> 학문이라는 것은 자기 성찰과 사실적 연관의 인식에 따라 전문적으로 영위되는 직업이며, 구원의 양식과 계시를 주는 선견자나 예언자의 시혜(施惠)와는 거리가 멀다는 것을 미리 인식해두지 않으면 안 된다. 무엇보다 젊은 세대에 속하는 많은 이들이 대망하고 있는 예언자는 현재로선 없다. 신을 알지 못하고, 예언자 없는 시대에 사는 것이 우리의 운명이다.

그런데 베버는 이와 거의 비슷한 말과 사상을 1917년과 제1차 세계대전 직후인 1919년 2월에 뮌헨에서 제시한 적이 있다. 거기서 그는 하나의 입장(그룹)을 비판하고 있는데, 그것은 다름 아닌 디더리히스가 구체적으로 일궈낸 라우엔슈타인 성을 중심으로 모였던 '표현주의적 민족주의자들의 모임'이었다. 그러한 비판 활동은 결국 이후 명성을 떨친 『직업으로서의 학문』이 탄생한 배경이 된 사건이었다.

1917년부터 라우엔슈타인 성에서 두 번에 걸쳐 진행된 토론 직후 시작된 '학문에서의 혁명'을 둘러싼 논쟁을 다시 생각해보자. 위와 같은 맥락에서 생각해볼 때, 이 모임을 주최한 편집자 오이겐 디더리히스의 의도와 예측대로, 새로운 세대와 낡은 세대 간의 '투쟁'이 그 모임을 통해 가시적 형태로 그 시대 사람들 눈앞에 선명하게 제시되었다. 그 대목에서 주목해 보고 싶은 것은 베버가 『직업으로서의 학문』 속에서 비판하고 있던 '젊은 세대'로서의 게오르게 일파, 특히 『정신운동연감(精神運動年鑑)』을 간행한 후기 게오르게 일파와 바로 그 일파 쪽에서 행한 베버에 대한 비판이다. 베버는 『직업으로서의 학문』에서 다음과 같은 유명한 말을 남겼다.

> 그들은 강의를 하는 교수들을 보면서, 자신들을 위해 가르치기 위해 온 사람이 아닌 전혀 다른 존재를 희구하고 있다. 즉, 교수가 아닌 지도자를 요구하고 있는 것이다.[11]

이에 대해서 에리히 폰 칼러는 『학문의 직분』이라는 책으로 베버의 비판을 재비판하였다. 그러나 베버는 『직업으로서의 학문』을 출판한 후 세상을 떠났기에, 이 논쟁은 베버의 친구이자 자유주의적 민족주의자였던 신학자 에른스트 트뢸치에 의해서 계승되어갔다. 트뢸치는 라우엔슈타인 성에서 시작된 논쟁의 소결론을 다음과 같이 끌어내었다. 트뢸치의 말을 들어보자.

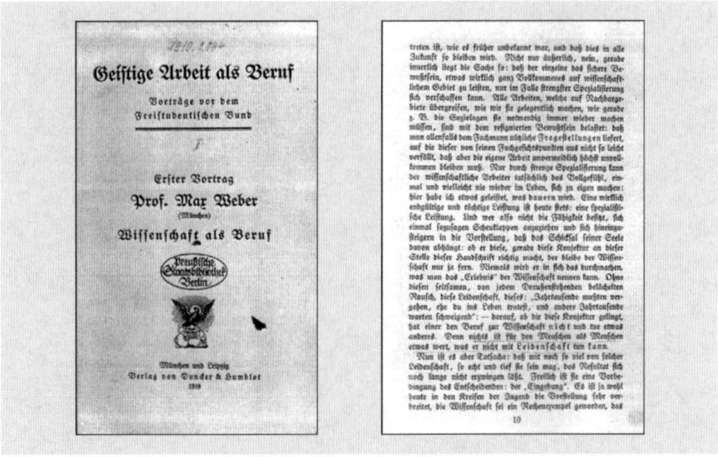
Geistige Arbeit als Beruf

Vorträge vor dem
Freistudentischen Bund

Erster Vortrag
Prof. Max Weber
(München)
Wissenschaft als Beruf

Preußische
Staatsbibliothek
Berlin

München und Leipzig
Verlag von Duncker & Humblot
1919

treten ist, wie es früher unbekannt war, und daß dies in alle Zukunft so bleiben wird. Nicht nur äußerlich, nein, gerade innerlich liegt die Sache so: daß der einzelne das sichere Bewußtsein, etwas wirklich ganz Vollkommenes auf wissenschaftlichem Gebiet zu leisten, nur im Falle strengster Spezialisierung sich verschaffen kann. Alle Arbeiten, welche auf Nachbargebiete übergreifen, wie wir sie gelegentlich machen, wie gerade z. B. die Soziologen sie notwendig immer wieder machen müssen, sind mit dem resignierten Bewußtsein belastet: daß man allenfalls dem Fachmann nützliche Fragestellungen liefert, auf die dieser von seinen Fachgesichtspunkten aus nicht so leicht verfällt, daß aber die eigene Arbeit unvermeidlich höchst unvollkommen bleiben muß. Nur durch strenge Spezialisierung kann der wissenschaftliche Arbeiter tatsächlich das Vollgefühl, einmal und vielleicht nie wieder im Leben, sich zu eigen machen: hier habe ich etwas geleistet, was dauern wird. Eine wirklich endgültige und tüchtige Leistung ist heute stets: eine spezialistische Leistung. Und wer also nicht die Fähigkeit besitzt, sich einmal sozusagen Scheuklappen anzuziehen und sich hineinzusteigern in die Vorstellung, daß das Schicksal seiner Seele davon abhängt: ob er diese, gerade diese Konjektur an dieser Stelle dieser Handschrift richtig macht, der bleibe der Wissenschaft nur ja fern. Niemals wird er in sich das durchmachen, was man das „Erlebnis" der Wissenschaft nennen kann. Ohne diesen seltsamen, von jedem Draußenstehenden belächelten Rausch, diese Leidenschaft, dieses: „Jahrtausende mußten vergehen, ehe du ins Leben tratest, und andere Jahrtausende warten schweigend": — darauf, ob dir diese Konjektur gelingt, hat einer den Beruf zur Wissenschaft nicht und tue etwas anderes. Denn nichts ist für den Menschen als Menschen etwas wert, was er nicht mit Leidenschaft tun kann.

Nun ist es aber Tatsache: daß mit noch so viel von solcher Leidenschaft, so echt und tief sie sein mag, das Resultat sich noch lange nicht erzwingen läßt. Freilich ist sie eine Vorbedingung des Entscheidenden: der „Eingebung". Es ist ja wohl heute in den Kreisen der Jugend die Vorstellung sehr verbreitet, die Wissenschaft sei ein Rechenexempel geworden, das

10

베버의 대표작 『직업으로서의 학문(Wissenschaft als Beruf)』 표지와 본문

『직업으로서의 학문』에 대한 강연에서 막스 베버가 남긴 기록과 말에 대한 반론으로서 칼러는 베버의 명제를 처음부터 끝까지 논쟁적으로 정식화하였다. 그로 인해 칼러는 (베버의 사상 속에서) 처음부터 단호하게 실증주의와 매우 친근한 신칸트주의적 형태로서의 '낡은 학문'을 보고 있다. 이것을 인정한다면, 학문이라는 것은 전문적인 여러 연구 분야가 서로 얽혀 있는 연결성을 의미한다. 즉, 학문은 철학으로부터 소외된 근대 세계의 본실적 운명이 되어버리고 말았다.[12]

그러므로 트뢸치는 "주지주의(主知主義)의 이러한 비극과 오늘날 행해지는 대학학문(大學學問)이라는 사티로스 극(Satyr play)•에서 벗어나

• 고대 그리스에서 3부로 된 비극을 상연한 뒤 기분 전환을 위해 공연한 풍자적 희극.

는 길은, 새로운 인격적 지도와 학문과 생(生)이 결합되는 것이라고 보았다. 즉 예언자의 시대에 속하여 사는 것이며, 오늘날 그것이 아직 불가능하다면 바야흐로 베버의 입장을 다시금 걸어가 보는 수밖에 다른 길은 없지 않은가"라고 생각했던 것이다. 그러나 그것은 새로운 세대의 전위파들에게는 받아들이기 어려운 설명이었다.

그런데 종래의 사상사 연구는 이 논쟁을 단순히 '낡은 세대와 새로운 세대 간의 논쟁'으로 자리매김한 뒤, 거기서 어떠한 결론을 도출해왔다. 그러나 '사상가 혹은 사상 그 자체로서의 편집자'라고 하는 새로운 관점에서 볼 때, 이 논쟁은 편집자 디더리히스가 지녔던 역할을 새롭게 주목하게끔 한다. 즉, 편집자 혹은 지식의 프로모터로서 존재했던 디더리히스를 상정하는 경우에만, 베버가 『직업으로서의 학문』 안에서 비판한 이 시대의 신비주의적 종교적 동향이나 대립 구조를 제대로 이해할 수 있게 된다. 베버 자신은 디더리히스와 같은 카리스마적인 지식의 프로듀서를 동경하였으며, 한편으로는 그 존재를 두려워하고 있었다. 이것은 편집자 디더리히스의 기획이 의도했던 귀결이었지만, 디더리히스의 인맥과 정치적 입장을 잘 나타내 보이는 사건 중 하나이며, 또 디더리히스가 새로운 '지성(知性)의 형태'를 산출하고자 했던 노력의 중요한 증거이기도 하다.

4 '교회 밖의 기독교'와 디더리히스

독일 프로테스탄트 사상 형성과 디더리히스 출판사의 관계를 엿볼 수 있는 세 번째 사례를 살펴보기로 하자. 이미 살펴본 대로 디더리히스는 급진적인 신학적 표현주의자들을 돕고자 했다. 따라서 그는 기성 교회를 비판하며 진정한 종교성을 탐구하려는 목사나 종교인이 조직한 '자유종교회의'를 지지했다. 그는 이처럼 '프로테스탄트(Protestant) 교회 안의 개혁자들을 지지했던 것'이다. "디더리히스는 그 스스로가 기성 교회를 대신할 새로운 종교를 열렬히 희구하는 모색자(摸索者)였다". 그 때문에 디더리히스는 에른스트 호르네퍼(Ernst Horneffer)의 잡지 ≪디 타트(Die Tat: 행동)—자유로운 인간성으로의 길≫[1]의 편집과 출판을 도맡았다. 이에 대해 우에야마 야스토시는 다음과 같이 평가하고 있다.

교회 안 기독교의 '어리석음과 화석(化石)'이 모든 정신적 부활의 장애가

잡지 ≪디 타트(Die Tat)≫는 30년 동안(1909~1939) 발행되었다. 처음엔 에른스트 호르네퍼가 창간하였지만, 1912년부터는 오이겐 디더리히스가 맡아 예나에서 출간하게 된다. 처음에는 삶과 종교적 부흥의 개혁을 도모하기 위한 문학, 예술, 경제, 지리학, 철학 등의 주제가 이 잡지의 특징이었다. 하지만 이후 독일민족사회주의(나치즘)의 등장과 함께 높은 발행 부수를 올리며 정치적인 영향력을 크게 발휘했다.

되고 있다. 교회는, 프로테스탄트도 가톨릭도 모두가 강고하고 보수적인 관료제를 만들어 참된 종교적 감정을 질식시키고 있다. 이런 식으로 축조된 교회로부터 모두를 구해내고, 새로운 신비주의를 위한 길을 열어가기 위해 디더리히스는 1902년에 '출판 캠페인'이란 방법을 실행에 옮겼던 것이다. 그를 통해 제도화된 기독교와 달리 새로운 주관화된 종교성이 약속되었는데, 그 안에는 신비주의적 요소가 슬며시 녹아 있었던 것이다.[2]

그것만이 아니다. 디더리히스는 의도적으로 그 당시 교회제도를 비판(해체)하려던 '자유종교운동'을 지지하였다. 그러면서 그는 그 운동에 참가한 목사들의 책을 출판하고, 화장운동(火葬運動)이나 세례교육에서의 사도신조 거부 운동, 성찬식의 비신화화(非神話化) 운동 같은 주장을 전개하는 책들을 출판했다. 디더리히스 자신도 1910년에 뮌헨에서 개최된 '자유종교회의'에 적극 참가했고, 거기서 이 회의를 함께 지지하던 알베르트 렘프와 만나게 된다. 또 이 운동의 실무자로서 일하고 있던 아르투르 보누스(Arthur Bonus)뿐만 아니라, 알베르트 칼트호프(Albert Kalthoff, 1850~1906)의 책도 디더리히스사가 출판하였다. 칼트호프는 브레멘 급진주의 운동•의 대표적인 목사로, 예수의 역사적 존재성을 부정하며 기독교 신화의 성립을 로마제국의 사회적·윤리적 요인과 함께 묶어 설명하려 했다. 이후 만년에는 이른바 '일원론협회(一元論協會, Der Monistenbund)'를 결성해 그 대표로 취임하기도 했다. 그가 1902년부터 4년에 걸쳐 계속 출판한 이른바 '3부작'이라고 불리는 『그리스도의 문제(Das Christus-Problem)』(1902)[3], 『종교적 세계관(Religiöse Weltanschaunung)』(1903)[4], 『그리스도교의 발생(Die Entstehung des Christentums)』(1904)[5]은 각각 예수의 신성(神性)을 부정하고, 성례전(聖禮典, sacrament)을 비판하며, 제도로서의 교회도 비판하는 구조를 채택하고 있었다. 이러한 내용은 1960년대가 되면서 다시금 주목을 받아 학생운동에도 큰 영향을 주게 된다.

• Die Linkenliberale Bewegung in Bremen. 이것은 알베르트 칼트호프 목사가 전개한 독일자유운동에 영향을 받은 교회개혁운동으로, 필자(후카이 토모아키)가 만든 신조어이다.

또 이미 언급한 것처럼 '야토 사건' 당시에 카를 야토(Carl Jatho)를 지지해, 베스트팔렌 교회로부터 목사직 정직 처분을 받은 고트프리트 트라우프(Gottfried Traub)[6]나 니체 연구자로 알려져 있을 뿐 아니라 '뮌헨 카르텔(München Kartell)'이라고 불린 급진적인 자유종교단체의 지도자였던 호르네퍼의 책도 잡지와는 별도로 디더리히스 출판사에서 발행되었다.[7]

디더리히스가 급진적으로 교회를 비판할 때, 주된 비판 대상으로 삼았던 이들이 바로 친제국적(親帝國的) 신학자 그룹이라고 비춰지고 있던, 이른바 자유주의적 민족주의자 진영의 신학자들이었다. 신학적 표현주의자들은 그들을 '문화 프로테스탄티즘'이라고도 불렀다. 베를린대학 신학부 교수였던 아돌프 폰 하르낙은 제국의회 도서관의 관장을 비롯해 훗날 막스 플랑크 연구소가 되는 카이저-빌헬름 협회의 총재 등을 역임하면서 활발히 활동했다. 그러므로 그의 이름은 독일 자유주의적 민족주의자의 상징 그 자체였다.

실은 (자유주의와 표현주의의) 이 싸움에서 하르낙에 비판의 초점을 맞추도록 전략을 세웠던 사람이 바로 디더리히스였다. 그는 하르낙을 비판하는 캠페인을 벌이기 위해서 젊은 신학자나 목사를 모아 작전을 모색하고 지시했다. 한 예로 디더리히스가 베를린의 한 서점 주인이었던 빌헬름 하이만(Wilhelm Heimann)에게 보낸 편지의 내용을 볼 수 있다.

> 매일같이 장례식이나 아이들 돌보는 일로 고생하고 있는데도, 사람들의 마음을 제대로 얻지 못해 안타까워하는 불쌍한 목사들과 권위 있는 신학

부의 교수들이 (사상적으로) 대립하고 있는 구도는 쉽게 알 수 있습니다.[8]

실제로 이 편지를 받은 하이만은, 마르틴 라데(Martin Rade)가 편찬하고 있던 ≪그리스도교 세계(Die Christliche Welt)≫라는 잡지에 광고를 실어주는 중요한 후원자이기도 했다. 훗날 이 편지에 장착된 시한폭탄은 예정대로 폭발하며 작렬하게 된다.[9]

표현주의적 출판인의 등장으로, 지식의 전달은 대학이라는 제도를 이탈해 그 바깥 영역에서도 미디어를 통해 가능하게 되었다. 그때 비로소 새로운 지식의 형태도 만들어졌던 것이다. 잡지 ≪그리스도교 세계≫에 게재된 하르낙과 바르트의 '지상왕복서간(誌上往復書簡)'의 논쟁은 신학사의 거대하면서도 결정적인 전환점이었다고 평가돼왔다.[10] 그 대화를 통해 '낡은 신학의 마지막 모습'과 '새로운 신학의 첫 발걸음'을 발견할 수 있다고 여겨졌기 때문이다. 그러나 이러한 논의는 신학의 영역에서만 발생한 사건이라 볼 수는 없다. 즉, 표현주의의 시대에는 어느 분야든지 충분히 일어날 수 있는 현상이었기 때문이다. 그리고 더욱 중요한 것은 이러한 대립이나 논쟁이 가능하도록 '무대를 만든 사람'이 존재했다는 사실이다.

대학이라는 기성 시스템에서 해방된 '새로운 지성'의 형태가 '낡은 지성'의 형태와 싸우고 있었던 것이다. 막스 플랑크(Max Planck)가 '과학(Wissenschaft)'을 과학답게 하기 위해 에테르(aether, ether)의 존재를 고집하던 전통적인 철학적 물리학(구세대 물리학)과 대결했던 것을 떠올려보면 충분히 그 당시 풍경을 짐작할 수 있다.[11] 이것은 마치 중세 시대의 물리학 이야기처럼 들릴지 모르지만, 바로 하르낙 시대(19세기 말~20세기 초)의 물리학 이야기다.

그러므로 이 싸움은 당연히 학문상의 논쟁으로 이해해야 할 측면도 있지만, 이러한 논쟁을 조성(promote)하였던 편집자(연출자)가 등장했기 때문에 그들이 다양한 지적 모험이나 논쟁을 시도할 수 있었다는 사실을 잊지 말아야 한다. 한 사람의 출판인이던 디더리히스와 그가 세운 출판사가 그 일의 중요한 몫을 담당했던 것이다. 물론 디더리히스는 학문의 내용을 직접 해설하거나 자신의 말로 비평하는 것은 되도록이면 피하기 위해 애썼다. 하지만 그는 왜 학문과 책이 필요한가 하는 물음을 스스로에게 제기하면서 그것을 깊이 음미하며 사색했고, 이윽고 '출판'이라는 행위를 통해 그 물음에 답했던 것이다. 즉, 사람들은 자신이 직접 어떤 사상과 만나고 무언가를 읽기 이전에, 이미 출판인이 만들고 연출해낸 극장의 무대 앞에 앉혀져 있다는 말이다. 디더리히스는 '편집자라는 이름의 사상가'로서 그 무대의 뒤쪽에 서 있었다. 그리고 논의와 담론의 무대를 준비하여 각각의 등장인물에게 그가 쓴 시나리오에 따른 역할을 부여했던 것이다.

디더리히스의 출판 계획은 파격적이면서도 다양하게 기획되었다. 예를 들어 교회를 비판해 결국 러시아정교회에서 파문당하고 쫓겨난 알렉세이 톨스토이(Aleksei K. Tolstoy)의 전집을 간행하였고, 또 사도신조 논쟁으로 유명해진 목사 야토를 도왔으며, 덴마크의 국교회 체제를 비판했던 키르케고르의 독일어 번역을 주도했다. 한편 초자연주의자 에머슨(R. W. Emerson)의 저작집을 출판하였고, 새로운 플라톤 해석의 보급에도 온 힘을 기울였다. 이들 출판인이 만들어낸 이러한 시대적 경향의 모든 것이 칼 바르트의 『로마서 강해』에까지 그 여파를 미쳤다는 것은, 그 개정판 '제2판의 서문'을 보면 분명하다. 바르트가 『로마서 강해』의 '초판'을 '제2판'으로 철저히 개정하게 된 요인으로 꼽은 것들의 대부분이 이 시대의 표현주의적인 지식 활동의 성과에 의존했다는 것을 알 수 있다.

바르트 스스로가 이 책의 개정 혹은 새로운 전개를 모색하고 있던 1920년 4월 17일, 그는 스위스 아라우에서 개최된 학생기독자협의회에서 '성서적인 물음과 통찰, 그리고 전망'이라는 강연을 했다. 에버하르트 부쉬(Eberhard Busch)에 따르면, 이 강연에 마침 하르낙이 참석하고 있었고, 거기에서 결국 '교회사적인 큰 사건으로서도 의미를 지니는 하르낙과의 충돌'이 발생한 것이다. 하르낙은 바르트의 강연 직전에 "역사는 세계사적 사건의 확실한 인식과 해석에 무엇을 제공해야 할 것인가"라는 주제로 강연을 했다. 그리고 부쉬와 하르낙의 아내는 회상을 통해, 하르낙은 바르트의 등장에 "심한 충격을 받았다"라고 증언한다. 부쉬는 하르낙이 받은 이 당시의 충격이야말로 바르트가 『로마서 강해』 제2판을 통해 확실히 말하려고 했던 내용이며, 하르낙에게 충격을 준 그 내용은 "신을 '절대지'로, 계시를 십자가에 못 박힌 자와의 만남으로, 신 인식을 '인간성 한계의 인식' 곧 '죽음의 지혜'로서, 신이 긍정한 것을 부정하는 모습 가운데 변증법적으로 숨겨진 그 무엇으로 본 것, 즉 그리스도교적인 실존을 '소유나 쾌락 혹은 분배'로서가 아니고, '무서운 탐구 혹은 소원이나 타진(打診)'으로서 설명한 것"이었다. 그것은 다음과 같은 바르트의 말을 통해서도 분명해진다.

아돌프 폰 하르낙(왼쪽)과 젊은 시절의 칼 바르트(오른쪽). 두 사람의 신학 논쟁은 20세기 프로테스탄트 신학사상사에서 자유주의 신학과 신정통주의 신학이 본격적으로 조우하고 충돌하게 된 가장 중요한 사건으로 기록된다.

나는 나의 강연에 이어진 토론에 대해 그(하르낙)가 '키르케고르 이래 이 정도로 곤란한 상황에 빠져버린 적은 없다'며 놀라워한 모습을 지금도 분명히 기억하고 있다. 그리고 그와 같은 대학자가 시골에서 혼자 활동하는 이름 없는 젊은 목사와 함께 토론에 나선 것이나, 또 토론 당시 보여준 탁월한 예의와 인품도 잊을 수 없다.

이러한 말은 디더리히스사의 키르케고르 번역 출판에 담긴 정치적 암호와 함의를 정확히 해독해내지 않고는 이해할 수 없는 발언이다.

이 사건의 최종적인 귀결은 아마 1920년 4월 17일과 20일 사이에 바젤에서 오간 양자의 대화일 것이다. 바르트가 투르나이젠에게 보고한 내용에 따르면, 바르트는 빌헬름 피셔(Wilhelm Fischer)의 아버지 에버하르트 피셔(Eberhard Fischer)의 입회 아래 바젤에서 하르낙과 약 1시간의 대담을 진행하였다. 그중 앞서 소개한 강연의 이슈가 화제로 언급되었고, 하르낙은 바르트에 대해서 "신에 대한 바르트의 견해는 마음에 담아둘 수밖에 없을 것 같습니다. 하지만 그것을 다른 사람에게 알리기 위한 밀수용(密輸用) 논문은 결코 쓰거나 하지 않게 되기를 바랍니다"라고 말했다. 마지막으로 하르낙은 바르트의 견해에 대해서 "그는 급진적인 칼뱅주의자이며, 결국 주지주의자(主知主義者)라고 비난받게 될 것이고, 교회사의 모든 경험에 비추어 볼 때 그는 하나의 분파를 만든 영감주의자로 불리게 되겠지요"라고 예언했다는 것이다. 바르트는 이에 실망하여, 한때의 스승이었던 하르낙은 이제 더 이상 자신의 스승이 아니라고 느끼며 투르나이젠에게 보낸 편지에서 다음과 같이 말하였다.

> 우상에 전도되어버린 것이 분명했습니다. 하르낙은 이미 근본적으로 파탄에 이르렀고, 끝나버린 사람이라는 인상을 받았습니다. 하르낙은 품위 있는 그만의 위트 외에는 아무것도 알지 못하는 사람이라는 생각을 했습니다.

그것은 바르트에게는 단절의 경험이었다. 한편 바르트는 같은 편지에서 바젤의 오버베크(F. Overbeck) 부인을 방문한 사실을 밝히고, 그해 이미 1909년에 구입해 두었던 키르케고르의 저작집을 읽기 시작한 것을 투르나이젠에게도 알렸다. 더욱이 그해에 남동생인 하인리히 바르트(Heinlich Barth)는 바젤대학 철학부에서 「플라톤 철학에서의 영혼 개념」이라는 논문으로 교수자격을 받았다. 이러한 일 모두가 바르트의 『로마서

'철새'라는 뜻을 지닌 '반더포겔' 운동은 1897년에 카를 피셔(Karl Fischer)의 제창으로 만들어진 도보여행 단체가 그 효시다. 이후 독일 청년들의 호응에 응답하여 1901년 '반더포겔'이란 이름으로 조직되었다. 이들은 자연에 대한 사랑과 조국애를 외쳤으며, 허약한 도시 청년들을 대자연 속으로 끌어내어 몸과 마음을 단련시켰다. 이후 유럽 전역으로 확대되었고, 유스호스텔 운동 등과 함께 세계적 청년운동으로 발전했다.

강해』의 개정 작업에 은연중 영향을 끼쳐 1922년에 제2판이 세상에 나올 수 있었다. 이러한 지적인 상황이 만들어진 배후에 디더리히스와 그가 세운 출판사의 숨은 활동이 존재했던 것이다.

더욱이 디더리히스는 독일 청년운동의 원류 가운데 하나가 된 반더포겔(Wandervogel) 운동을 도와 그들의 활동을 지지하기 위한 출판에도 뛰어들었다. 반더포겔은 단순하게 등산이나 하이킹만을 하기 위한 그룹이 아니었다. 그들의 활동은 그 시대의 '교회 밖의 기독교'라는 현상, 즉 기존 제도로서의 교회에 대한 비판을 염두에 둘 때에만 그 성격을 정확히 이해할 수 있다. 그들이 일요일에 하이킹을 나가게 되면, 동 시간대에 진행되고 있을 교회의 주일예배에 자연스럽게 결석하는 현상으로 이어졌기 때문이다. 그들은 독자적인 모자를 만들어 썼고 "하일(Heil)!"이라고 인사하며 기타를 등에 메기도 하였다. 그들은 교회의 장엄한 오르간 대

Verzeichnis der Liedgruppen

Heute hier, morgen dort	Seite 11
Ich bin ein Kunde, kennt ihr diesen Namen	Seite 39
Ick hew mol en Hamborger Veermaster sehn	Seite 59
Folklore international	Seite 75
Tsen Brider senen mir gewesn	Seite 101
Brüder, zur Sonne, zur Freiheit	Seite 117
Ça ira	Seite 131
Soldat, Soldat	Seite 145
Gelobt sei das Gras	Seite 161
Plaisir d'amour	Seite 177
Lieder erzählen	Seite 197
We shall overcome	Seite 223
Ein Loch ist im Eimer	Seite 239
Fotonachweis	Seite 254
Grifftabelle für Gitarre	Seite 255
Alphabetisches Inhaltsverzeichnis	Seite 268

'추프가이겐한슬'은 독일어로 '기타'를 의미하지만, 1909년에 독일에서 출판된 노래집을 의미하는 고유명사가 되었다. 한스 브로이어가 편집한 이 노래집에는 사랑의 노래, 이별의 노래, 승리의 노래, 목가, 무용가, 편력의 노래, 뱃노래, 민요 등 250여 곡이 수록되어 있다.

신 기타를 사용했고, 찬송가 대신 『추프가이겐한슬(Zupfgeigenhansl)』이라는 기타 노래집에 수록된 포크송(가요)을 불렀다. 또한 성찬식 대신에 캠프파이어(요한제)를 개최했으며, 기도 대신에 포크댄스를 추었다. 훗날 '독일 청년운동'으로 널리 알려지는 반더포겔은 말하자면 기성 교회 제도를 비판하는 그룹이었던 것이며, 디더리히스는 그들의 적극적인 지원자였다.[12] 디더리히스는 반더포겔의 활동을 출판이라는 관점에서 도왔고 지탱해준 셈이다. 한스 브로이어(Hans Breuer)가 편집한 『추프가이겐한슬』[13]의 성공을 목격한 디더리히스는 1903년에 더욱 포괄적인 노래집인 『독일 청년을 위한 민중가요집』을 간행했다. 그것은 1930년까지 약 5만 권을 판매하는 기록을 남겼다.[14]

한편 디더리히스는 일본이나 중국에도 관심을 가져, (절대화되어 있던 _ 옮긴이) 유럽의 기독교 사회를 상대화하기 위해서 아시아의 종교, 특히 아시아의 민중과 종교의 관계에 관한 저작이나 자료를 순차적으로 출판해 나갔다.

이러한 모든 지적 동향과 유행은, 디더리히스와 그의 출판사 그리고 디더리히스가 발견한 새로운 지성의 창조자들이 만들어갔다. 반대로 말해, 이러한 배경을 이해하지 않으면 그 당시에 화제가 되었던 '키르케고르 르네상스'나 '톨스토이 유행', '니체 신드롬' 심지어 '동양 종교의 붐' 등이 왜, 어떻게 생겨났는지를 정확하게 이해할 수 없을 것이다. 빌헬름 제정기를 관통한 디더리히스의 생애와 그의 출판사의 역사를 통해, 새로운 지성을 싹틔우고 또 그 시대의 사상을 형성했던 편집자의 역할을 발견할 수 있다.

5 시골 목사 바르트, 세상으로 나오다!

편집자의 관점에서 본 초기의 바르트와 1920년대 신학

바르트의 『로마서 강해』와 디더리히스

20세기 신학사상의 형성과 디더리히스의 관련성을 잘 보여주는 네 번째 사례는, 지금까지 암시적으로 지적되었던 칼 바르트와 디더리히스의 접점이다.

칼 바르트의 『로마서 강해』 초판이 출판된 때는 1919년이다. 바르트 자신의 증언에 따르면, 이 책은 이미 1918년 6월 이전에 모두 탈고되었다. 그가 교정을 시작했을 때는 여전히 제1차 세계대전이 끝나지 않고 있을 무렵이있다. 확실히 이 책은 빌헬름 제징기의 종언을 고하는 하나의 사건으로서 제1차 세계대전이 한창일 때 집필되었다.

하지만 바르트가 그 책을 쓸 때에는 어떤 출판사의 의뢰가 있어서 쓰기 시작한 것이 아니었다. 물론 다 쓰고 난 뒤에 출판 계약을 맺은 곳도 없었다. 그뿐만 아니라 이 초판이 1963년에 재판되었을 때에 그가 말했듯이, "이 원고(『로마서 강해』 초판)는 그 당시 이름 있는 출판사의 거의

대부분에게 거절당하고 말았다"[1]는 것이다. 그 당시의 출판 여건에 대한 바르트의 회상을 들어보자.

> 스위스에서 가장 유명한 3개 출판사도 (그 당시로서는 충분히 이해할 수 있는 일이었지만), 이 책의 출판 문제와 결부되는 것을 거부했다.…… 결국 나의 친구인 루돌프 페스탈로치(Rudolf Pestalozzi)가 고액의 출판 지원금을 신청해줌으로 해서 이 책의 출판에 물꼬가 트였으며, 최종적으로 이 모험을 과감하게 결단해준 곳은 베른에 있는 G. A. 베슐린(Bäschlin) 출판사뿐이었다. 이러한 도움 덕분에 1천 부 이상 인쇄하는 것이 큰 문제가 되지는 않았다.[2]

페스탈로치 부부는 바르트의 연구를 평생 동안 지지한 협력자였다. 그런데 이러한 경제적 지원군을 바르트에게 소개한 사람이 바로 에두아르트 투르나이젠이었다. 페스탈로치는 철물을 취급하는 회사를 경영하던 실업가였지만, 영국의 기독교 사회운동에 관심을 가졌고 실제로 그 운동에 직접 참가하였다. 페스탈로치가 스위스의 최대 도시로 재정과 공업의 중심지였던 취리히에 정주한 이후부터 그 지역의 YMCA에 적극 참여하

스위스 베른에서 인쇄된 『로마서 강해(Der Romerbrief)』 초판본 (1919)

칼 바르트(왼쪽)와 그의 벗 투르나이젠(오른쪽)
ⓒUniversität Freiburg

였는데, 그곳에서 투르나이젠과 만나 친분을 맺은 것은 하나의 결실이었다.[3]

바르트는 그 후 페스탈로치로부터 다양한 지원을 받게 된다. 예를 들어 페스탈로치는 바르트가 휴가철이 되면 자신의 산장을 언제나 자유롭게 사용하도록 허락했다. 그것이 그 유명한 알프스 베르글리의 산장이었다. 그곳은 마치 바르트 자신이 소유한 별장처럼 그에게 충분한 사색과 휴식의 공간이 되었다. 게다가 바르트는 『로마서 강해』 초판 이후에도 1946년이 되어 전후(戰後)의 새로운 저술 활동을 시작할 때까지, 몇 번이나 출판을 위한 경제적 지원을 그로부터 받게 된다. 그 밖의 다양한 후원 활동에 대해 여기에서 모두 소개할 수는 없지만, 그러한 사실은 투르나이젠과의 왕복 서간에 잘 기록되어 있다. 바르트는 이 친구의 과분한 지원을 통해 몇 번이나 궁지에서 벗어날 수 있었는데, 그것은 출판에만 국한된 것이 아니었다. 사생활에서도 마찬가지였다. 그런데 바르트가 이러한 출판 활동에 대한 원조를 받은 것은 특별한 것이었다고까지 말할 수는 없다. 사상가나 종교가가 특정한 후원자를 가지는 것은 그 당시로서는 충분히 가능한 일이었기 때문이다. 예를 들어 바이마르 시대(1918~1933)에 '인플레 성자(聖者)'라고 불리게 된 과격한 종교사상가들은[4] 독자적인 강연회 등을 주최하고 생활비를 벌고 있었지만, 한편으론 그들의 과격한 종교사상이나 예언에 매료된 부유층으로부터 지원을 받으며 연명하고 있었던 것이다. 바르트와 페스탈로치의 관계도 '인플레 성자'와 부유층 후원자의 관계나 마찬가지라고 조롱하는 시선이 없었던 것은 아니다. 하지만 다른 한편으로 그러한 사실은 사상가가 대학이나 교회라는 제도적 울타리의 경제적 보장이 없이도, 사상의 시장(市場)에서 성공하고 스스로의 생활도 가능하게 되었음을 의미하는 것이었다.

물론 바르트는 그 점을 신경 쓰고 있었으며 친구들도 걱정하고 있었다. 바르트는 투르나이젠에게 보낸 편지에서 페스탈로치의 원조에는 진심으로 감사해하고 있다. 한편 꼭 페스탈로치에게 의존해야만 할 필요는 없다는 투르나이젠의 충고에 대해서도 다음과 같이 변명하고 있다.

> 페스탈로치와 같은 사람에게 넘어가면, 돈도 단순한 돈이 아니라 완전히 다른 것이 되어버리는 것 같습니다.[5]

어찌 됐든 바르트는 페스탈로치로부터 용지 확보와 인쇄를 위한 비용으로 고액의 지원을 수표로 받았다.

그런데 G. A. 베슐린 출판사는 판매를 목적으로 하는 상업 출판사가

칼 바르트의 신학적 사색이 이루어진 베르글리의 풍경. 이곳은 베르글리슈튀버 폭포 등 스위스의 명소가 많은 자연휴양지이다. 딤티겐과 짐멘 계곡의 고지대에서 바라보는 슈톡호른 산맥, 그리고 알프스 준령을 넘어가는 길목의 클라우젠 파스의 경치가 특히 아름답다.

아니었다. 말하자면 자비 출판을 주문받아 원고에 대한 판매 책임을 지지 않는 책에 대해 "출판 비용과 편집 수수료를 포함한 금액을 원고와 함께 일괄로 지불하는 것"[6]을 조건으로 제작·출판해주는 회사였다. 이것은 특별히 드문 일도 아니었다. 그 시대의 위대한 철학자들과 신학자들도 이런 방식으로 자주 책을 출판했기 때문이다. 아무도 주목하지 않는 가운데, 이러한 출판 과정을 거쳐 『로마서 강해』 초판은 판권에 명시된 연도(1919)와 달리 실제로는 1918년 12월에 출판되었다.

이 책은 많게 어림잡아도 스위스 국내에서만 300부 정도가 판매되었으며(그중 70부는 바르트 자신이 매입하였음), 두 편의 서평도 소개되었다. 그중 하나가 당시 후설이 주목하여 훗날 독일의 정신과학 세계에도 그 이름을 널리 알리게 된 젊은 날의 에밀 브루너(Emil Brunner)가 쓴 것이었다. 하지만 그 상태라면 인쇄된 『로마서 강해』의 나머지 700부는 출

나치스 정부에 대한 저항 센터로 쓰인 베르글리 여름 별장(1939). 나치 정부가 출범하자 그에 저항한 독일 기독교인들 중 일부는 스위스로 피난했고, 베르글리에서 칼 바르트를 중심으로 저항의 한 축을 형성했다. (*Das "Bergli" als Widerstandszentrum*, ⓒ Evangelisches Zentralarchiv in Berlin)

판사 창고에서 영영 잠들어 썩어버릴 게 뻔했고, 사회주의의 환상을 품고 노동운동에 뛰어든 칼 바르트라는 젊은 무명 시골목사의 모놀로그로 끝나버릴 운명이었다고 해야 한다.

그런데 1919년 9월 22일부터 25일 사이에, 튀링겐 지방의 탐바하에 있는 빌헬름 슈르트하이스 소유의 휴양소 '탄넨베르크(Tannenberg)'에서 행해진 종교사회주의자들의 집회에서 바르트가 행한 '사회 속에서의 기독교인'이라는 강연을 통해 그는 일약 독일에서도 그 이름이 널리 알려지게 되었다.[7] 이 강연은 바르트가 종교사회주의와 결별하게 된 강연이라고 평가되기도 하지만, 실제로는 그 반대일 수 있다. 즉, 바르트는 이후에도 활동적인 사회주의자의 한 사람으로 살았으며, 또 전통적인 사회나

라이히스탁(Der Reichstag) 제국의회 의사당 건물에 밀집한 11월 혁명의 독일 군중. 바이마르 시대는 제1차 세계대전 후인 1918년에 일어난 독일 혁명(11월 혁명)으로 1919년에 성립하여 1933년 히틀러의 나치스 정권 수립으로 소멸되기까지 존속한 독일 공화국의 시기를 말한다. 이 시기는 바르트의 초기 신학 형성의 중요한 시대적 배경이 된다.

교회제도에 대한 진보적 비판자로 계속 남아 있었기 때문이다.

이 강연을 마친 뒤, 바르트는 빌헬름 제정기의 '신성 프런트 세대'라고 불리게 되는, 기존 사회제도의 파괴자들과 친밀한 관계를 가진다. 바르트 주변 사람들만이 아니라 독일 사상계의 이른바 전위파(아방가르드)들이 바르트에 흥미를 드러내기 시작한 것이다. 『로마서 강해』 전체에 퍼져 있는 파괴(비판)적인 말들에 그들이 공명해왔던 것이다. 그러나 그 정도만으로 바르트의 이름이 그 당시 독일에 널리 알려질 리는 만무했다. 여기에서도 그 시대의 가장 탁월한 지성의 프로모터들이 관여하고 있었다. 바르트의 진보적 사상에 가장 민감하게 재빨리 반응한 편집자 중 한 사람이 바로 오이겐 디더리히스였다. 그는 바르트의 강연 소식을 우연히 듣고 곧바로 디더리히스 출판사가 주최하는 작은 회합에 바르트를 초대했고, 바르트에게 새로운 세계를 보여주었다. 실제로 이 작은 회합이야말로 바르트를 독일의 사상계로 이끌었던 기념비적인 사건이었다.

1920년 2월의 만남

1920년 2월에 바르트는 아내와 함께 독일 여행을 하게 된다. 2월 8일에 스위스 바젤에서 출발하여, 9일부터 11일까지 하이델베르크에, 12일은 슈투트가르트에, 12일과 13일은 바트 볼에, 그리고 13일부터 17일은 뮌헨에 머물고 있었다. 그 후 그는 취리히를 경유하여 목회지(牧會地)였던 자펜빌로 돌아왔다.* 이 여행을 계획하고 초대하였으며, 심지어는 바르트의 친구 투르나이젠 부부까지도 동행할 수 있게 도왔던 인물은 뮌헨의 신학적 전위파 중 한 사람이었던 게오르크 메르츠였다. 그런데 이 독일 여행의 비용 가운데 절반은 메르츠의 명의로 예나에 본사를 둔 오이겐 디더리히스 출판사 계좌의 뮌헨 지점에 청구되고 있었다. 바로 여기에서 바르트와 디더리히스가 처음으로 조우하고 있다. 그리고 나머지

---

* 자펜빌(Safenwill)은 1911~1921년까지 10년간 농민·노동자 교인을 위해 바르트가 목회한 곳이다.

게오르크 메르츠 ⓒ Historisches Lexikon Bayern

절반의 비용은, 메르츠와 디더리히스가 주고받은 편지에 따르면, 뮌헨에 살고 있던 서점 주인인 알베르트 렘프의 계좌 앞으로 청구되었는데, 그가 "흔쾌히 기뻐하며 정산해주었다"는 것 또한 눈여겨볼 대목이다.[8]

뮌헨에 도착하기 전부터 바르트는 이미 독일의 새로운 세대와의 만남을 충분히 경험하고 있었다. 여기에서 특히 주목하고 싶은 것은, 슈투트가르트에서 처음 만나게 된 오이겐 로젠슈토크 휘시(Eugen Rosenstock-Huessy)이다. 그의 아내 마르가레타(Margareta)는 실은 유대인 철학자 프란츠 로젠츠바이크(Franz Rosenzweig)의 연인으로, 후에 틸리히와 로젠츠바이크를 연결시킨 인물이기도 하다. 로젠츠바이크는 사촌 형제인 한스 에렌베르크(Hans Ehrenberg)로부터 틸리히의 논문집을 전달받았을 때 바로 그 자리에서 틸리히의 능력을 인정하면서 그의 연인인 마르가레타에게 보낸 편지에서 다음과 같이 말하였다.

> 베를린의 시간강사 틸리히라는 사람이 있습니다. 이 사람은 확실히 장래가 촉망되는 인물이며, 우리 세대의 형제입니다.…… 그의 사상은 술어(述語) 위에 붕 떠 있는 것 같지만, 한편으로 참된 언어의 대지(大地)에 제대로 다

리를 지탱하고 있다는 느낌이 듭니다.…… 틸리히야말로 내가 쓴 『(구원의) 별』에 대해 뭔가 코멘트를 받고 싶은 유일한 철학자입니다.[9]

바르트는 메르츠의 권유로, 슈투트가르트에서 로젠슈토크와 꽤 오랜 시간 동안 이야기를 나누어 "급속히 사상적 일치에 이르렀다".[10] 이윽고 로젠슈토크는 바르트가 스위스로 돌아간 후, 여름 휴가 중에 일부러 자펜빌의 목사관까지 직접 방문할 정도로 친해졌다. 그는 그해에 『유럽과 그리스도교』라는 책을 출판하였는데, 바르트는 이 책을 정중하고 꼼꼼하게 읽고 검토해주었다. 이 일로 로젠슈토크는 미국에 망명한 후에도, 바르트와 이 책의 인연을 잊지 않았다.

로젠슈토크는 바르트의 『로마서 강해』 안에서 '새로운 종교의 가능성', '우주의 경계선을 이동시키는 듯한 큰 충격과 새로운 파괴적 힘'을 느꼈다. 이를 계기로 그는 에렌베르크와 함께 참가하고 있던 파트모스(Patmos) 그룹으로 바르트를 이끌었다. 바르트는 이 '예언자적'이고 '표현주의적'인 사회비판 집단에, 그 스스로가 슐츠(H. Schultz)에게 보낸 편지에서 말했던 것처럼, 처음에는 "적극적으로 참가하지만" 훗날 전격적으로 결별하게 된다. 그러나 1920년의 독일 여행 전후의 시기에 바르트가 파트모스 그룹에 강하게 이끌렸던 것은 분명하다.[11]

여기서 지적해두고 싶은 것은, 디더리히스가 칼 바르트와 직접 만났던 것은 아니지만 그가 새로운 사상사의 동향을 민감하게 파악하고 받아들였으며, 그 과정에서 메르츠를 후원해 바르트가 독일 여행을 할 수 있도록 이끌고 맞이했다는 사실이다. 즉, 그 당시로서는 아직 선명하게 눈

왼쪽부터 로젠스토크 휴에시, 로젠츠바이크, 에렌베르크

에 보이지도 않았으며 그 누구도 예상조차 못하고 있던 새로운 시대의 맹아(萌芽)들이 화산 분화구 아래에서 의미 있는 만남을 시작하고 있었던 것이다. 그러면 디더리히스의 눈에 포착되고 있던 새로운 시대정신이란 어떤 것이었을까? (제1차 세계대전이 끝난 직후의) 그 시대에는 하나의 종파나 교파를 넘어서서, 패전과 함께 시작된 새로운 시대를 대한 기대감을 통해 사람들이 하나로 모일 수 있었다. 이 시대에 틸리히와 로젠츠바이크, 그리고 바르트와 로젠슈토크, 에렌베르크와 고가르텐이 동일한 문제의식을 통해 하나로 연결되고 있었다.[12] 바르트만이 '계시'를 발견한 것이 아니다. 그것은 이미 그 세대의 공통 언어가 되고 있었다. 그들은 모두 '하나님의 말씀'이나 '계시'라고 하는 공통의 사상적 무기를 이용하여, 이전 세대의 경직된 시대정신에 도전하고 있었던 것이다. 바르트만이 '하나님의 말씀'을 듣기 위해서 '계시'를 신학의 중심으로 두었던 것은 아니라는 말이다.

그리고 또 주목해야 하는 것은, 이러한 종파와 전통을 뛰어넘은 통일전선이 디더리히스의 눈에는 잘 보이고 있었다는 것이다. 한편 지성의

독일 뮌헨의 크리스티안 카이저 출판사에서 인쇄된 『로마서 강해』 개정판 표지(1922년과 1924년판)

프로듀서로서 그에게는 이러한 세대를 제대로 연결시킬 만한 역량이 있었다고도 말할 수 있을 것이다.

그런데 메르츠는 바르트가 뮌헨에 도착하는 2월 13일 밤, 뮌헨 중앙역에 마중을 나간다. 투르나이젠에게 쓴 편지를 보면, 메르츠는 『로마서 강해』 초판 한 권을 "눈에 잘 띄도록 손에 번쩍 들고 흔들면서"[13] 기다리고 있었다. 메르츠는 아직 만난 적도 없는 스위스의 한 시골 목사의 책을 읽고 놀라, 그의 친구들 특히 디더리히스에게 바르트를 소개하였다. 메르츠가 이 책을 얼마나 깊이 이해하고 있었는지에 대해서는, 바르트가 투르나이젠에게 보낸 편지에서 "메르츠는 훌륭한 인물입니다. 『로마서 강해』에 대해서는, 오히려 나보다도 잘 알고 있을 정도입니다"[14]라고 말한 점에서도 충분히 짐작할 수 있다. 이같이 바르트에 흥분하고 있던 메르츠의 편지를 받은 디더리히스는 곧바로 높은 관심을 나타냈으며, 마침내 바르트의 독일 여행을 제안하고 작은 회합에서의 강연회까지 추진했던 것이다.

메르츠가 뮌헨에서 바르트에게 소개한 인사들은 빌헬름 제정기의 사상적 전위파에 속하는 인물들, 혹은 '신성 프런트 세대'라고 불린 사람들이었다. 메르츠는 바르트를 위해서, 말하자면 '살롱'과 같은 모임을 개최해, 1년 전 인상 깊이 각인된 탐바하 강연을 다시금 재현해보려 했던 것이다. 그 모임이 시작될 무렵 실제로 메르츠는 인사를 한 뒤 설명하기를, 탐바하에 모인 사람들은 1918년의 패전과 11월 혁명에 의해 내적 동요를 크게 경험한 사람들이라며, 게다가 그들은 정치적 삶과 교회 생활에서 '새로운 길'을 탐구하고 있는 사람들이었다고 했다. 그가 디더리히스에게 보낸 편지에서도 이 소규모 회합에 참가한 사람들을 다음과 같이 소개하고 있다.

> 기존 교회의 노선 안에서는 진정한 고향을 찾지 못하고, 1918년의 파괴(제1차 세계대전과 혁명) 뒤에 교회에 던져진 과제에 대한 대답을 기존 교회 안에서는 더 이상 기대할 수 없다고 판단한 사람들의 모임이었다.[15]

탐바하에 모인 사람들은 "대부분이 반더포겔과 같은 청년운동의 멤버, 혹은 특수한 경력을 거친 아웃사이더들"[16]이었던 데 비해, 뮌헨 회합에 모인 이들은, 마르부르크대학의 종교현상학에 심취한 신학자 프리드리히 하일러(Friedlich Heiler), 훗날 독일적 그리스도교를 제창하게 되는 아르트르 보누스(그는 이 모임에 고가르텐의 소개로 왔으며[17] 목사직을 반납

한 지 얼마 안 된 상태였다), 1918년의 혁명에 참가한 법률가인 가톨릭의 알렉산더 뮌히(Alexander Münch), 그리고 혁명을 주도하다 1년 뒤인 1919년에 암살당한 독립사회민주당의 쿠르트 아이즈너(Kurt Eisner)의 딸 힐데 아이즈너(Hilde Eisner) 등이었다. 그리고 메르츠는 디더리히스에게는 비밀에 부친 하나의 계획을 가지고 있었다. 즉, 뮌헨의 서점 주인으로 작은 출판사를 매입한 지 얼마 안 된 상태였던 알베르트 렘프를 이 회합에 불렀던 것이다. 바로 이 만남을 통해 바르트와 그의 대표작 『로마서 강해』의 운명도 크게 바뀌게 되었다.

알베르트 렘프 © Privatbesitz Familie Lempp, München

이처럼 의기투합한 렘프와 메르츠는 이후에 디더리히스와 교섭을 거쳐, 실제로 바르트의 육성 강연을 듣고 그 대강을 살핀 뒤, 칼 바르트의 『로마서 강해』의 재고(在庫)를 모두 사들이고 그것을 독일에서 유통시켜보자는 아이디어를 이끌어냈던 것이다. 이 회합의 참가자들도 그 뜻에 찬동하여 그 즉시 계약이 성사되었다. 렘프는 충분한 확신이 섰던 것은 아니었지만, 메르츠의 열정적인 연설을 듣고 곧바로 결단하여 계약서를 작성했다. 이윽고 크리스티안 카이저 출판사는, 1919년 3월에 베른의 G. A. 베슐린 출판사의 창고에 잠들어 있던 『로마서 강해』 초판의 재고가 거의 창고 두엄으로 썩어가기 시작했을 무렵, 그것을 독일로 옮겨

독일 11월 혁명 당시 베를린의 브란덴부르크 개선문 앞에 붉은 깃발을 들고 있는 혁명군들의 모습. 1918년 11월 7일에 발생한 이 혁명으로 독일 제2제국이 붕괴하고 의회민주주의적인 공화국이 탄생했다.

오게 된 것이다. 즉, "스위스에서의 판로 개척과 구매력의 한계로 인해 300부 정도 팔리고 더 이상 반응이 없다고 생각되었을 때"[18] 그것을 매입하여 독일로 들여왔는데, 그 즉시 남아 있던 700부가 모두 팔려 매진된 것이다. 이러한 획기적인 판매 루트는 분명히 렘프도 참가했던 뮌헨의 회합에 모인 사람들, 즉 1918년의 독일 붕괴 직후 "정치적 삶과 교회 생활의 새로운 길"을 모색하고 있던 사람들이었다. 이것은 그 당시 아웃사이더로 존재했던 젊은 세대들이 바르트의 저작을 열광적으로 환영했음을 의미한다.

거기까지는 디더리히스와 메르츠, 그리고 렘프의 계산대로였다. 하지만 동시에 그들은 이러한 새로운 세대를 받아들일 수 없었던 사람들 — 같은 세대라도 이미 대학의 신학부에서 제각각 성공의 탄탄대로를 걷고 있던 사람들 — 은 이 책을 거부할 것이라고 예상했는데, 그러한 반응 또한 짐작한 그대로였다. 바르트의 『로마서 강해』는 그 시대 독일의 사회적 대립의 도식 안에 제대로 끼워 넣어진 셈이었다. 그것은 빌헬름 제정기의 자유주의적 민족주의자들로 구성된 낡은 세대와 그 세대의 한계를 더 이상 참기 힘들어 그들이 만들어낸 모든 것을 파괴하기로 선언한 새로운 세대 간의 대립이었다. 바르트는 그 싸움의 전략 안에 하나의 요소로서 삽입되었던 것이다. 렘프는 이 싸움을 위해서, 말하자면 탄약이나 식량을 옮겨 제공하는 역할을 자각적으로 담당하였던 것이다. 이 싸움은 바이마르 시대를 거치고, 또 제3제국의 시대에, 그리고 제2차 세계대전 이후의 냉전시대로까지 끊임없이 이어졌다.

6 저자의 사상과 편집자의 사상 사이에서

사상사의 '숨은 모퉁잇돌', 그것을 찾는 데 필요한 '편집자의 사상'

지금까지 고가르텐, 베버, 교회 밖의 기독교, 칼 바르트 등 네 가지의 사례를 통해 독일 프로테스탄티즘 속에 숨겨져 있던 '지성의 프로모터' 오이겐 디더리히스의 활동을 살펴보았다. 하지만 지금까지의 여정은 그가 성취한 일들의 극히 일부 성과를 엿본 것에 불과하다. 그가 쌓은 업적은 신학이나 종교에만 한정된 것이 아니었으며, 예를 들어 그 당시의 정신과학이나 그와 관련된 다양한 분야로까지 영향력을 미치고 있었다. 또한 그 당시 사람들의 눈을 아시아, 특히 중국과 일본으로 향하도록 이끈 점은 그의 중요한 공적일 것이다. 이러한 사상적 스케일을 지닌 편집자였다면, 이미 스스로가 한 명의 사상가로서 그 시대의 사상사에 한 지분을 요구할 수 있는 건 아닐까 하고 생각해볼 수도 있다. 하지만 그런 접근은 적절한 것 같지 않고 올바르지도 않다. 왜냐하면 그는 편집자였고 또 출판인이라는 영역에 여전히 구속되어 있었기 때문이다. 그는 스스로 그처럼 정의하지도 않았으며, 또 자신을 그렇게 분석했던 것도 아니지만, 사상에서 편집자가 차지하는 위치(역할)는 확실히 자각하고 있었다. 지금까지 살펴본 사례들 중 특히 바르트의 『로마서 강해』가 성공할 수 있었던 이야기는, '숨은 모퉁잇돌'이라는 전혀 새로운 시점에서 사상사를 바라볼 수 있게 하지는 않을까 생각해본다.

바르트의 『로마서 강해』는 설교자로서 그 자신이 벌여온 신학적 고투(苦鬪) 가운데 태어난 것이다. 이러한 평가와 시점은 이론(異論)의 여지가 없을 것이다. 그는 "신학의 A, B, C를 한 번 더, 게다가 이전보다 훨씬 더 신중하게 신·구약 성서의 각 책들을 강독하여 주해(註解)하는 것부터 다시 시도하려고 했다". 바르트에 따르면 "그러니 잘 보라! 성서의 각 권이 우리를 향해 말하기 시작했던 것이다". 그는 "거기에서 찾아낸 것들을 한 꼭지씩 주의 깊게 쓰며 정리해나갔던"[1] 것이다. 이어서 그는 "읽고 또 읽었으며, 쓰고 또 썼다"라고 말하였다. 그러나 이것은 저자의 입장에서 내뱉은 고백이다. 그러므로 이 성공 스토리에 대한 극적인 고백도 온전한 진실이기는 하지만, 그것만으로는 이 중요한 신학사적인 사건이 지닌 의미의 절반밖에 전할 수 없는 것은 아닐까? 『로마서 강해』의 내용이 엄청나게 위대한 발견이라 할지라도, 또 굉장히 새로운 내용이었다 할지라도 그것이 책으로 인쇄되어 유통되지 않았다면 사람들에게 알려질 수 없었다. 즉, 바르트의 『로마서 강해』 성공 스토리에는 책 한 권을 손에 넣어 읽는 것만으로는 알아낼 수 없는 이야기가 숨겨져 있다. 『로마서 강해』의 경우처럼, 처음으로 출간했던 출판사와 이후 독일 전역에 유통시킨 후의 출판사가 서로 다를 경우에는 더더욱 이러한 시점을 통한 연구가 요청될 것이다.

중세의 격언 중에 "지식은 신이 내려준 은사(恩賜)이므로 팔 수 없다(Scientia donum dei est, unde vendi non potest)"라는 말이 있듯이, 그 시대는 거룩한 사상에 대해서 기술하는 것만으로 미덕이 되는 그런 때였다. 하지만 지식이 소비의 대상으로 바뀌어 시장에서 판매되기 시작한 오늘날에는, 그러한 성스럽기만 한 사상 혹은 지식의 이야기로는 뭔가 완결되지 않은 느낌을 주게 되었다. 시대와 사회 그리고 출판사의 요구가 사상의 전달이나 책의 출판에 큰 영향을 주게 되었으며, 오히려 그러한 과정 없이는 사상의 소개나 전달이 불가능하게 되었다. 대중가수의 CD 앨범을 팔기 위해서 음악제작사가 전력을 쏟아붓듯이, 위르겐 하버마스(Jürgen Habermas)의 책을 팔기 위해서 프랑크푸르트의 주어캄프 출판사가 벌이고 있는 일련의 활동들도 원리적으로 모두 같은 일이다. 그리고 (책이라는 형태의) 텍스트를 손에 받아 든 한 연구자(독자)가 그 책을 통해 하게 되는 모든 일들도 결국은 소비자로서의 행위이다. 바로 그 점에서 도쿄 시부야의 교차로에 둘러앉아 음악을 듣고 있는 젊은이들의 음악 소비 행위와 본질상 다른 것은 아무것도 없다. 그들은 이제 수백 년도 더 전에 작성된 옛날이야기에나 나올 법한 이마누엘 칸트(Immanuel Kant)의 책을 읽거나 그를 통해 사색하거나 고민하지 않을지도 모르지만, 대중가수의 노래 가사를 들으며 생각에 빠지고 자기 인생의 일부로서 녹여가고 있다. 그 점에서 이들은 사상을 소비하는 연구자(독자)들과 동일한 행위를 하고 있는 것이다. 사상에 관심을 가지는 사람들이 출퇴근 시간의 만원버스나 열차 안에서도 새로운 도스토예프스키의 번역물을 읽느라 심취해 있는 것이나, 젊은이들이 이어폰을 낀 채 대중음악의 가사를 몰입해 듣고 있는 것은 결국 동일한 행위라는 말이다. 그리고 도스토예프스키나 칸트의 저작들을 새롭고 젊은 감각의 최근 언어로 읽기 쉽게 번역하여 이전과 같이 고생하지 않고서도 잘 읽을 수 있게 된 것과 아침 러시아워 때 열차 안에서 현실을 잊고 꿈속에 있는 듯 멋진 음악을 들을 수 있는 것은, 모두가 새롭게 만들어진 지식(지성)의 산물을 상품으로서 소비하기 쉽도록 보내주는 사람들이 있기 때문에 가능하다. 확실히 이러한 시점에서 '사상' 그 자체를 질문해가는 것은 '사상(가)으로서의 편집자'라는 개념을 고찰하는 작업이며, '저자-독자'라는 단순한 관계로부터 '저자-편집자-독자'라는 중층적 관계로의 전환을 의미하는 것이다.

그런데 이러한 시점을 통해 눈에 들어오는 것은, '어떤 사상의 텍스트를 낳은 사회적 콘텍스트가 존재한다'는 사실이다. 또 반대로 '어떤 사회

이마누엘 칸트(왼쪽)와 도스토예프스키(오른쪽)

적인 상황이, 사상의 텍스트에 의해서 만들어진다'라고 하는 상관관계이다. 그리고 이 양자를 연결해온 사람들이 바로 '편집자'였다는 것을 말하지 않을 수 없다. 바르트의 『로마서 강해』를 중심으로 한 사상 형성도 '디더리히스'라는 편집자의 존재를 상정해볼 때에만 명확하게 시야를 확보하게 되는 것이다. 편집자는 확실히 어떤 사상가의 최초의 독자가 되며, 이후 독자와의 접점을 낳게 하는 존재이기 때문에, 사상의 텍스트를 사회화한다는 매우 중요한 위치에 서 있는 것이다. 사상은 저자에 힙입어 로고스(logos)화되지만, 현대에는 한층 더 편집자에 힘입어 사회화되는 것이다.

그런데 이러한 편집자의 작업, 아니 '편집자의 사상' = '사상으로서의 편집자'라는 것을 생각해볼 때, 텍스트를 사회화하는 편집자는 반대로 사상적인 텍스트에 어느 정도 관여하고 있을까라는 물음이 생기는 것 또한 사실이다. 또 그러한 '관여(關與)'는 무엇을 의미하는 것일까? 혹은 분명하게 저자와 편집자가 텍스트 안에 공존하고 있을 가능성이 있지만 그것을 식별할 수는 있는 것일까?

사상적 텍스트와 사회사적 콘텍스트

하나의 사상서(思想書)가 출판되기까지는, 우선 편집자가 어떤 사상을 사회(세상)에 소개하고 싶어 기획서를 작성해 출판하는 경우가 있을 것이며, 두 번째는 구체적으로 작성된 어떤 텍스트(원고)에 수정을 요구해가며 출판 단계로까지 도달하는 경우가 있을 것이다. 이 두 경우 모두

'저자 개인의 사상'만이 아니라, '편집자의 사상'이 그 출판 과정에 반영되고 있을 가능성이 있다. 앞의 경우는 편집자의 영향력이 다소 작을 수 있고 그 영향력을 특정하기 힘들지도 모르지만, 후자의 경우에서는 그 영향력의 지분이 분명하다. 하지만 엄밀하게 말해 현대에 와서는 어느 출판사로부터 그 서적을 냈는지, 혹은 어떠한 타이틀(제목)로 나갔는지, 어떤 식으로 제본했는지, 표지의 띠에는 무엇이 강조되어 어필되었는지, 광고는 어떻게 진행하는지 등의 여부 자체가 편집자의 사상과 밀접하게 관련되어 있을 것이다.

이것은 출판이 교회나 국가의 통제 안에 있었던 시대, 혹은 출판이 단순한 제본(製本) 수준이었던 시대에는 일어날 수 없던 현상이다. 이 시대에는 어떤 면에서 볼 때 편집자란 존재하지 않았다. 그러나 현대에도 국가나 특정 단체 혹은 기업이 여론을 형성하기 위해서 출판을 시도한다든가, 혹은 출판 그 자체가 상품이 되어, 이른바 출판사의 자비 출판(自費出版) 형식으로 '책을 내거나 혹은 내주는' 프로세스를 통해 그 상품을 판매하는 경우에도 상황은 비슷하다. 거기에도 편집자는 부재(不在)한다.

여기서 검토하고 싶은 것은 그러한 '출판' 자체가 상품이 되고 있을 때가 아니고, 근대 이후에 등장한 지성의 프로모터로서의 편집자가 지니는 위치(위상)다. 편집자가 담당한 그러한 업무의 성격은, 예를 들어 번역의 경우에서 잘 나타난다. 번역은 외국어를 모국어로 옮기는 작업이지만, 편집자의 사상이 가장 현저한 방법으로 드러나는 작업이다. 왜냐하면 책을 번역할 경우에는 그 책을 소개하는 학문적·정치적인 콘텍스트(context)가 배경에 있기 때문이다. 예를 들어 누군가가 정치적인 이유로

2013년은 키르케고르의 탄생 200주년이므로 그의 모국 덴마크에서 기념우표가 발행되었다. 오른쪽은 러시아와 프랑스에서 1978년에 발행된 톨스토이 탄생 150년 기념우표.

자유롭게 글을 쓸 수 없는(사상을 표현할 수 없는) 국내의 저자를 대신하여, 그 상황을 전혀 의식하지 않는 것처럼 가장하여 사상적 원군(援軍)이 되기 위해 그 입장에 가까운 책을 번역하는 것도 가능하기 때문이다.•

실제로 디더리히스는 이러한 모든 것을 알고 있었다. 그러므로 그는 급진적인 잡지의 출판을 위해 자금이나 인쇄 시설을 제공했고, 심지어는 그의 출판사에서 편집을 도맡아주기도 했다. 그는 그 시대의 교회가 발행하는 수많은 계몽적인 잡지에 대항하여, 급진적인 신학사상 및 종교사상을 주장하는 호르네퍼의 잡지 ≪디 타트≫의 출판을 맡아 1902년에는 대내적인 광고를 통해 출판 캠페인을 벌이기도 하였다. 신간서적이나 잡지 안에 책의 내용에 대한 독자 앙케트 엽서를 역사상 최초로 삽입했던 인물도 바로 디더리히스였다.•• 그는 출판을 통해 여론을 형성하려고

• 물론 사상적 자유가 박탈당한 저자가 자신의 입장과 유사한 책을 스스로 번역할 수도 있다.

했던 것이다. 또 그가 열심히 추진한 쇠렌 키르케고르나 레프 톨스토이 작품에 대한 번역이 지니는 정치적 사회적인 콘텍스트에 대해서도 생각해보지 않으면 안 된다.

'저자의 사상'과 '편집자의 사상'은 구별 가능한가?

이러한 편집자의 중요성을 확인한 이후 문제가 되는 것은, 서적 안에 녹아들어 간 '저자의 사상'과 '편집자의 사상'을 엄밀하게 식별해낼 수 있는 것일까, 그리고 그러한 식별은 꼭 필요한 것인가 하는 문제일 것이다. 또 그것을 가려내는 것이 과연 의미 있는 작업일까? 한 번 더 이 문제를 정리해보고 싶다. 앞서 말한 대로 출판이라는 것이 고전이나 성서의 단순한 인쇄 작업을 의미하던 시대에는 이런 고찰이 필요하지 않았다. 또한 출판이 위대한 저자(사상가)나 성스러운 인물들의 위탁에 의한 인쇄를 뜻하던 시대에도 이러한 고찰은 무의미했다. 하지만 '지식의 시장(市場)'이라는 새로운 환경을 전제로 한 근대적 출판사의 등장과 지적 프로모터로서의 자각(自覺)을 지니고 있던 편집자가 등장한 이후부터는 이러한 고민이 중요한 의미를 지니게 된다.

그러나 여기에서 주의하지 않으면 안 되는 것은, 이러한 식별이 '저자의 사상'과 '편집자의 사상'을 구별하는 것은 아니라는 점이다. 편집자가

•• 일본의 경우는 지금도 모든 서적에 독자들이 출판사에 발송할 수 있도록 독서후기 엽서가 끼워져 있다.

텍스트에 개입하는 경우, 편집자는 이미 편자(編者) 또는 저자(著者)의 한 사람이 되어 있다. 일찍이 칼 바르트와 투르나이젠은 공저의 형태로 『하나님을 찾으라. 그리하면 너희가 살리라!(Suchet Gott, so werdet ihr leben!)』(1917)[2]라는 설교집을 출판한 바 있다. 그때 이 두 사람은 어떤 설교가 자신의 것인지를 명시하지 않았다. 연구자나 전기를 쓰는 기자라면 각각의 설교가 누구의 것인지 규명하는 데 흥미를 가질지도 모르겠다. 그것을 밝히기 위해 두 사람의 편집 의도 혹은 공통되는 신학과 차이점에 대해 고찰할 것이다.

한편으론 이런 경우도 있다. 철학 영역에서 헤겔(G. W. F. Hegel)이 낸 책들의 상당수는 강의록이었지만, 그것들은 훗날 제자들에 힘입어 헤겔 전집과 같은 형태로 편집되고 출판되고 연구될 수 있었다. 하지만 실제로는 그 강의록을 편집한 편자의 손에 의해 많은 부분 윤색(潤色)되거나 탈루(脫漏)되는 등, 최종 완성물은 원래의 형태와 달라진 측면이 존재한다는 사실이다. 그래서 결국 현대에 이르러 엄청난 시간과 노력을 들여가며 원형 회복을 위한 작업을 하고 있다. 즉, '편자(편집자)의 사상'을 없애는 작업을 하고 있는 것이다.

바르트와 투르나이젠이 함께 발간한 설교집 『하나님을 찾으라. 그리하면 너희가 살리라!』(Bern: G. A. Bäschlin, 1917)의 1928년판 표지. 크리스티안 카이저 출판사의 알베르트 렘프가 다시 출간한 것이다.

이 같은 현상은 막스 베버의 저작에서

도 일어나고 있다. 그것은 유고(遺稿)에 손을 댄다는 문제와는 별도로, 그것을 다시 어떻게 배열하여 출판하는가 하는 단순한 편집의 문제이다. 이미 존재하는 단편적 자료들을 가능한 한 베버의 본래 생각에 잘 따르도록 편집한 사람이 있었을 것이다. 하지만 과연 그 유고 편집의 의도가 올바른 것이었는지 여부에 관한 문제가 남는다. 이러한 여러 문제를 생각해볼 때, 하나의 방법론적인 단서로서 성서학이나 문헌학적 연구의 '편집사적(編輯史的) 방법론'을 제시할 수 있을 것이다.

확실히 이러한 의미를 가지고 '편집자의 사상'에 대해 생각해보는 것은 의미 있는 일이다. 그러나 여기서 식별의 가능성에 대해 생각해보고 싶은 것은, 텍스트를 낳는 저자의 사상과 그 텍스트를 사회화하는 편집자의 사상 간의 차이점이다. 그러한 식별(識別)은 정말 가능할 것인가. 사상으로서의 텍스트를 낳는 배경에는 그 텍스트를 낳는 사회사적인 콘텍스트가 있으며, 동시에 그 사회사적인 콘텍스트를 창출하는 사상의 텍스트가 있다. 이 순환을 성립시키고 있는 것은 저자 한 사람만의 힘일까? 그렇지 않다면 거기에 편집자가 어떤 위치와 영향력을 가지고 있는가 하는 문제이다.

오이겐 디더리히스나, 크리스티안 카이저 출판사의 알베르트 렘프와 더불어 그 당시 편집자로서 카리스마를 보이며 활약했던 한 사람을 더 소개하고 싶다. 페르디난트 아베나리우스(Ferdinand Avenarius, 1856~1923)가 그 주인공이다. 그는 작곡가 빌헬름 리하르트 바그너(Wilhelm Richard Wagner)의 조카로, 시인으로도 널리 알려져 있었다. 아베나리우스는 점점 의미를 상실해가고 있다고 여겨진 기독교에 회의를 느껴 미적(美的)

페르디난트 아베나리우스

인 가치가 인류를 구원할 것이라고 믿었다. 그리하여 그는 미술 관련 출판에 뛰어들어 명성을 얻었으며, '뒤러 동맹(Dürer-Bund)'의 주최자로서도 널리 알려졌다. 그가 편집한 예술잡지인 ≪데어 쿤스트바르트(Der Kunstwart)≫(예술의 파수꾼)는 상당한 발행 부수를 자랑했다.[3] 덧붙여 소개하고 싶은 것은 이 잡지에 익명으로(나중에는 실명으로) 발표된 에른스트 트뢸치의 정치 평론 「관찰자의 수기(手記)」이다. 이 연재는 바이마르의 정치적 동향을 이해하기 위한 일급의 문헌자료로서 지금까지도 사료적 가치에 비추어 높은 평가를 받고 있다.

뒤러 동맹은 화가들의 단체도, 미술 애호가들의 사교 클럽도 아니었다. 이것은 1900년 전후에 나타난 커다란 반(反)물질문명 운동이었다. 한편으론 현재의 생태주의(ecology)나 로하스(LOHAS: Lifestyles Of Health And Sustainability)와 같이 자연과 인간의 연결고리를 강조하는 한편, 정신주의와 결부되어 독일 청년운동이나 교회제도를 거부한 자유그리스도교 운동, 반더포겔 같은 민족주의운동과도 관계를 맺고 있었다. 뒤러 동맹의 회원은 20만 명을 넘었으며, 출판사업도 이 서클 내에서 충분히 해결해낼 수 있었다. 일상생활의 물질화로 인한 정신적인 가치의 상실을 두고, 한편으로 인간성의 위기라고 이해하여 프로이트는 이 모임을 열정적으로 지지했고, 카를 구스타프 융(Carl Gustav Jung)도 프로이트의

추천을 받아 이 모임에 소속되었다.[4]

한편 그들이 반대한 물질문명의 확산은 독일 정신의 위기로서 이해되어 다양한 민족주의운동과도 제휴해나가게 된다. 그 하나가 1913년에 마이스너에서 결성된 전설적인 청년운동대회인 '자유독일청년단'이었다. 이 대회에는 디더리히스 출판사의 제라 크라이스(Sera Kreis), 그리고 아베나리우스도 주최자로서 이름을 올려놓았다.[5]

그런데 이러한 아베나리우스의 출판사에서 책을 내게 되면, 적게 잡아도 20만 명의 독자는 거뜬히 예상할 수 있다.[6] 그리고 편집자인 아베나리우스가 이미 만들어 제시한 사상적·정치적인 틀(프레임)이 거기에는 존재하고 있었다. 아베나리우스가 뒤러 동맹을 결성하기까지, 그의 사상이나 정치적 입장을 형성하는 데 기여한 다양한 사상가가 있었다. 그리고 그의 기본적 입장이 완성된 후에도 그에게 계속해서 영향을 미친 사상가가 있었으며, 또 새롭게 그에게 영향을 미치게 된 사상가도 출현했다. 하지만 그와 동시에 뒤러 동맹의 성공 이후에는 아베나리우스의 편집자로서의 출판 활동에 하나의 기준을 제시하는 전혀 새로운 사상가가 등장한다. 그 사상가는 바로 아베나리우스와 뒤러 동맹에 함께하였던 20만 명의 동지들이었다. 그들은 아베나리우스가 누군가에게 집필을 의뢰할 때에도, 그리고 아베리우스에게 누군가 출판을 의뢰해올 때에도 늘 함께하였다. 말하자면 출판사가 미리 준비해놓은 독자들로서, 혹은 작은 여론으로서 그 20만 명이 존재했던 것이다. 트뢸치의 정치평론은 트뢸치 개인의 독자적인 사상인 동시에, 이것은 어디까지나 아베나리우스가 발간한 잡지 ≪데어 쿤스트바르트≫에 게재된 트뢸치의 「관찰자의

뒤러 동맹에 참여한 프로이트와 융. 오른쪽 사진은 뒤러 협회의 작가협동조합의 명패.

수기」인 것이다.

아베나리우스의 경우는 하나의 특수한 사례이지만, 많든 적든 지성의 프로모터로서 스스로를 자각했던 편집자와 출판사가 존재할 때, 사상의 사회화는 '저자-독자'만의 관계가 아니라 '저자 - 편집자 - 독자'의 중층적 관계가 된다. 그리고 그 관계에 대해 (1) '(저자 - 편집자) - 독자'가 되는 경우와 (2) '저자 - (편집자 - 독자)'가 되는 두 경우를 생각해볼 수 있지만, 아베나리우스의 경우에는 앞의 (1)의 경우에 해당될 것이다. 여기서 더 깊이 들어가면, (a) '(저자 ≧ 편집자) - 독자'가 되는 경우와 (b) '(저자 ≦ 편집자) - 독자'라는 관계를 형성하는 경우도 있을 것이다.

사상사 연구든 사회사 연구든 이 도식을 절대로 간과해서는 안 된다. 사상적 텍스트는 인쇄된 텍스트를 통해서 모든 표현이 완결된다고 보는 해석학도 가능하겠지만, 그 텍스트가 텍스트로서 읽히기 위해서는 거기에 기존의 '사회 시스템'과 '역사적 시간'이라는 것이 매개하고 있기 때문이다.

그렇게 생각해보면, '저자의 사상'으로부터 '편집자의 사상'을 고찰한다는 시점과 함께 '편집자의 사상'으로부터 '저자의 사상'을 생각해보는 시점도 필요하다. 이 양쪽 모두의 시점을 평행선 위에 놓고 동시에 고찰할 때에, 비로소 그 순환 과정, 즉 '사상적인 텍스트를 낳는 배경에는 그 텍스트를 낳는 사회사적인 콘텍스트가 있다는 점, 그리고 그 사회사적인 콘텍스트를 창출하는 사상의 텍스트가 있다'고 하는 순환의 고리가 눈에 들어온다.

그러므로 해석자로서의 '독자(讀者)'는 '저자의 사상'과 '편집자의 사상'이라는 두 사상체계를 '하나의 세트(a set)'로 전달받게 되지만, 이것을 식별하기 위한 노력이 분명히 무의식 속에서 활발히 이루어지고 있을 것이다. 바로 그것이 한 권의 책이 특정 출판사를 통해 나왔다는 사실이 갖는 의미이다.

제2장

정치와 편집자

1 정치적 편집자, 빌리 뮌첸베르크

2 정치적 디자이너로서의 편집자, 괴벨스

3 출판사의 정치적 미학(美學), 로볼트 부자

1 정치적 편집자, 빌리 뮌첸베르크

제1장에서는 디더리히스와 그의 출판사에 대해 살펴보았다. 제2장에서는 편집자의 존재가 '사상'에 끼치는 영향 및 '편집자의 일'과 '정치적 속성'이 서로 어떻게 관계를 맺었는지를 구체적 사례로 살펴볼 것이다. 이어서 그러한 관계성이 독일 현대사 속에서 편집자의 모습에 어떻게 반영되어 나타났는지도 생각해보려 한다. 편집자가 지성의 프로모터이며, 저자와 독자 사이를 소통시키는 중개자(매개자)이고, 또 시장에 대한 직접적인 개입자라고 볼 때, 편집자의 정치성(政治性)도 그 시대나 사회를 살아가는 저자와 독자에 대해서 중요한 의미를 지닐 것이기 때문이다.

여기에서는 세 가지 사례를 통해서 접근해보고자 한다. 첫 번째로 정치적으로는 공산주의의 입장과 결합돼 있던 빌리 뮌첸베르크(Willi Münzenberg, 1889~1940)를 '편집자'라는 시점에서 살펴볼 것이다. 두 번째로는 나치즘의 선전장관이었던 파울 요제프 괴벨스(Paul Joseph Goebbels,

1897~1945)에 대해서 마찬가지의 시점으로 다뤄볼 것이다. 이처럼 좌우에 위치한 두 정치적 편집자를 먼저 살펴본 뒤에, 특정한 정치적 입장을 취하지 않겠다고 표명하며 그러한 중립성을 기본적인 편집 방침으로 삼았던 로볼트(Rowohlt) 부자(父子)의 출판사를 다뤄볼 것이다.

좌와 우의 괴벨스?

편집자나 출판사는 정치와 어떻게 관련되어야 할까? 그리고 편집자나 출판사의 정치적 입장은 사상가나 작가에게 어떠한 영향을 주는 것일까? 이러한 점을 생각할 때, 어떤 출판사를 통해서 책을 펴내는가 하는 것은 저자에게 중요한 문제가 아닐 수 없다. 그 사상을 최종적으로 받아들이고 소비해야 하는 독자들도 출판사의 사상적인 입장뿐 아니라 정치적 입장에 대해서도 생각하게 되기 때문이다. 즉, 근대 사상의 가치가 시장에 의해서 결정된다는 현상이 존재하더라도, 다른 한편으로 사상의 가치란 단순하게 시장의 동향에 따라서만 정해지지 않는다. 저자가 특정 편집자나 출판사의 정치적인 입장을 받아들여 그 출판사에서 책을 출간하는 것, 즉 저자의 입장에서 본 편집자의 정치적 입장에 대한 문제는 지금껏 여러 형태로 고찰되어왔지만, 반대로 편집자 쪽의 정치적인 입장이 저자에게 어떠한 영향을 주었는지의 문제에 대해서는 지금까지 별로 생각해본 적이 없었던 것 같다. 그것이 '사상(혹은 사상가)으로서의 편집자'를 염두에 두면서 편집자의 정치적인 입장이 저자에게 주는 영향에 대해 생각해보려는 이유이다.

이 문제를 규명하기 위해 우선 빌헬름 제정기가 끝나고 이른바 바이마르 공화국 시대, 그리고 제3제국이라는 격동의 시대를 살았던 두 명의 특이한 편집자 혹은 선전가를 집중해서 살펴보려 한다. 한 사람은 나치스의 유명한 선전장관 요제프 괴벨스이며, 다른 한 사람은 동시대에 '붉은 괴벨스'라고 불리며 '뮌첸베르크 콘체른(Münzenberg Konzern)'이라고 불리는 정보망(매체연합)을 지배한 공산주의자[1] 빌리 뮌첸베르크이다. 이 두 사람 가운데 우선 '좌익의 괴벨스'라는 별명을 가졌던 인물, 뮌첸베르크부터 살펴보자.

빌리 뮌첸베르크는 누구인가?

뮌첸베르크는 1889년 8월 14일에 독일 튀링겐의 에어푸르트 시에서 네 남매 가운데 한 명으로 태어났다.[2] 그는 13세 때에 아버지가 엽총 폭발로 사망한 이후, 고타에 있던 누나의 집에서 자라게 되었다. 중학교를 졸업한 뒤에는 이발소나 신발공장을 전전하며 견습공으로 일하였다. 이발소에서 훈련받던 중에 친구를 크게 다치게 할 정도로 싸움을 벌이는 바람에 그 일도 그만두게 되었다. 결국 그는 또 다른 누나가 있는 에어푸르트로 이사하여 신발공장에서 근무하게 되었다. 하지만 그 안에서 가혹한 노동 현실을 체험하면서 그는 노동조합운동, 그리고 견습공 지원 단체에 참여하게 된다. 그는 그곳에서 사회주의 이론과 조우하며 1906년에 사회민주당 당원이던 친구의 설득으로 '프로파간다(propaganda, 선전)'라는 교육협회에 출입하기에 이른다.

빌리 뮌젠베르크

그는 '프로파간다'에서 사회주의 이론을 체계적으로 배웠을 뿐만 아니라 18세가 되었을 때에는 이 단체의 의장으로 취임하였다.[3] 또한 1908년 9월 베를린에서 개최된 전설적인 사회주의청년동맹 전국대회 때에는 에어푸르트 시의 대표자로 참가하였다.

사회주의청년동맹의 활동은 그 당시 정점으로 치닫고 있었지만, 청년들의 극심한 무정부 상태적인 기세를 경계한 독일 노동조합의 지도부들은 이 움직임을 견제하기 시작했다. 그리하여 마침내 1908년의 사회민주당 뉘른베르크 대회에서 청년운동조직의 해산이 결의되었다. 그것은 뮌첸베르크에게 아닌 밤중에 홍두깨 같은 사건이었다.[4] 결국 그는 이 결의에 반대하여 사회민주당과 대립하게 된다. 게다가 뮌첸베르크는 에어푸르트의 청년운동조직에 책임자로서 깊이 관여하고 있었는데, 새롭게 선포된 '협회법'을 위반했다는 이유로 체포당하기까지 한다. 그것은 뮌첸베르크의 과격한 활동을 쉽게 이해하지 못한 노동조합 간부들의 밀고에 따른 것이었다. 그러나 이 사건은 반대로 그를 사회주의를 넘어서 더욱 철저한 공산주의자로 변신하도록 이끌었다.[5]

체포·구금되고 조직을 잃었으며, 게다가 일자리까지 빼앗긴 뮌첸베르크는 1910년이 되자 당분간 스위스로 몸을 피해 은신하게 된다. 거기서 그는 다시 스위스 사회주의 청년조직의 멤버가 되어, 그 기관지인 ≪자유청년(Freie Jugend)≫의 편집자가 되었다.[6] 이때 뮌첸베르크는 처음으로 편집자로서 활동하면서 잡지가 지닌 정치력을 실감하게 된다.

뮌젠베르크가 편집자로서 활동하기 시작한 잡지 ≪자유청년≫의 1914년 9월 호 표지

그런데 이 ≪자유청년≫이란 잡지의 열독자이며 협력자이기도 하고 또 이 잡지의 자매지이기도 한 ≪신자유 아르가우인(Der Freie Aargauer)≫의 기고자였던 사람이 뮌첸베르크의 눈에 포착되었다. 스위스 시골 자펜빌의 청년 목사였던 그 기고자는 1912년 11월에 제2 인터내셔널이 스위스 바젤에서 개최되었을 때, 뮌첸베르크와 사회주의의 미래에 대하여 의견을 주고받기까지 했다. 그는 다름 아닌 칼 바르트였다.[7] 그 당시 바르트는 자펜빌 소재 한 회사의 공장주이자 자기 교회의 회원이기도 했던 발터 허시(Walter Hussey)와 벌였던 논쟁이 신문 지상의 공개 토론으로까지 발전하여 이슈가 되어버리는 바람에, 문제 해결의 실마리를 찾지 못한 채 고생하고 있었다. 바르트는 이때 1년 전 행한 강연 '예수 그리스도와 사회운동'의 발췌본을 뮌첸베르크에게 보냈다.[8]

바르트는 1915년 1월 26일에 사회민주당에 입당해, 노동운동 지지자

들에게는 '동지(同志) 목사'라고 불리었고, 교회 회원들로부터는 '자펜빌의 붉은 목사'라고 불리고 있었다. 바르트는 1915년 2월 14일 사회민주당 대회에서 '전쟁, 사회주의, 그리고 기독교'라는 강연을 하기도 했다. 하지만 이러한 바르트의 행동은 1914년에 제1차 세계대전이 발발했을 때, 그 전까지 자신이 스승으로 신뢰하고 있던 독일의 자유주의 신학자들도, 또 독일 사회민주당도 전쟁에 반대하지 않는 점을 비판한 후에 보인 모습이다. 바르트는 이 시점까지는 아직 자각적인 사회주의, 정확하게 말한다면 과격한 사회주의자 가운데 한 명이었으며, 실제로도 그렇게 보였던 것이다. 그러한 사실은 그 당시 행한 바르트의 강연 내용을 통해서 명확히 증명된다.

> 진정한 그리스도인은 사회주의자가 되지 않으면 안 된다. 만약 그가 그리스도인의 개혁을 진지하게 생각하고 있다면 말이다. 또 진정한 사회주의자는 그리스도인이 되지 않으면 안 된다. 만약 그에게 사회주의 개혁이 과제라고 한다면 말이다.[9]

이러한 바르트의 강연을 들으며 그의 비범함을 즉석에서 간파하여, 결국 자펜빌 시골 마을의 목사관까지 일부러 찾아간 사람이 바로 뮌첸베르크였다.[10] 그는 미리 바르트에 대해서 조사하여 그 동지(同志, 바르트를 의미)를 배려해 항상 내뱉던 교회나 종교에 대한 비판 발언은 삼갔으며, 자신의 운동에 협력해줄 것을 권하면서 잡지 ≪신자유 아르가우인≫에 적극 참여해줄 것을 부탁했다. 이 과정에서 뮌첸베르크와 바르트는

왼쪽부터 레닌, 트로츠키, 젊은 시절의 칼 바르트

레닌(Vladimir Il'ich Lenin)에 대한 각자의 평가에 대해 밤새워 가며 이야기를 나누기도 했다.

흥미로운 것은, 이 시기에 뮌첸베르크와 바르트뿐만이 아니라 실은 레닌과 레온 트로츠키(Leon Trotsky)도 스위스에 머물고 있었다는 점이다. 뮌첸베르크와 바르트는 다양한 논의를 거듭한 후, 여러 비판에도 불구하고 청년운동의 의미와 자립성을 중시한 레닌을 높게 평가하는 것이, 그들의 사상 내용과는 별도로 정치적으로 중요하다는 점을 인식했고, 그러한 입장에서 나온 발언들은 이후에도 의미를 가질 것이라고 서로 확인하는 시간을 가졌다.[11] 마치 그때 이뤄진 대화에 대한 응답이기라도 하듯 바르트는 그해에 '기독교와 사회민주주의', '사회민주주의의 국내적 미래', '사회주의자가 된다는 것은 무슨 의미인가'라는 제목의 강연을 행하면서 뮌첸베르크의 기대에 부응하는 활동을 해나갔다.[12]

그것은 뮌첸베르크의 자유롭고 품 넓은 활동의 일례에 지나지 않았다. 그러나 그것은 동시에 뮌첸베르크가 펼친 활동의 성격을 잘 나타내 보이는 한 사례이기도 하다. 그는 노동운동의 조직화를 위한 일이라면

뮌첸베르크는 빈곤층 노동자 구제조직인 국제노동구호기금에 관여하면서 1922년에 소련으로부터 초청을 받았다. 그 당시 코민테른 의회에 트로츠키와 함께 참석한 뮌첸베르크의 모습. © The Russian State Documentary Film & Photo Archive, Krasnogorsk.

스위스 벽촌에 있는 이름 없는 목사에게까지 직접 만나러 가는 사람이었다. 그는 직함이나 경력, 당의 평가 등과는 상관없이 어떤 사람을 볼 때 그 능력을 발견해내어 기사를 쓰게 하고 강연을 부탁했다. 그것이 편집자로서 우리 앞에 나타난 뮌첸베르크의 모습이다.

그런데 그 후 바르트는 우여곡절을 거쳐 『로마서 강해』 집필에 집중하게 되었고, 뮌첸베르크도 러시아와 독일 사이를 오가는 고생 가운데 점점 공산주의 청년조직의 리더로 성장해갔다. 바르트가 『로마서 강해』로 성공하게 되고 일약 독일 신학계의 스타로서 주목을 끌게 되었을 무렵, 뮌첸베르크도 혁명 후의 러시아를 덮친 기근에 대처하기 위한 구제활동의 현장지도를 레닌으로부터 직접 부탁받아, 1921년 8월에 '국제노동구호기금(Internationale Arbeiter-Hilfe: IAH) 외국위원회'의 활동을 시작하고 있었다.[13] 그리고 이 활동의 성공으로 공산주의자 뮌첸베르크의 이름을 세계적 차원으로 알릴 수 있었다. 그뿐만 아니라 뮌첸베르크는 이때의 경험을 기초로 노동자운동을 위한 매스미디어의 유효성과 가치를 절감하였으며, 특히 출판사업에 심취하게 된다. 훗날 그를 연구하는 학자들이 붙인 그의 별명처럼 이른바 '붉은 괴벨스'가 탄생하는 순간이었다.

덧붙이고 싶은 것은, 팔리지 않고 대량으로 남아 있던 바르트의 『로마서 강해』 초판의 재고를 독일에서 모두 팔기 위해 스위스에서 들여온 적이 있다. 그때 노동자운동 단체의 신문이나 잡지에 '노동자의 지식 향상을 위한 도서 구입 리스트'가 소개되었는데, 바르트의 『로마서 강해』를 직접 추천해 판매가 촉진될 만한 방법을 고안하고 협력해준 사람도 바로 뮌첸베르크였다. 그런 점에서 바르트를 알아보고 그의 사상을 세상과 접촉시킨 사람으로 디더리히스나 렘프뿐만이 아니라 뮌첸베르크도 기억할 필요가 있다.

신문의 편집과 정치 활동

바이마르 시기의 뮌첸베르크가 신문이나 잡지 쪽에 힘을 써 출판사를 매수하고 영화를 제작하는 등, 오늘날 표현대로 말하면 '미디어 컨트롤'과 같은 정치 활동을 시작한 것은 잘 알려져 있는 사실이다. 한편 그는 나치스의 선전 활동에 대해 분석한 『무기로서의 선전(Propaganda als Waffe)』(1937)이라는 책을 펴냈는데, 여기서 그의 편집자론 혹은 '정치와 편집자의 관계'에 대한 고찰을 충분히 이해할 수 있다.[14] 뮌첸베르크는 "노동자 전용 그림엽서, 삽화신문, 영화, 소책자, 팸플릿 등 당시로서는 신종의 광고 미디어를 총동원했다"[15]고 한다. 1921년 11월에 첫 발행이 시작된 ≪일러스트 노동자 신문≫은 "말과 사진으로 보는 소비에트 러

≪사진으로 본 소비에트 러시아≫. 국제노동구호기금이 1921년에 창간한 이 공산주의 계열 잡지는 바이마르 공화국과 집권 사민당에 대한 그들의 불만을 드러내고자 했다. 1925년 뮌첸베르크의 '새 독일 출판사(Neuer Deutscher Verlag)'에 인수된 후, 다시 그 이름을 ≪노동자 일러스트 신문≫으로 바꾸면서 월간에서 격주로 발행된다. 이런 변화로 1927년 발행 부수는 22만 부까지 늘어났고, 이미 약칭 'A-I-Z'로 사람들에게 널리 알려지게 되었다.

시아"라고 하는 부제가 붙어 있었다. 이후 ≪노동자 일러스트 신문(Artbeiter-Illustrierte)≫이라고 이름이 조금 바뀌었지만, 1933년 히틀러가 정권을 장악하기 직전까지 50만 부의 발행 부수를 자랑하고 있었다.

뮌첸베르크는 난해한 혁명이론이 게재되곤 하던 당시 신문을, 당비의 일부로 만들어져 판매 구입 리스트에 형식적으로 올라 있을 뿐인 '강제 구입품'에 지나지 않는다고 보았다. 결국 그런 식의 신문은 노동자들에게 읽히지 않는다는 점에 착안해 그는 자신만의 (신문, 잡지 등의) 편집 활동을 계속해나갔던 것이다. 당의 기관지는 사실 내용은 문제가 되지 않았으며, 그것을 (강제로) 구입하는 과정에서 입금되는 수익금은 운동 자금이 되어버린다는 점에서 '정치적'이었다.

그런데 뮌첸베르크는 수록된 내용을 사람들이 읽고 그로 인해 감동하

≪노동자 일러스트 신문≫은 1931~1932년에 발행부수가 50만 부로 늘었다. 이 잡지의 공산주의적 논조에 대한 지지율 증가가 꾸준히 반영된 결과였다. 1933년에는 잡지의 표지 제목 자체가 아예 ≪AIZ≫로 바뀌었으나, 반(反)나치 선전에 열중한 나머지 히틀러 집권 이후 탄압을 피해 1938년에는 체코 프라하로, 이듬해에는 파리로 출판사를 옮겨야 했다. 전시 상황은 녹록치 않아 결국 파리에서의 출간도 7번을 끝으로 폐간되고 만다.

거나 매료되어야만 그 잡지나 신문이 비로소 의미(생명력)를 가질 수 있다고 믿었다. 그래서 읽히는 '신문·잡지'로 바꿔나가기 위해 내용상의 과감한 쇄신을 단행했다. 그렇게 노력하는 동안 '정치와 편집'은 하나가 되었다.

그는 잡지나 신문에 게재되는 논문의 비율을 과감하게 줄여나갔다. 그 대신 시각(視覺)에 호소하는 일러스트나 사진을 충분히 이용하면서 "사진가 존 하트필드(John Heartfield)로 대표되는 신예 스태프를 등용해 몽타주 기법 등 당시로선 최신 기술을 구사하기 시작했다".[16] 그리고 내용도 혁명에 관한 것뿐만이 아니라, 노동자 계층 사람들에게 필요한 지식, 세계의 최신 정보 등을 사진과 함께 수록해 설명하였다. 그로 인해 뮌첸베르크의 잡지는 그 전까지의 노동자운동 관련 잡지나 신문처럼 단지 구입해서 비치하는 데만 의미를 뒀던 것이 아니라, 확실히 읽고 생각

<나치와 함께라면 십자가도 그리 무겁지 않아!!(The cross was not heavy enough)>(1934, John Heartfield). 나치스에 동조하고 협력하는 독일 교회와 성직자들의 모습을 비판한 존 하트필드의 작품.

하도록 이끄는 데 의미를 두게 되었다.

뮌첸베르크는 이러한 활약을 통해 바이마르 공화국 시대에 가장 성공한 편집자로서 수많은 매스미디어 관련 기업, 특히 출판사를 자신의 산하에 두게 된다. 그것을 이른바 '뮌첸베르크 콘체른'이라고 불렀다고 앞서 소개하였다. 호시노 하루히코(星乃治彦)•에 따르면, 그 규모는 당시 독일 최대 규모의 출판사인 후겐베르크(Hugenberg)에 이어 두 번째 매출을 자랑하고 있었다.[17] 참고로 후겐베르크는 유명한 보수 우익 계열의 출판사였다.

• 법학박사, 후쿠오카대학 역사학과 교수.

이처럼 공산주의운동 그룹 내부에서 매체(미디어)를 지배하여 그 스스로 잡지나 신문사의 사주(社主) 또는 편집자가 된 뮌첸베르크의 '편집자로서의 모습'을 어떻게 생각하면 좋을까?

일단 뮌첸베르크에 대한 일반적 평가를 살펴보면, 그는 좌쪽에 위치해 전체주의적인 공산주의운동의 선전 활동을 담당한 인물이었다는 점, 그리고 그가 펼친 출판 활동은 이성적이었다기보다는 교조적(教條的)이었으며, 신문의 경우도 사실 전달이나 보도의 수준에 머물기보다는 공산주의의 입장을 선전하는 측면이 강했다는 점이다.[18] 하지만 그러한 단순화는 바른 평가라 할 수 없다. 왜냐하면 그가 공산주의운동을 전개하기에 용이한 수단 가운데 하나로서 출판을 중심으로 한 매스미디어를 이용한 것은 분명한 사실이지만, 예를 들어 그는 소련 공산당과 대립적이기도 했기 때문이다. 또 그가 착안했던 '무기로서의 선전' 활동을 현장에서 전개할 때에도 나치스의 선전 활동을 분석해 그 문제점을 지적하면서도, 그들에게서 발견되는 참신함이나 뛰어난 점에 대해서는 나름의 평가를 내리고 있기 때문이다.

더욱이 바이마르 시대에 뮌첸베르크는 잡지 ≪미래(Zukunft)≫를 중심으로 출판 활동을 전개했는데, 그때 소설가 토마스 만(Thomas Mann)이나 심리학자 프로이트로부터도 협력을 이끌어낸 바 있었다. 또 이미 말한 것처럼 스위스 자펜빌 시절의 칼 바르트의 신학적 정치운동까지도 관심을 갖고 그것을 이해하려고 했음을 확인할 수 있다.

그는 이른바 교조주의적인 마르크스주의로부터 자유로운 사람이었다. 바로 그 점에서 그의 편집자로서의 특징이 존재한다. 그 하나의 증거로서 뮌첸베르크는 1939년 3월 10일 자 ≪미래≫에서, 그 자신이 일생을 바쳐 구축하며 조직해왔던 공산당으로부터의 탈당을 표명했던 것이다. 물론 그 전에 코민테른의 서기장으로서 모스크바에 머무는 것을 거부했던 그는, 이미 공산당으로부터 제명된 상태였지만 말이다.[19]

그런데도 그는 자신이 '혁명적 사회주의의 최전선 한복판'에 서 있다고 자각했으며, 소련식 공산주의를 하나의 이상으로 삼고 있었다. 하지만 그는 1939년 나치스와 소련이 불가침 조약을 맺는 것을 보고서, ≪미래≫를 통해 다음과 같은 유명한 말을 남기며 나치스와 더불어 소련(스탈린)에 대해서도 비판의 시선을 놓지 않았다.

> 평화란 것은, 그리고 자유라는 것은, 히틀러만이 아니고, 스탈린의 경우에도 반드시 지켜져야만 한다. 승리라는 것이 히틀러만이 아니고, 스탈린을 통해서도 쟁취되어야 하는 것처럼 말이다.[20]

뮌첸베르크는 공산주의운동 한가운데 서 있었지만, 그것을 상대화시키는 관점도 지니고 있던 운동가(運動家)였다고 평가할 수 있다. 그리고 그러한 유연한 관점이 그를 '활동가'로서만이 아니라 '편집자'로서 일하게 하였다. 그는 운동가이며 혁명의 실천을 위한 '이론가'이기도 했다. 하지만 동시에 그는 '편집자'이기도 했다. 그러므로 그의 발은 언제든지 운동이라는 영역으로부터 한 걸음 정도 바깥으로 나와 있을 수 있었다.

따라서 그는 공산주의운동이라고 하는 정치 활동의 단순화된(경직된) 선전만을 담당할 수는 없었다. 오히려 그가 만든 잡지는 '정치로서의 공산주의'라고 하는 시점뿐만 아니라, 그 정치이론의 귀결인 문화나 스포츠, 과학이나 건강에 대한 교육과 정보를 제공하는 것을 통해서, 혹은 그 의미를 새롭게 해석하는 것을 통해서 '문화로서의 공산주의'를 말하고 있었다. 즉, 그는 자신의 미디어 수법을 통해 그 안에 담긴 내용을 근본적으로 혁신할 수 있었던 것이다.

또 그는 특정한 입장의 발언이나, 특정한 사상적·정치적인 입장을 보호(옹호)하기 위한 출판이나 편집은 거부하였다. 바로 그 점이 소련 공산당과 대립하게 된 요인이 되었고, 결국 그로 인해 그가 맞이한 갑작스러운 죽음이 암살에 의한 것이라고 생각하는 수많은 연구자가 오늘날까지도 존재하고 있는 것이다. 그런 면에서 그를 '붉은 괴벨스'라고 부르며, 단순한 '공산주의의 선전장관'으로만 단정지을 수는 없을 것이다.

'편집자와 정치'가 관계 맺을 때 한 가지 유혹은, 사상의 내용상 문제

1931년 함부르크에서 열린 '선원 및 항만노동자 국제회의'에서 뮌첸베르크(가운데)가 미국 출신의 제임스 포드(왼쪽)와 프랑스 식민지 서아프리카 출신의 티모코(오른쪽)와 함께한 모습
ⓒ *Arbeiter-Illustrierte Zeitung*, 1931/26, S. 510.

가 아니라, 특정한 정치적 입장을 변호하기 위해 무비판적인(편집 과정이 부재한) 출판을 시도하게 되는 점이다. 그때 편집은 확실히 '정치를 위한 무기'가 되어버린다. 그리고 출판은 '정치 활동 그 자체'가 된다.

하지만 또 하나의 가능성이 있다. 그 가능성은 바로 뮌첸베르크가 걸어간 삶의 방식이 아닐까? 그는 확실히 출판을 정치적인 수단이라고 생각했지만, 그때 대중을 향한 '정치적 계몽'의 추구라는 벡터(Vektor)와 더불어 다른 한편의 '정치적 투쟁'이라는 벡터는, 오히려 자신의 정치적 투쟁의 뿌리이자 주체이기도 했던 공산주의운동 자체를 향해서도 과녁을 겨눌 수 있었던 것이다. 즉, 그는 그가 살았던 시대의 사회를 비판했지만, 그 사회를 비판하는 공산주의 활동가도 더불어 비판하였다는 말이다. 이것이 선전(宣傳, propaganda)과 편집(編輯, editing)을 식별할 수 있는 하나의 포인트가 아닐까?

2 정치적 디자이너로서의 편집자, 괴벨스

일독 합작영화 〈사무라이의 딸〉

1937년 독일에서 〈사무라이의 딸(Die Tochter Des Samurai, サムライの娘)〉이라는 영화가 공개되었다.[1] 일독(日獨) 합작으로 만들어진 영화였는데, 독일 쪽의 감독은 산악(山岳) 영화로 유명한 아르놀트 팡크(Arnold Fanck)[2]였고, 일본 쪽 감독은 이타미 만사쿠(伊丹万作)였다. 주연은 고스기 이사무(小杉勇), 하라 세츠코(原節子)였는데, 이들뿐만 아니라 하야카와 셋슈(早川雪洲), 그리고 독일배우 루트 에벨러(Ruth Eweler)도 출연했다. 일본에서는 '새로운 흙(新しき土)'이라는 타이틀로 상영되었다. 이타미 감독은 이 영화의 제작 과정에 시종 불만을 품고 있었는데, 예술성보다 정치성이 영화 전면에 내걸려 있다고 생각했기 때문이다.[3] 하지만 기록에 따르면, 독일에서는 절찬리에 상영되었고 놀라울 정도로 높은 평가를 받았다.

실은 이 영화는 국민계몽 선전장관의 지도하에, 당시의 영화법(映畵

영화 <사무라이의 딸>(1937)의 포스터와 대대적인 홍보 기사들. 괴벨스의 의도에 독일 대중들은 그대로 현혹되고 설득당했다.

法)에 근거해 제작된 것으로서, 독일 사회에 만연해 있던 일본의 이미지를 수정하기 위해 만들어진 국책(國策) 선전영화였다. 이 영화가 만들어지기 1년 전 일본에서는 2·26 사건•이 터져서 군국주의화가 급속히 진행되었고, 그 와중에 일독방공협정(日獨防空協定)이 체결되었다. 그에 따라 일본 쪽의 독일에 대한 짝사랑에 가깝던 외교나 문화교류 정책은 수정되지 않으면 안 되게 되었다. 일본 내부의 문제는 차치하더라도, 독일 측에서도 일본과 새롭게 형성한 대등한 관계로 인해 지금까지 유지해 온 대일 정책의 변화가 불가피했으며, 또 독일 국민들이 가지고 있던 일

• 일본군의 대다수 청년 장교들이 존황토간(尊皇討奸)의 기치를 내걸고 벌인 쿠데타로 1936년 2월 26일 새벽 기관총과 소총으로 무장한 1,400여 명의 군인들이 총리대신 오카다 게이스케(岡田啓介)와 내대신 사이토 마코토(齋藤實)를 비롯, 대장상과 육군교총감 등을 사살한 뒤 의사당과 경시청, 육군성 등을 점거한 사건이다. 결국 반란군은 해산하였지만, 이 사건을 계기로 군부가 득세하여 일본의 군국주의가 발흥하였다.

본인에 대한 (낮잡아 깔보는 부정적) 이미지를 수정할 필요를 느꼈던 것이다.

그러한 일본에 대한 이미지 쇄신을 위해 나치스의 선전장관이었던 괴벨스 자신도 이 문제에 깊은 관심을 가졌다. 또 그는 대중을 움직이는 영화의 영향력에 주목하여 일본 '사무라이(侍)'의 격을 높게 끌어올린 영화를 만듦으로써, 독일 국내에 팽배해 있던 일본에 대한 '부정적' 이미지를 급속히 수정할 수 있는 대담한 시도를 했던 것이다.

일본에서는 <새로운 흙(新しき土, Atarashiki Tsuchi)>(1937)이라는 제목으로 따로 제작·상영되었다.

이 영화는 팡크 감독에 의해서 제작된 후, 괴벨스가 직접 감수하였을 뿐만 아니라 히틀러도 꼼꼼하게 보면서 검열하여 정치적 효과를 극대화한 내용으로 완성될 수 있었다. 상영 첫날에는 일독협회(日獨協會)의 공식 행사를 개최해 괴벨스가 직접 무대 인사를 하였다. 그는 그날 일기에 다음과 같이 적고 있다.

> 밤에는, (영화관) '카피톨'에서 일독 합작영화인 〈사무라이의 딸〉을 개봉함. 일독협회에 의해 개최된 중요한 공식 행사였다. 영화 촬영기법은 훌륭했다. 일본의 일상 문화나 일본인의 생각을 이해하는 데 아주 좋고 줄거리도 그런대로 좋다. 하지만 참기 힘들 만큼 시간이 길다. 그것만 유감스러

울 뿐이다.[4]

영화관에는 다음 날부터 나치스 당원들이 동원되기 시작했고, 신문이나 잡지에 과잉·과장에 가까운 호평들이 쏟아졌기 때문에, 이 영화는 예술적인 평가를 넘어 이미 정치적인 힘에 의해서 명작으로 결정지어졌다. 그 이상으로 대중은 이 영화를 통해 일본에 대한 새로운 이미지를 자신들의 눈에 각인시켰으며, 그뿐만 아니라 나치스가 어떻게 일본을 이미지화하고 취급하려는가에 대한 정치적 메시지도 분명하게 받아들이게 되었다.

괴벨스야말로 사상이나 예술을 어떻게 편집하고 표현해야만 정치적으로 이용할 수 있는지에 대해서 그 시대에 가장 잘 숙지하고 있던 편집자, 곧 정보의 프로모터였다고 말할 수 있을 것이다. 그런 의미에서 '나치스의 편집자' 괴벨스를 '정치와 편집자'라는 이슈를 고민하는 데 참고하기 위한 두 번째 사례로서 소개하려는 것이다.

파울 요제프 괴벨스는 누구인가?

괴벨스(Paul Joseph Goebbels, 1897~1945)의 생애에 대해서는 이미 수많은 연구서나 평론이 나와 있고, 일본에는 그의 일기까지 번역되어 있으므로 여기에서 또다시 자세히 소개할 필요는 없을 것이다.[5] 그는 1897년 10월 29일에 라인란트의 가톨릭 집안에서 태어났다. 어머니는 네덜란드계 가톨릭 신자로 청년기의 괴벨스에게 커다란 정신적 영향력을 미쳤다. 그녀는 괴벨스가 신부(神父)가 되기를 바랐다고 한다. 그 이유 중 하나는 괴벨스가 유아기 때의 질병으로 한쪽 다리가 불편한 장애를 갖게 되었고, 그 때문에 업무상 핸디캡을 계속 안고 갈 것을 걱정하였기 때문이다. 하지만 운동에 적합하지 않은 몸의 한계를 극복하기 위해 괴벨스는 공부에 집중하여 학창생활을 보냈고, 그 결과 비교적 우수한 성적으로 고등학교를 마쳤다. 대학에 진학해 결국 성직자는 되지 않았고, 문학 연구와 창작을 통해 자신을 알려 나가겠다는 생각을 갖게 되었다.

편집자로서의 파울 요제프 괴벨스

1921년에는 유대인 막스 폰 프라이헤르 발트베르크(Max von Freiherr Waldberg) 교수의 지도 아래 「극작가로서의 빌헬름 폰 쉬츠-낭만파 연극사(演劇史)에 대한 기여도」[6]라는 논문으로 학위를 받았다. 덧붙여서 그는 나치스의 선전장관이 되고 나서 평생 동안 소중히 간직하던 이 학위를 정치적으로 탈색시켜 이용하고자, 하이델베르크대학에 보존되어 있던 그의 박사논문의 타이틀을 「초기 낭만파의 정신적 정치적 경향」으로 새롭게 수정하였고, 또 유대인이었던 지도교수 발트베르크의 이름도 지워 없애버렸다. 그러나 괴벨스는 이 학위를 평생 자랑으로 여겼으며,

나치스를 선택한 괴벨스의 모습

독일의 독특한 습관이기도 하지만 그는 늘 모든 서류에 자신의 명칭을 '괴벨스 박사'라고 썼고 부하들에게도 '박사님'이라고 부르도록 시켰다.

대학에서의 연구 활동을 끝내고 학위를 받은 지 얼마 안 되었던 괴벨스는, 그 당시 '독일청년운동'이나 '교회 밖의 기독교'라고 불리던 사람들과 동일한 사상적 경향을 가지고 있었다고 말해도 좋을 것이다. 즉, 그는 기존의 제도나 전통적인 사상, 대학이나 교회의 권위로부터 해방되어 새로운 세계를 꿈꾸는 세대, 이른바 '프런트 세대'의 한 사람이었다.[7] 특히 괴벨스에게는, 어머니에게서 물려받은 가톨릭교회의 제도와 신체적 장애를 가진 자신을 항상 배제하고 주변부로 내몰던 교육제도, 그리고 그 바탕을 형성하는 전통이나 격식 등은, 세계의 참모습을 덮어 가리고 그 자신의 꿈을 방해하는 장해물이었다. "괴벨스의 의식 구조가 전통적인 시민적 보수주의자와 나른 국면을 나타내는 것은, '시대'가 낳은 한 청년으로서 그가 반(反)부르주아적 모더니즘에 오염된 결과였다."[8] 그것은 "파시즘이 그 당시에는 시대적으로 '하나의 새로운 현상'이었고, 그 점에서 그는 새로운 시대의 사람"[9]이었다는 것을 의미한다.

낡은 시대의 유물을 없앨 수 있는 것이라면, 그는 무엇이든 가리지 않고 달려들었다. 사회주의가 그랬고, '자연과의 일치'가 바로 신을 경험하는 것이라고 생각한 새로운 '교회 밖의 종교성'에도 그는 매료되었다. 그러므로 그는 "역행적(逆行的) 모더니즘을 정치적 차원으로 가속화시켜 이행한 주요 인물 가운데 한 명이라고 할 수 있다".[10] 그는 대학 연구실을 떠난 후 소설 『미하엘(Michael: Ein deutsches Schicksal in Tagebuchblatten)』을 쓰기 시작했다.[11] 그 소설의 초고에서 자주 인용된 말이지만, 주인공 미하엘은 자신의 일기에서 이렇게 쓰고 있다.

> 그리스도는 죽었다. 그리스도는 살아 있다. 그리고 '나는 여기에 있다'라고 말했다. 종이 위에 극의 5막이 쓰여 있었다. 나는 쓰기를 마쳤다.[12]

이것은 그 당시 신학적 전위파들과 공통되는 생각이었다. '신은 죽었다'고 하는 표현에 대해서도, 그것은 단지 기성 교회의 신앙을 통해 형성되고 개념화한 '신'이 죽었다는 의미였으며, 오히려 '신은 죽었다'라는 선언을 통해 참된 신이 그로부터 새롭게 나타나게 된다고 여겨졌다. 하지만 괴벨스는 이 소설을 1929년에 정식으로 간행했을 때, (초고와 달리) 그 부분을 다음과 같이 수정해놓았다.

> 그리스도는 죽었다. 그리스도는 살아 있다. 나는 있는 모습 그대로의 새로운 그리스도를 보았다. "이제야 나는 여기에 있다"라고 말했다. 종이 위에 극의 5막이 쓰여 있었다. 나는 쓰기를 마쳤다.[13]

그때 그는 아돌프 히틀러(Adolf Hitler)를 새로운 메시아, 지도자로서

고백할 수 있게 된 상태였다. 그 출판 직전에 일어난 사건이 바로 히틀러를 향한 회심(回心)이었다. 히틀러의 극진한 초대와 만남도 있었기에 그는 점차 히틀러 쪽으로 기울어간다. 괴벨스는 한순간에 급속히 히틀러에 공명되었던 것은 아니고 점진적인 미혹의 과정을 겪었다. 한때 그는 히틀러를 향한 결의를 스스로 의심하던 때도 있었기 때문이다.

그러나 그가 새로운 길을 찾아낸 것은 확실했다. 낡은 시대를 일소(一掃)하기 위해, 그리고 독일 민족을 위해 일하는 것이 필요하다고 그는 생각하게 되었다. 그것을 달성하기 위해 소설가를 목표로 하던 괴벨스가 문학의 길을 접은 뒤 주목한 것이 바로 신문이나 잡지 등의 매스미디어였다. 그는 그러한 새로운 매체를 이용한 메시지에 눈을 뜬 것이다. 그는 잡지 ≪민족의 자유(Völkische Freiheit)≫에 논설을 투고하기 시작하더니 결국은 그 잡지의 편집장이 되어 정치평론을 계속해서 쓰기 시작했다. 또 잡지 ≪민족사회주의 통신≫의 편집을 맡아 편집자가 지닌 '정치적인 힘'을 확신하게 된다.[14] 그는 혼란스럽게 격동하는 이 시대의 사람들은 언론·출판이 현상을 정확하게 분석해 알려주는 것보다는, 매력적인 말과 문장으로 단순화하여 설명해주길 바

히틀러의 절대적 신임을 받은 괴벨스는 공식 석상에서도 히틀러와의 내밀한 대화를 과시하듯 뽐냈다.

란다는 점을 강하게 느끼고 있었다. 괴벨스는 그동안 모든 것이 상대화되어버린 바이마르의 문화적·정치적 카오스가 정점에 이른 시대를 보내면서, 이제는 사람들이 오히려 누군가가 강하게 납득시키고 설득시켜줄 것을 요구한다고 보았다. 그래서 편집자는 그러한 욕구에 응해야 할 의무가 있다고 생각한 것이다.

그때 그가 생각하고 있던 구상은 이미 일어난 사실의 정확한 전달 이상으로, 앞으로 실현되어야 하는 모습을 그려내 보이는 평론이 필요하다는 것이었다. 괴벨스는 그것을 날조나 유언비어가 아니라 '비전'의 제시라고 믿었다. 편집자는 이러한 방법으로 저자와 독자를 묶는 것이라고 그는 생각했던 것이다. 복잡한 현실이나 불투명한 장래를 목전에 두고 흑백의 구분이 뚜렷한 단순하고 합리적인 설명이, 객관적이지만 복잡하여 오히려 혼란을 주는 분석보다 대중의 마음에 영향을 주었다. 이러한 지점을 깨닫는 순간, 그는 유사한 예를 찾기 힘든 그 당시의 가장 유능한(?) 편집자로, 즉 지성과 문화와 정치의 프로모터로 새롭게 태어날 수 있었다.

'편집자'의 정의

지금까지 이 책을 통해 '편집자'의 문제를 생각해보면서, 또 '편집자란 누구인가?'라는 질문을 던지면서 편집자의 정의(定義)에 대해서는 한 번도 언급한 적이 없었다. 그런데 이 물음에 명확하게 대답함으로써 '편집자'의 정의를 내린 사람은 아이러니하게도 나치스의 선전장관 괴벨스였다고 말할 수 있을지 모르겠다.

1933년 9월 25일에 제국문화원법(帝國文化院法)이 시행되었는데, 그 법률의 제1조를 보면 다음과 같이 기록돼 있다.

> 독일제국 민족계몽 선전장관에게는 그 관할하의 모든 활동 부문에 속하는 사람들을 통해 공익법인을 설립하게 하는 것을 위탁할 수 있는 권한이 부여된다.[15]

이 조항에 의해서 설립된 기관이 바로 제국문학원, 제국신문원, 제국방송원, 제국연극원, 제국음악원, 제국조형미술원, 제국영화원이었다. 이러한 국가기관들이 바로 괴벨스의 감독하에 놓이게 되었다.

여기서 제국신문원은, 같은 해 10월 4일에 '편집자법(編輯者法)'을 공포하여 그 조항 안에 '편집자란 무엇인가', 또 '신문이란, 잡지란 무엇인가'라고 하는 문제를 세세하게 규정했다. 편집자법 제1장은 '편집자의 직무'를 규정해놓고 있다. 그리고 제2장에서는 편집자에 대해 규정하고 있는데 그 내용이 다음과 같다.

> 편집자는, 독일 국적을 가지며, 공민권과 공직 취임 능력을 상실하고 있지 않는 자로서, 아리아 인종의 혈통에 속하며, 비(非)아리아 인종과 결혼하지 않은 자, 또 제국 선전장관이 감독하는 '독일신문잡지연맹'에 가입하고 있는 자로 한다.[16]

즉, 이러한 설명은 '사상으로서의 편집자'라는 측면보다는, 편집자의 '정치적 민족적' 차원의 정의이다. '편집자란 무엇인가?'라는 질문을 던지면서 이어온 서술이, 이제야 처음으로 그 정의를 내린 인물과 만난 것이다. 괴벨스는 확실히 스스로도 강조했던 것처럼, 정치와의 관계 속에서 '편집자'라는 상을 추구한 인물이었다.

국민 라디오

그러면 편집자로서 괴벨스는 어떤 존재였을까? 편집자 괴벨스의 탄생은 그가 20세기에 등장한 전체주의 가운데 하나인 나치즘의 선전장관으로 취임한 것과 깊은 관계를 지닌다. 그는 편집자의 정체성과 정치가의 정체성 사이에서 어떤 모순도 느끼고 있지 않았다.

게다가 그는 스스로 나치스의 편집자라는 점을 깊이 자각하고 있었다.[17] 그는 자신이 나치스의 편집자인 이상, 스스로의 사상을 표현하는 것도 할 수 없었지만, 어떤 사상가나 저자를 찾아내거나 대중이 필요로 하는 다양한 사상 내용을 제공하는 것도 할 수 없었다. '나치스의 편집자'로서 그가 대중에게 제공해야 할 내용은 이미 공식으로 정해져 있었다. 그러므로 그가 관심을 가진 것은 발신(發信)하는 내용이 아니라, 오히려 수신(受信)하는 측의 수신 매체, 즉 수신 장치나 수단이었다. 그러한 '매체'와 '수단' 자체에 주목하는 것이 편집자로서 그가 행한 일들이었고, 바로 거기에 '편집과 정치의 관계'라고 하는, 편집자로서 그가 지닌 특이성이 존재한다. 그것을 전체주의 정치에 의한 미디어 통제라고 부

언론학자 마셜 매클루언은 "매체는 곧 메시지다(The medium is the message)"라는 유명한 명제를 남겼다. 즉, 의사소통의 형식이 전달 내용을 제한한다는 중요한 개념이다. 이 개념이 정립되기 이전 이미 괴벨스는 그 개념을 간파하여 '라디오'에 관심을 집중했다. 제10회 방송전에 소개된 라디오에 주목하고 있는 괴벨스(왼쪽)와 라디오 보급을 위해 제작한 홍보 포스터(오른쪽). ⓒ The German Propaganda Archive at Calvin College.

르는 사람이 있을지도 모르겠다. 그런데 실제로 괴벨스의 미디어 통제야말로 확실히 '통제(컨트롤)'라는 이름에 가장 걸맞은 사례일 것이다.

그러한 측면을 잘 보여주는 사건을 소개하면, 1933년 8월 22일에 개최된 제10회 방송전에 출품된 '국민 라디오'에 매료되어 향후 '라디오의 시대'가 도래할 것라고 직감한 괴벨스는, 라디오로 무엇을 방송할 것인가 하는 문제만이 아니라(그것은 전체주의 시대에 생각할 필요조차 없는 것이었으므로), 거기서 한발 더 나아가 라디오 수신기를 얼마나 보급시킬 것인가 하는 문제에 천착했던 것이다. 결국 그는 전국 28개 공장에서 라디오를 대량 생산하도록 명령해 서민들도 구입할 수 있는 값싼 라디오를 제작·판매할 계획을 세웠다.[18]

또 그는 거기에 발맞추어 나치스에 비판적인 자유로운 방송국, 예를 들면 프랑크푸르트에 본사를 뒀던 서남(西南)라디오방송주식회사, 즉 '라디오 프랑크푸르트'의 전파사용권을 전면 취소하였다. 이 방송국의 프로그램에 출연하는 사람들과 대본 및 원고를 쓰는 작가들, 사상가들 중에는 나치스가 볼 때 바람직하지 않은 인물들이 다수 포함돼 있었기 때문이다. 작곡가 파울 힌데미트(Paul Hindemith)나 철학자 발터 베냐민(Walter Benjamin), 작가 베르톨트 브레히트(Bertolt Brecht)나 볼프 추커(Wolf Zucker), 그리고 토마스 만 등이 이 방송국에 출연하고 있었다.[19] 그들은 나중에 모두 외국으로 망명을 떠나야만 했다. 괴벨스는 여기서도 방송 내용을 검토하는 것보다는 전파 사용 자체를 금지하여 나치스에 속한 인사들로 교체해 집어넣는 것으로 전파를 수신하는 다수 국민들의 채널 선택권을 조작하였다.

말하자면 그는 미디어의 내용, 즉 소프트웨어만이 아니라 그 내용을

히틀러의 자서전 『나의 투쟁』(1925)의 표지. 그는 이탈리아 파시스트당의 약진에 자극받아 1923년 11월 독일 뮌헨에서 쿠데타를 일으켰으나 실패하고 바이에른 주 란츠베르크 육군형무소에 수감된다. 그는 복역 기간 중 인종주의와 팽창주의, 반유대주의 등 나치의 망상을 집약한 두 권짜리 저서 『나의 투쟁』을 완성했다. 2012년 저작권을 가진 독일 바이에른 주는 미래 세대를 위한 교육 차원에서 경고성 주석을 달아 재출간하겠다고 발표했지만 논란이 일었고, 출판 불허를 주장하는 쪽은 극우주의 망령의 부활을 우려하고 있다.

확대하기 위한 하드웨어인 라디오 수신기 본체의 제작·판매까지도 통제(컨트롤)했다. 미디어가 대중을 향해 정보를 발신하는 것만이 아니고, 수신하기 위한 수단과 방법까지 강제한 것이다. 이것이 '정치적 편집자'인 괴벨스의 전략이었다. 이것이 바로 전체주의(全體主義, totalitarianism)이다. 라디오만이 아니고, 히틀러의 자서전 『나의 투쟁(Mein Kampf)』(1925)과 나치스의 영화도 모두가 일방적인 발신에만 의존한 것이 아니고, 수신되는 쪽의 상태가 어떤지에 대해서도 일일이 확인하는 방법을 채택하고 있었다.

발신자인 편집자가 저자의 사상이나 의견을 수신자에게 물어보고 호소하는 방법을 고민하는 것이 아니라 수신의 형태까지 강제하게 될 때, 편집자는 '정치의 수단'이 되었다. 괴벨스의 시대에는 그것이 나치스라고 하는 전체주의에 의해서 이용되었다. 하지만 책을 읽는 방법까지도 IT기업이나 단말기 회사가 소개하고, 그것을 시장에서 직접 판매하고, 심지어는 독서의 스타일까지도 결정해버리고 있는 최근 현대의 움직임 속에서도 그와 같은 원리를 발견하게 되지는 않을까?

3 출판사의 정치적 미학(美學), 로볼트 부자

'무정치성'이라는 정치적 입장

독일뿐만 아니라 세계적으로도 유명한 '로로로(Ro-Ro-Ro) 총서'라는 시리즈가 있다. 소설이나 전기를 중심으로 한 염가 포켓판 시리즈로, 일본의 문고본이나 신서(新書) 시리즈와 닮은 인기 시리즈였다. 그러한 소책자는 카페에서 커피를 마시면서 읽기에도 좋고, 전철이나 비행기에서 이동할 때에도 최적인 크기로 손에 잡히며, 공원 등지에서 누워서도 읽을 수 있다. 운반이 편리하고 디자인이 세련되어 도시적인 센스를 가진 읽을거리가 바로 '문고' 혹은 '총서' 시리즈이다.

그러나 이 '로로로 총서'는 독일이 패전한 다음 해인 1946년에 창간되었을 당시, 지금은 도저히 상상도 할 수 없는 허술한 용지에 인쇄되었고 글자만 겨우 읽을 수 있던 볼품없는 염가 서적에 불과했다.[1] 사실 '책'이라고 하기에도 민망한 수준이었다. 정확히 말하면 타블로이드판 신문의 축소판 같은 모양새였다. 이 시리즈를 고안한 에른스트 로볼트(Ernst

로로로 총서의 로고. 왼쪽은 1946년부터 1949년까지 사용된 것이고, 오른쪽은 1950년부터 1961년까지 사용되었다. ⓒ Rowohlt-Verlag

Rowohlt, 1887~1960)는 전후의 물자가 부족한 시대 속에서 출판업계를 헤쳐나가야 했다. 인쇄용지도 배급 제도하에 엄격히 규율되는 상황에서 그는 새로운 출판 방식을 떠올렸다. 새로운 책을 쉽게 구해 볼 수가 없었던 열악한 상황에서 가장 효율적으로 책을 만들어 사람들에게 보급할 수 있는 방법을 모색한 것이다. 그는 고민한 끝에 값싼 신문용지를 사용한 시리즈 책을 생각해냈다. 전화(戰火)로 인해 폐품으로 전락한 신문사의 윤전기(輪轉機, 대량인쇄기)를 헐값에 매입하여 일간지 신문의 절반 크기로 조절하였다. 그런 뒤, 집어넣을 수 있는 최대한의 활자를 한 페이지 안에 구성하여 총 32쪽 분량의 표지도 없고 제본도 안 된, 단지 조금 두꺼운 신문과 같은 책을 내놓았던 것이다. 이러한 편집 방식을 거치면 총 32쪽 지면에 기존의 단행본 350쪽 분량 정도의 내용이 들어갈 수 있었다. 가격은 35페니히•로 어니스트 헤밍웨이(Ernest M. Hemingway)의 『무기여 잘 있거라(A Farewell to Arms)』(1929), 앙드레 지드(Andre P. G.

• 2005년을 기준으로 한국 돈 700원 정도였던 1마르크가 100페니히였으므로 책 한 권에 35페니히였다는 것은 300원 정도의 싼값을 의미했다.

로로로 총서는 값싼 종이에 최대한 작은 활자로 최대한 많은 내용을 인쇄하여 고급 지식을 대중적으로 보급하자는 취지로 기획되었다. 사진은 로로로 총서 가운데 펄 벅의 『어머니』(1950)와 평전 『디트리히 본회퍼』(1976). ⓒ Rowohlt-Verlag

Gide)의 『교황청의 지하도(Les Caves du Vatican)』(1914) 같은 소설이 처음으로 출판되었다.[2]

이 시리즈물은 날개 돋친 듯 팔렸다. 부연해 설명하면 이 시리즈의 명칭인 '로로로(Ro-Ro-Ro)'란, (잘 아는 이들도 많겠지만) 로볼트 출판사(Rowohlt Verlag GmbH)의 로(Ro), 신문 윤전기[Rotations(druck maschine)]의 로(Ro), 소설(Romane)의 로(Ro)를 따온 것이었다. '로볼트의 윤전기 소설 시리즈'라는 말의 앞 글자 합성어인 셈이다. 이 시리즈의 성공으로 인해, 에른스트 로볼트가 그의 아들과 시작했던 이른바 '제3차 로볼트 출판사'는 그 후 독일을 대표하는 출판사로 성장해간다.[3]

편집자와 정치의 관계를 생각해보는 가운데, 마지막으로 한 명 더 소개하고 싶은 사례가 바로 에른스트 로볼트이다. 왜냐하면 뮌첸베르크와 괴벨스가 각각 왼쪽(좌익)과 오른쪽(우익)의 정치적 이데올로기에 강하게 경도되고 결합된 편집자였다면, 로볼트는 그 자신이 물론 정치적

에른스트 로볼트는 1908년에 라이프치히에 첫 번째 출판사를 열었고, 1919년에 베를린에 로볼트 출판사를 열었다. 로볼트는 무엇보다도 동시대의 시와 순수문학 작품들(카프카, 투홀스키, 무질 등)에 주목하여 출판사업을 전개했다.

이념을 가지고 있었음에도 특정 정치 노선과 결합하지 않는 것을 출판사의 중요한 이상(理想)으로 내걸었던 편집자였다. 그 근거로서 자주 등장하는 것이 바로 로볼트 출판사가 전후 독일, 즉 '미국-소련-영국-프랑스'가 점령하고 있던 상황에서 각 점령지구에서 모두 영업허가를 얻어 재건되었다는 사실이다. 하지만 여기서 꼭 짚고 넘어가야 할 문제는, 로볼트가 진정으로 목표로 삼고 있던 것이 '편집자는 그 어떤 정치적인 입장에도 서지 말아야 한다'는 것이었을까? 아니면 '편집자는 탈정치적이어야만 한다'는 것이었을까? 아마 이 두 질문 사이의 경계일 것이다.

로볼트는 "이데올로기의 다양성을 받아들여", "서점을 공공(公共)의 광장, 투기장(鬪技場), 자유로운 정신의 시합장(試合場)"으로 만들어야 한다고 생각했다. 그리고 그것이 자신들의 "선천적인 기질"이라고 말한 바 있다. 그리고 "책은 시대의 조류 속에 될 수 있는 한 격렬히 비집고 들어가, 우에서 좌에 이르는 여러 이데올로기의 물결이 반달 모양으로 그려지도록 하는 것이 중요합니다"[4]라고 말했다. 그것은 결국 '무정치성(無政治性)이라고 하는 또 하나의 정치적 입장'이었지만, 그러한 로볼트의 입장은 어떻게 이해해야 할까? 이러한 질문과 함께 '편집자와 정치'의 문제를 고민해보는 마지막 사례로서, 지금까지 살펴본 두 명(뮌첸베르크, 괴벨스)의 편집자와는 전혀 다른 방법으로 정치 문제와 맞닥뜨렸던 편집자 로볼트와 그가 세운 서점과 출판사의 '정치적 미학(美學)'에 대해 살펴보려 한다.

로볼트와 그 시대

에른스트 헤르만 하인리히 로볼트는 1887년 브레멘 근교에서 증권 중개인인 하인리히 로볼트(Heinrich Rowohlt)와 그의 아내 안나 도로테아(Anna Dorothea) 사이에 장남으로 태어났다.[5] 학교 교육을 끝낸 그는 브레멘의 칼 F. 프룬프 은행에서 은행원이 되기 위한 수습을 계속하였지만 어릴 적부터 동경해오던 출판이나 제본 업무에 대한 꿈을 완전히 떨치지 못하고 있었다. 결국 그는 1905년 라이프치히(독일 작센 주의 도시)에 있던 어머니의 지인 안톤 키펜베르크(Anton Kippenberg)가 시작한 지 얼마 안 된 인젤 출판사[Insel Verlag, 현 주어캄프 인젤(Surhkamp Insel)]를 찾아가게 된다.

키펜베르크는 브라이트코프 헤르텔(Breitkopf & Härtel) 인쇄소(음악출판사의 악보 인쇄로 널리 알려져 있었다)나 뮌헨에 있던 아커만(Ackermann) 서점에서 로볼트를 훈련시킨다. 로볼트는 마지막에는 히페리온(Hyperion) 출판사의 오너였던 작센 주 귀족 한스 폰 베버(Hans von Weber)와 만나 한층 더 출판에 대한 동경을 강하게 키워갔다.[6] 그 당시의 로볼트는 출판인

키펜베르그와 그가 1912년 설립한 인젤 출판사의 총서 '인젤 문고'. 인젤 출판사는 1930년대에는 자연을 테마로 한 화보집도 대거 출판했다. 독일 자연잡지의 고전이 된 도판과 당시 활약하던 일러스트레이터의 작품, 고급 종이와 그라비아 인쇄, 판형 12×18cm의 우아한 장정은 책 애호가들을 자극했다. 1939년에는 그 오마주로서 영국에서 King Penguin 총서가 창간되기도 했다.

으로서 아름다운 책을 만들고 싶다는 자각은 강했지만, 자신을 편집자라고 생각하는 의식은 거의 없었던 것 같다. 그가 베버로부터 배운 출판 능력은, 아직은 귀족들이 그저 수십 부 혹은 수백 부 인쇄해서 친구들에게 선물 보내는 차원의 고급스럽고 사치스러운 미장본(美裝本) 제작 정도에 머물고 있었기 때문이다.

그가 처음 '에른스트 로볼트 출판사'의 명의로 세상에 내놓은 책은 구스타프 C. 에차드(Gustav C. Edzard)라는 브레멘 귀족의 아들이 쓴 『여름밤의 노래』라는 시집이었다. 이 책은 36쪽밖에 안 되었고 200부 남짓 인쇄한 것에 불과했지만, 아르 누보(Art Nouveau)* 풍의 아름다운 장정으

* 19세기 말부터 20세기 초에 걸쳐 프랑스에서 유행한 건축, 공예, 회화 등 예술 분야

로 1권에 5마르크 정도의 가격이 매겨진 호화판이었다. 그것이 제1차 세계대전 이전의 로볼트 출판의 스타일이었다.[7]

로볼트는 다시 프랑스 파리의 크링크지크 서점(Krinksieg Verlag)에서 수습 활동을 거쳐, 1909년부터는 라이프치히에서 '에른스트 로볼트 출판사'를 다시금 이어갈 수 있었다. 출판인으로서 겪은 이러한 훈련 과정은 확실히 그에게 피가 되고 살이 되었다. 그의 참신한 발상이나 기술, 무엇보다도 출판에 대한 남다른 센스는 대부분 그 시절에 길러진 것이며 그의 전 생애에 걸쳐 보배와 같은 자산이 되었다.

또 한 가지, 그가 훈련받던 시절에 몸에 익힌 능력일지 혹은 그의 선천적인 재능이었을지 모르겠지만, 그에게는 분명 마주한 사람의 재능이나 성격을 재빨리 간파할 줄 아는 특기가 있었다. 물론 그것은 상대적인 것이며 그의 이와 같은 뛰어난 재능이 출판계에서의 성공과 반드시 직결되었다고 볼 수는 없다. 하지만 그는 다양한 저자를 찾아냈으며 또 알게 되었다. 상대방이 어떠한 정치적·사상적인 입장에 있든지 간에 그는 여러 노선을 있는 그대로 모두 받아들이는 감각이 있었다.

그 당시 로볼트가 재능을 간파하여 출판을 추진했던 작가 중 한 사람이 바로 프란츠 카프카(Franz Kafka)였다. 카프카의 초기 단편집인 『관찰(Betrachtung)』은 제1차 세계대전 직전인 1912년에 바로 이 로볼트 출판사에서 발행되었다. 로볼트는 막스 브로트(Max Brod)를 통해 카프카의 존재를 알게 되었지만, 카프카는 처음부터 자신의 책을 로볼트 출판사에

의 새로운 양식으로 식물의 유동적인 곡선을 즐겨 사용하였다.

로볼트가 발굴해 소개한 카프카와 『관찰』의 표지.
ⓒ Rowohlt-Verlag

서 내기로 결정하고 있었다.[8]

한편 로볼트는 초기의 협력자인 쿠르트 볼프(Kurt Wolff)의 도움을 받아서, 그 당시의 이른바 표현주의적인 작가나 사상가의 책을 잇달아 출판하였다. 그는 자신이 발굴한 무명에 가까운 신인 작가들에게 무모하다고 생각되는 투자를 계속 이어갔다. 그의 출판은 한정 호화판의 출판으로 번 돈을 이용하여 새로운 작가의 재능을 발굴하는 방법이었다고 해도 좋을 것이다. 그의 역량은 처음부터 꽤 높은 평가를 받았다. 단적인 예로 동시대의 유력 출판사 중 하나였던 S. 피셔 출판사의 사장 사무엘 피셔(Samuel Fischer)는 그의 후계자가 되어야 할 장남이 음악가가 되어 버린 탓에 로볼트를 후계자로 삼고 싶다는 생각을 가졌던 것 같다. 실제로 로볼트는 S. 피셔 출판사에 초빙되어 잠시 일했는데, 결국은 피셔사의 사풍에 적응하지 못해 이듬해에 히페리온 출판사로 옮기고 말았다. 하지만 잠시 동안 피셔 출판사에 머물며 그가 직접 편집하여 세상에 내놓은 책이 바로 유명한 토마스 만의 『베니스에서의 죽음(Der Tod in

토마스 만과 그가 로볼트를 통해 S. 피셔 출판사에서 출간한 책 『베니스에서의 죽음』(1913) 초판본 표지와 증보판 표지 ⓒ S. Fischer Verlag

Venedig)』(1913)이었다. 그 후 로볼트는 제1차 세계대전에 지원병으로서 참전하였고 1918년 11월에 베를린으로 돌아왔다.

'무정치성'인가? 혹은 '대중 영합'인가?: '무정치성'이라는 이름의 '정치성'

제1차 세계대전의 전장에서 무사히 돌아온 로볼트는, 슈테판 그로스만(Stefan Grossman)이나 한스 티메(Hans Thieme)의 지원을 받아 새롭게 출판사를 재건하였다. '제2차 로볼트 출판사'의 시작이었다. 로볼트는 패전과 혁명의 시대에 확실히 시류를 타고 있던 책들을 속속 출판한다. '혁명과 구축(Umsturz und Aufbau)' 시리즈는 이 시대의 정치적 분위기를 반영한 내용이었는데, 그중에는 정치적 문학, 혁명론, 사회주의론, 그리고 마르크스의 저작 등도 포함돼 있었다. 하지만 한편으로 그는 반동 세력의 평론도 적극적으로 출판하였다. 또 종래의 표현주의적 경향의 문학 작품들도 출판하였고, 낭만주의적인 문학도 수용했다.[9]

로볼트는 자주 작가들을 모아 파티를 개최했는데, 그곳에는 확실히 좌에서 우까지 모든 입장의 논객들이 모였다. 로볼트 출판사와 그 관련 잡지는 신학적 전위파의 한 사람이었던 프리드리히 고가르텐의 책이나, 제1차 세계대전에 종군(從軍)한 신성 프런트 세대의 신학자 파울 틸리히의 종교사회주의에 관한 과격한 논문들, 특히 틸리히가 구스타프 란다우어(Gustav Landauer) 같은 낭만주의에 바탕을 둔 이들의 '무정부주의적 사회주의'를 평가한 논문도 게재하였다.[10]

확실히 제1차 세계대전 이후 독일은 '자유로운 시대'를 맞이하고 있었다. 바이마르 시기는 기존의 빌헬름 제정기의 무거운 전통주의로부터 해방되어 새롭게 눈을 뜨고는 있었지만, 여전히 비판적 소수자에 불과한 표현주의자나 신성 프런트 세대가 그야말로 갑자기 주류로 밀려들어 오던 시대였다. 예를 들어 빌헬름 제정기에는 분리주의자로서 관제(官製) 예술 제도 안에서는 소수자에 그쳤던 사람들이, 바이마르 시대에는 국립 조형학교의 교수가 되었다. 스위스 한촌(寒村)의 교회에서 사회주의에 공감하여 당시의 교회제도를 과격한 언어로 비판하고 있던 시골 목사 칼 바르트가, (바이마르 시대가 열린 후) 일순간 오랜 전통의 괴팅겐대학 기부강좌의 촉탁 교수가 되어 교의학을 가르치기 시작했다. 한마디로 '격동의 시대'였다. 갑작스럽게 찾아온 자유와 해방이 열광으로, 파괴는 창조와 형성으로 방향을 선회한 것이지만, 곧 실망이 찾아왔다. 파괴에 대해서는 기세등등했던 신성 프런트 세대는, 형성에 대해서는 힘을 발휘할 수 없었던 것이다. 지켜보던 대중도 실망한 것이다.

그런데 로볼트는 이러한 시대에 어떤 입장이라도 모두 받아들인다고 하는 무정치성을 상품의 발상으로 삼아 성공할 수 있었다는 평가를 받는다. 그런데 그 말은 사실일까? 독일의 언론인 발터 캬울렌(Walther Kiaulehn)의 증언과 로볼트의 편지 등을 읽어보면, 그는 그러한 낙천적이고 탈정치화된 인물은 결코 아니었다. 그 근거로서 로볼트는 나치스 시대에 출판사를 잠정 폐업하고 스위스와 프랑스 그리고 영국을 거쳐, 그의 세 번째 아내가 된 엘리 엥겔하르트(Elli Engelhardt)의 고향인 브라질에 사실상 망명해야만 했던 사실을 들 수 있다.[11] 역설적인 표현이지만 그는 '무정치성이라는 이름의 정치성'을 관철하였던 것이다. 그러면 그가 전개한 '무정치성이라는 이름의 정치성'은 도대체 무엇을 의미했을까?

로볼트는 완벽하게 시대를 읽은 편집자 가운데 한 사람이었다. 그는 바이마르 시대의 자유가 지나치게 방임되었던 것, 그리고 실제로 그러한 현상을 민감하게 느끼고 있었다. 지나친 자유는 대중에게 오히려 불안과 불투명성을 느끼게 하여 사회를 급속히 보수화시킬 것이라는 점을 간파하고 있었다. 빌헬름 제정기라는 옛 시대가 그저 좋은 시대인 것만은 아님을 잘 알면서도, 대중은 바이마르의 급진적인 자유를 목도하면서 겨우 수년 전에 존재했던 옛 시대가 마치 '좋은 시대'였던 양 '이상화된 추억'을 떠올리며 비교하였다. 그럴 때 마침 경제적으로도 꽉 막혀 있었고 소수 정당들의 난립으로 분쟁의 흙탕물로 변해버린 막막한 정치판을 바라보아야 했으며, 과격한 문화적 표현들만 난무하는 듯한 바이마르 정부보다 오히려 한때 기세를 떨쳤던 빌헬름 제정기를 이상적으로 생각하게

되어 그 시절을 그리움 가득히 회상하게 된 것이다.[12]

로볼트는 이러한 대중들이 지닌 정치의식의 치졸함과 변덕스러움을 통감하고 있었다. 어제와 오늘이 지나고 다시 내일이 오면 정치적 입장을 한순간에 뒤집어버리는 대중들을 앞에 두고 그는 하나의 정치적인 입장을 제시하는 것보다는 자유로운 언론의 광장을 제시하는 게 낫다고 생각했다. 즉, 다양한 정치적·문화적 입장이 사람들의 눈에 닿을 수 있도록 안내하는 것이 시급하다고 보았던 것이다. 또 로볼트는 편집자의 입장에서 작가들의 정치성에도 의문을 가지고 있었다. 제2차 로볼트 출판사는 확실히 황금기를 맞고 있었다. 또 로볼트의 작가를 보는 눈은 더욱더 선명하고 정확해지고 있었다. 발터 베냐민의 『독일 비극의 기원(Ursprung des deutschen Trauerspiels)』은 1928년에 로볼트 출판사에서 간행되었으며, 로베르트 무질(Robert Musil)의 『특성 없는 남자(Der Mann ohne Eigenschaften)』도 로볼트의 눈에 들어 세상에 나올 수 있었다.[13]

한편 로볼트는 자신이 직접 찾아낸 작가들의 성장이나 성공을 그저 바라보는 것에 그치지 않았다. 그들의 놀랄 만한 정치적 전향을 몇 번이나 경험하며 목도해왔다. 예를 들어 아르놀트 브로넨(Arnolt Bronnen)은 희곡 『부친 살인(Vatermord)』(1920)으로 유명하다. 브로넨의 표현주의적인 작풍은 그 당시 상당히 큰 성공을 거두어 전위적인 무대 예술에도 큰 영향을 끼쳤다. 로볼트는 그의 작품을 모두 출판할 각오였지만, 수년 후에 브로넨은 갑자기 우익으로 전향하고 말았다. 1930년에 토마스 만이 베를린에서 '이성에 호소한다'라는 강연을 행했을 때에 돌격대를 인솔해 행사장에 난입하고 폭력을 행사한 것도 다름 아닌 브로넨이었다.[14]

그러한 경험들을 반복해 겪으면서 로볼트는, 하나의 정치적 입장만이 아니라 좌우에 걸친 모든 정치적 입장을 대중에게 알리는 것이야말로 편집자의 '정치적 책임'이라고 스스로 생각하게 되었을지도 모른다. 그러한 점은, 1920년 카프 봉기(Kapp-Putsch)•에 가담하여 발터 라테나우(Walter Rathenau)의 암살 공범자가 된 에른스트 폰 살로몬(Ernst von Salomon)의 책을 로볼트가 출판하기로 결정한 뒤 복고적인 민족주의 책들을 쓰게 하였지만, 제2차 세계대전 후에는 그의 회고록 출판에도 적극 협력하였던 모습에서 잘 나타난다.

책 속에 함께 녹아 있는 '편집자의 사상'과 '출판사의 정치성'

실제로 로볼트의 입장은 '무정치성'이 아니었다. 제2차 세계대전 직후 독일로 돌아온 로볼트는 아들 하인리히 레디히 로볼트(Heinrich Ledig Rowohlt)와 힘을 합쳐 '제3차 로볼트 출판사'를 재건했다. 가마타 미치오(鎌田道生)는 "우에서 좌에 이르는 이데올로기의 물결, 로볼트 출판사"라는 표현으로 자신의 '로볼트론'을 주장한 바 있다. 여기서 등장하는 "우

• 제1차 세계대전 패배 이후 성립한 바이마르 공화국은 제대로 된 민주공화국을 추구했다는 점에서 의미가 있었지만, 이 공화국은 뜻을 제대로 펼치기도 전에 사회적 혼란으로 위기를 맞았다. 그 대표적 사건이 바로 1920년에 터진 카프 봉기였다. 연합국이 지나치게 간섭하고 있던 독일에는 아직 군부 장교들의 모임이 성행했는데, 그들은 여전히 제정 독일을 꿈꾸고 있었다. 그런 와중에 비정규군을 해산하라는 명령이 떨어지자 그에 반발하는 집단행동으로 쿠데타를 기도한 것이다.

에서 좌에 이르는 이데올로기의 물결"이라는 말은, 로볼트가 1948년에 '로로로 총서'로 성공한 뒤 독일의 대표적 시사잡지 ≪슈피겔(Spiegel)≫과 인터뷰를 했을 때에 사용한 표현이다. 로볼트는 이어서 다음과 같이 말했다.

> 책은 시대의 조류 속에 될 수 있는 한 격렬히 비집고 들어가, 우에서 좌에 이르는 여러 이데올로기의 물결이 반달 모양으로 그려지도록 하는 것이 중요합니다.[15]

로볼트 부자는 전후 독일이 미국, 프랑스, 영국 그리고 소련에 의해서 분할 통치를 겪게 되었을 때, 각국의 점령지구 모두에서 영업 허가를 얻어내는 데 성공하여 출판사의 재건을 도모할 수 있었다. 이것은 그 당시 다른 어느 출판사도 달성할 수 없었던 성과였다. 결국 '제3차 로볼트 출판사'가 붙잡은 것은 어떤 '새로운 노선'이 아니었다. 그렇다고 해서 그것이 그 어떤 정치적 입장도 붙잡지 않는다는 의미로서 '무정치성'을 선언한 것도 아니다. 그것은 로볼트가 일관되게 지켜온 정치적 신조(信條)였다. 즉, 모든 정치적인 입장을

창업 초기의 로볼트 부자 ⓒ http://www.rowohlt.de/

대중들 앞에 적나라하게 소개하여 제시하는 것이다. 그것이 로볼트가 생각한 '편집자의 정치적 책임'이었다. 그리고 그것이야말로 로볼트가 '편집자로서 지닌 정치적 입장'이었다. 그러한 신념이 바르게 이해될 때, 비로소 그가 남긴 출판에 관한 말들도 정확하게 이해될 수 있을 것이다. 앞서 인용했던 1948년에 로볼트가 남긴 다음의 일성(一聲)을 다시 한 번 곱씹어보며 로볼트 출판사에 관한 이야기는 마칠까 한다.

> 제가 이 출판사(서점)를 공공의 광장, 투기장, 자유로운 정신의 시합장, 책을 위한 공공기관으로 삼기로 한 결정은 순전히 저의 선천적 기질에서 비롯된 것입니다.[16]

제3장

근대 출판사의 정치적 기능

1 '신학사전'의 정치학

2 '번역'의 정치학

3 크리스티안 카이저 출판사의 시작과 끝

1 '신학사전'의 정치학

그동안 20세기 신학사상의 형성 과정에서 편집자가 서 있는 위치를 생각해보면서 크게 두 가지 문제, 즉 (1) 편집자의 사상과 (2) 편집자의 정치적 역할과 기능에 대해서 살펴보았다. 이번에는 출판인(편집자)의 '정치성'보다는 좀 더 단위를 확장해 '출판사'의 정치성에 대해 살펴보려 한다. 즉, 출판사가 행하는 고유의 업무 내용이 지니는 '정치성'에 착안하여 '출판사와 정치'라는 문제를 더욱 심도 있게 고찰해보려 한다. 이는 '편집 행위'가 초래하는 여러 정치적 문제들의 파생 현상을 다루려는 시도이다. 이 주제도 지금껏 접근한 방식과 마찬가지로 근현대 독일 프로테스탄티즘의 역사 속에서 구체적인 사례들을 통해 살펴보려 한다. 하나는 '학술사전'의 편집이며, 또 하나는 '번역'이 가지는 정치적 기능에 대한 것이다. 이 두 편집 활동(행위)의 정치적 문제를 살핀 뒤에는 프로테스탄티즘의 대표적 출판사로서 1920년대부터 전 세계 신학계에 크나 큰 영향을 미친 크리스티안 카이저 출판사의 창설 과정과 발전의 역사, 그리고 매각에 이르게 된 원인을 살펴볼 것이다.

리츨 학파와 '신학사전'

첫 번째 사례는 출판사의 정치적 입장 표명이나 여러 사회적 문제에 대한 태도 표명에 관한 것은 아니다. 여기서 살펴보고 싶은 것은 출판사가 학술적 논쟁이나 학파 간의 대립을 두고 특정 사상의 입장을 옹호하는 경우, 혹은 새로운 학문적 견해가 학계에 등장하도록 출판사가 뒤에서 협력하는 경우이다. 이때 출판사는 정치적인 의도를 가지고 진행된 어떠한 학문적 활동에 스스로를 의탁하게 된다. 이 주제를 구체적으로 살피기 위해 1900년 전후 독일 신학계의 '출판 정치'를 소개하려 한다.

19세기 독일을 대표하는 '신학사전'을 든다면 많은 이들은 『프로테스탄트 백과사전(Real-Encyklopädie für protestantische Theologie und Kirche)』(통칭 "RE")을 떠올릴 것이다. 이 사전은 제목에 '프로테스탄트(Protestant)'라는 말을 넣은 것부터가 매우 새로운 시도였다.[1] 독일에서는 '프로테스탄트'라는 말보다, 오히려 '복음주의(evangelisch)'라는 말을 일반적으로 사용했기 때문이다. 이 사전 이름에 '프로테스탄트'라는 말이 사용된 것이 가지는 의미는, 이 사전이 기존의 『교회사전』과 달리 교파(종파)로서의 프로테스탄트만이 아니라, 보다 넓은 의미의 프로테스탄티즘이 낳았던 사회현상과 문화, 예술 그리고 정치의 영역에까지 논의를 확장하고 전개했다는 점에 있다. 그 근거로서 1853년부터 1866년에 걸쳐 초판본

리츨 학파의 산물, 『프로테스탄트 백과사전』(Leipzig: J. C. Hinrich'sche Buchhandlung 1877~1888)

을 직접 구성하고 제작한 편집자 요한 야코브 헤르초크(Johann Jakob Herzog)가 루터파 인물이 아니라 개혁파에 속한 신학자였다는 점을 들 수 있다. 하지만 그러한 '폭'이 결코 종파적인 범위를 의미하는 것도 아니었다. 오히려 '국민적(völkisch)'이라는 의미로서의 '독일적 신학사전'의 제작을 목표로 하고 있었다. 그 배후에는 '전(全) 독일적'이라는 생각이 깔려 있던 것이다. 그러므로 이 거대한 사전에는 그 시대 대부분의 신학자들이 집필에 참여하고 있었으며, 사전 맨 뒤에 소개된 "집필자 일람 그 자체가 하나의 백과사전과도 같다"는 평가를 받을 정도였다.[2] 이 사전은 전체 21권에 이르는 거대한 사전으로 탄생했다. 제3판은 1896년부터 1913년까지 라이프치히에서 알베르트 하우크(Albert Hauck)에 의해서 재편집되어 보권(補卷) 두 권과 총색인 등을 포함한 전체 24권으로 확대·편찬되었다.

이 사전의 편집은 앞서 말한 대로 헤르초크의 주도하에 '국민적 사전'을 목표로 한 것이었다. 예를 들면 제3판을 지배하고 있던 신학은 실제로는 알브레히트 리츨(Albrecht Ritschl, 1822~1889)과 그 학파의 성과와 신

알브레히트 리츨

학사상을 담았다고 해도 과언이 아니다. 리츨은 19세기 독일 신학뿐만 아니라 독일 정치사에도 큰 영향을 끼친 인물이지만, 일본 등 아시아에는 많이 소개되지 않았다. 일본의 경우 비교적 잘 알려져 있는 인물은 오히려 그의 제자들인 아돌프 폰 하르낙, 에른스트 트뢸치, 요한 빌헬름 헤르만(Johann Wilhelm Hermann) 등이다. 그들은 리츨의 영향권 아래서 각자의 신학을 확립해나갔다. 막스 베버도 사촌 형제였던 오토 바움가르텐(Otto Baumgarten)을 통해 리츨의 신학을 알게 되었으며, 마르틴 라데(Martin Rade)는 하르낙을 통해서, 칼 바르트와 루돌프 불트만(Rudolf Butmann, 1884~1976)은 헤르만을 통해서 리츨 신학의 영향을 각각 받게 되었다. 이 점은 리츨의 광범위하고 지속적인 영향력을 잘 말해준다.

리츨 신학의 특징은 '신학의 윤리화'였다.[3] 그것은 철학에서 형이상학 비판과 실증주의가 대두되는 분위기 속에서 신학 고유의 영역을 지키려던 리츨의 사상적 분투(奮鬪)의 귀결이었다. 리츨은 형이상학 비판과 실증주의의 도전에 직면해서도 반드시 지켜야 할 신학 고유의 영역으로서 '도덕'을 발견하였다. 이 고유의 영역을 어디로 설정할 것인가 하는 문제에서는 그와 제자들, 더 나아가 그의 손자뻘 되는 제자들 사이에 차이가 드러났다. 하지만 제반 학문이 공통적으로 추구하는 실증적 영역에 맞서서 신학 고유의 특수 영역을 설정해야 한다는 발상에서는, '절대적 타자(他者)'로서의 '신의 자기 계시'를 강조한 바르트나 '실존론적 해석학'을 전개했던 불트만도 모두 같은 생각이었다.

이처럼 강력한 영향력을 끼치고 있던 리츨은, 여러 대학의 인사(人事) 문제와 출판사업에도 큰 관심을 가진 신학자 가운데 한 사람이었다. 리츨은 그의 제자가 대학 강의 자리를 옮기게 되면 본대학이나 괴팅겐대학은 물론 그 외 다른 대학에서 만나더라도, 적극적으로 인사 문제 상담에 응해주었다. 그는 대학 평의원회나 학부 조직 안에까지 큰 영향을 미치고 있었던 것이다. 물론 이것은 리츨만의 특별한 경우는 아니고, 그 당시 대학 인사 처리의 특징적 모습이기도 했다.

또 한 가지 리츨이 특별한 관심을 가졌던 것은 출판사업이었다. 공식적인 것은 아니었지만, 그는 사실상 괴팅겐대학의 출판기관인 '판덴회크 운트 루프레히트(Vandenhoeck & Ruprecht) 출판사'에 강력한 영향력을 미치고 있었다.[4] 이 출판사는 1735년에 괴팅겐 지역의 제지업 및 인쇄 공방으로 창업되었지만, 괴팅겐대학의 인쇄와 출판을 맡게 되면서 오늘날과 같은 대학출판사의 모습을 띠게 되었다. 판덴회크 운트 루프레히트 출판사는 다른 출판사와 마찬가지로 출판 예정 원고들을 미리 동료 평가하는 편집위원회가 구성되어 있었는데, 신학 관계 서적을 심사하는 위원들은 모두 리츨과 관계있는 사람들이었다.

그것만이 아니다. 리츨은 자기 사상의 영향력을 확대하기 위해 자신의 학문을 출판과 밀접히 접목시킨 최초의 신학자였다고 말해도 좋을 것 같다. 그가 자신의 신학적 영향력을 펼치기 위해 생각해낸 것 중 하나가

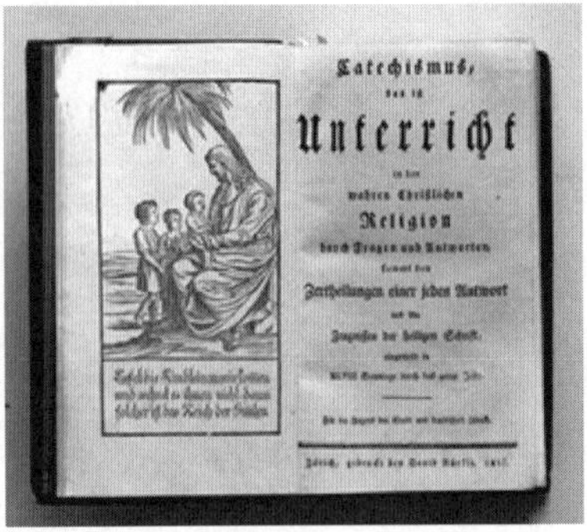

1875년 리츨이 김나지움 신학 교과서로 편찬한 『그리스도교 강의』

바로 독일 김나지움(Gymnasium)의 종교 교과서 집필이었다. 그 목표를 달성하고자 리츨은 1875년에 『그리스도교 강의(Unterricht in der christlichen Religion)』라는 책을 한 권 쓴 바 있다. 그 당시의 김나지움은 대학에 진학하는 것을 전제로 하여, 고전 어학이나 고전 인문학의 기초를 배우는 학교였기에 이미 대학 예과(豫科)와 같은 형태를 지니고 있었다. 또한 그곳의 구성원들은 소수의 엘리트들로 구성돼 있었다.[5]

김나지움의 교사 대부분은 대학의 각 전문 분야에서 학위를 취득한 사람들이었는데, 종교를 담당한 교사 중 상당수는 당연히 리츨 신학의 영향을 받고 있었다. 리츨은 학생들이 대학에 들어간 뒤에 비로소 리츨의 신학적 프로그램을 접하고 배우게 되는 것이 아니라, 김나지움(고교 혹은 대학 예과) 시절부터 이미 리츨의 신학적 사고를 만끽하고 있어야 한다는 점을 중요하게 생각했다. 바로 그러한 생각으로 인해 리츨은 정성스럽게 김나지움 학생을 위한 종교학(신학) 교과서를 작성하였던 것이다. 이 책은 독일 김나지움의 종교 교과서로 정평을 얻게 되었고, 실제로 리츨의 영향력을 그 저변부터 폭넓게 형성시킨 요인이 되었다. 그뿐만 아니라 이 책은 그의 사상을 주저 『의인(義認)과 화해(和解)에 대한 그리스도교 교리(Die christliche Lehre von der Rechtfertigung und Versohnung)』(1870~1874)[6] 보다 한층 더 체계화시켰고, 또 그 핵심적 의미와 본질을 확실하게 배울 수 있도록 안내하는 뛰어난 책으로 자리매김했다. 그의 이러한 '교과서' 구상은 보란 듯이 성공하여 많은 신학 전공생들이 리츨 학파의 일원이 되기 위해서 반드시 숙독해야 하는 주입식 교재처럼 정착되었다.

리츨의 대표작(전 3권)『의인과 화해에 대한 그리스도교 교리』(1870~1874)

게다가 이러한 구체적인 학문 추구 과정에서의 정치적 활동과는 다르게, 그 활동의 의도하지 않은 귀결이었지만,『프로테스탄트 백과사전』의 편찬 과정에서도 리츨의 영향력은 헤아릴 수 없을 만큼 큰 것이었다. 이 사전은 리츨이 직접 편집에 참여한 것이 아니었는데도, 그 자체로서 이미 학문적인 측면이나 집필자들의 구성면에서 리츨의 신학이 강력하게 지배하고 있음이 드러나기 때문이다.

'신학사전' 편찬의 사회사

이처럼 큰 영향력을 가지고 있던 리츨 학파였지만, 아이러니하게도 이들을 모체로 한 새로운 신학적인 동향이 움트게 된다. 즉, 리츨과 그들 학파의 활동을 비판하는 그룹이 바로 그들 내부에서부터 탄생했던 것이다.[7] 그것이 바로 유명한 '종교사학파(宗教史學派)'였다. 이들 종교사학파의 교의학자(敎義學者) 혹은 '체계가(體系家)'로 불린 인물이 에른스트 트뢸치다.[8] 리츨 학파의 구상을 트뢸치가 어떻게 비판했는지에 대해서는, 그의 괴팅겐대학 박사논문과 교수자격 시험을 겸하여 진행된 인터뷰 당시 준비했던 『토론명제』를 통해서 확인할 수 있다. 신약성서의 종말론 연구로 유명한 요하네스 바이스(Johannes Weiß)의 아버지이자 베를린대학교 신학부 교수인 베른하르트 바이스(Bernhard Weiß)는 프로이센의 문교부에서 대학 인사를 담당하며 교수자격을 심사하기도 했는데, 당시 트뢸치에 대해서 다음과 같이 회고한 바 있다.

> 트뢸치는 그의 지도 교수에게 구애받지 않고 시종 자주적 모습을 보였다. 심지어 그는 자신의 지도 교수를 철저히 비판하는 경우에도 조금의 두려움도 없었다.[9]

그런데 '리츨 학파'와 '종교사학파'의 큰 차이 중 하나는 바로 '종교'에 관한 개념에 있었다.[10] 리츨 학파는 그리스도교를 전제로 출발하여 그저 단순히 긍정하는 것만은 아닐지라도, 그리스도교의 절대성과 보편성을 '아 프리오리(a priori)', 즉 '선험적(先驗的)' 가치로 전제하고 있었다. 그것이 낳은 유럽의 문화나 사회 시스템은, 다른 지역의 문명이나 문화보다 훨씬 우수하다는 '그리스도교적 유럽'의 절대성도 당연한 것으로 인식하고 있었다. 그러므로 리츨의 제자들 상당수는 독일에서 '문화발전론'이나 '제정 독일의 민족주의'와 쉽게 결합할 수 있었던 것이다. 그에 대항하여 나온 '종교사학파'는 리츨 학파의 생각을 뒤바꾸어, '종교'를 논할 때에 그리스도교의 우위성이 나 절대성을 당연한 것으로 전제하여 출발하지 않았다. 그들은 제반 종교의 현실(현장)로부터 출발하여 모든 종교들 가운데 하나로서 존재하는 그리스도교에 대해 논해야 한다는 구상으로 전환해 가려고 했다. 물론 오늘날의 관점에서는 그러한 전환이 처음 의도대로 성공했다고는 도저히 인정할 수 없다. 하지만 그들은 적어도 제반 종교의 현실을 근거로 하여 종교에 대해 정의를 내린 뒤에, 비로소 '그리스도교'라는 '하나의 종교'에 대해서도 그 특성을 논하는 것이 가능하다고 믿었던 것이다. 고대 오리엔트나 메소포타미아 종교사(宗教史)의 콘텍스트 안에 구약학이 자리 잡게 되었고, 지중해 지역 연구의 콘텍스트 안에 신약학이 설정되었다. 나아가 교회의 공의회와 신앙고백 및 교의(教義) 확립 등의 역사도 사회사나 정치사, 경제사상사와의 관련성 속에서 다뤄지게 되었다. 그것은 교회 울타리 안에만 제한된 폐쇄적인 역사가 아니라 '그리스도교사(基督教史)'라는 확대된 개념으로 연구될 수 있는 교회사를 의미했다. 이들은 심지어 종교철학이나 종교심리학, 비교종교사의 영향력 아래서 교의학을 재구축하려고 시도했다.

종교사학파의 정초자 에른스트 트뢸치의 1907년 모습

이러한 '종교사학파'가 당시로서는 가장 큰 영향력을 미치고 있던 리츨 학파의 신학에 대항하여, 새로운 '종교'의 개념을 소화해낸 신학을 재구축해 나가기 위해 기획한 것이 바로 새로운 신학사전, 즉 『역사와 현대에서의 종교(Religion in Geschichte und Gegenwart)』(1909~1913, 통칭 "RGG")였다.[11] 이 사전은 현재까지 총 4판이 간행되었는데 각각의 판본에 따라 편집 의도도 달랐다.[12] 제4판의 경우는 초판의 편집 구상과 큰 차이가 나버렸다고 인정할 수밖에 없지만, 미하엘 실레(Michael Schiele)와 레오폴트 차르낙(Leopold Zscharnack)에 의해서 편집된 초판본은 분명히 (리츨 학파가 중심이 되어 만든) 『프로테스탄트 백과사전』에 맞서 새로운 사전을 만들려는 의도의 산물이었다. 당대 신학을 지배하던 리츨 학파를 대체할 수 있는 새로운 신학을 확립하고, 새로운 신학 개념과 새로운 종교 개념을 구축하려는 대담한 계획이었던 셈이다.[13] 또 헤르만 궁켈(Hermann Gunkel, 1862~1932)이 편집자로 참가하였던 제2판에서는 그러한 성격이 한층 더 선명하게 강조되었다.

이처럼 『역사와 현대에서의 종교』는 '종교' 개념의 새로운 구상을 전면에 내걸었으므로, 편집 과정에서 중요시된 가치는 이러한 구상에 대한 적극적 찬동이라는 점이지 특정한 '종파 의식(宗派意識)'이 아니었다. 그러므로 이 사전에 등장하는 프로테스탄트(Protestant)라는 말은 종파 의식을 전제로 한 의미를 내포하지 않았으며,[14] '국민적(國民的)'이라는 의식도 포함하지 않은 개념이었다. 예를 들어, 다수의 유대인이 이 사전의 소항목 집필에 협력하고 있었으며, 가톨릭 소속 신학자나 비독일 집필자의 협력 작업도 많았다는 점이 이와 같은 사실을 잘 증명해준다. 따라서 이 사전은 모든 종교를 포괄하는 『종교학사전』이라고까지는 말할 수 없지만, 독일에서의 '종교' 개념이나 용어가 새롭게 정의될 수 있도록 자극하였다는 점에서 큰 공헌을 남겼다.[15]

종교사학파가 펴낸 신학사전『역사와 현대에서의 종교』(1909~1913)

덧붙여서 『역사와 현대에서의 종교』 초판본은, 모르(Mohr) 출판사에 남아 있는 당시의 유통 기록에 따르면, 모두 4천 세트가 출판되어 그 후 일본에도 8세트가 주문되어 도쿄의 수입 대행업체 경영자였던 마루젠(丸善) 씨에게 발송된 바 있다.[16] 물론 개인적으로 독일에서 구입한 사람도 있었겠지만, (발송 기록을 보면) 미국에서는 5세트, 프랑스에서 2세트밖에 주문하지 않았다. 여기서 확인되는 당시 일본에서 주문한 숫자가 가지는 의미는 매우 흥미롭다 할 수 있다.

출판사 정치

그런데 이 사전의 편찬을 위해 종교사학파가 편찬 기획을 타진했던 출판사가 튀빙겐의 'J. C. B. 모르 출판사'였다.[17] 이 출판사는 19세기 초에 프랑크푸르트에서 그 전신이 되는 인쇄회사를 창업했는데, 1878년부터는 파울 지벡(Paul Siebeck)이 경영을 맡게 되면서 하이델베르크와 튀빙겐으로 회사를 이전했다. 결국 튀빙겐대학의 인쇄 및 출판을 전담하게 되어, 괴팅겐대학의 경우처럼 튀빙겐에서도 비공식적이지만 대학출

판사와 거의 동일한 지위를 얻게 되었다.[18]

그런데 모르 출판사는 종교사학파의 구상을 실행에 옮기기 위해서, 규모로 보면 『프로테스탄트 백과사전』보다 조금 얇지만 그것과는 확실히 차별화된 새로운 인상을 줄 수 있는 편집에 초점을 맞추었다. 모르 출판사는 확실히 그 시대의 유행어였던 '종교'라는 개념에서 새로운 착안을 하였다. 즉, 전통적인 스타일의 『프로테스탄트 백과사전』과 달리 새로운 제반 종교의 콘텍스트를 중시하는 발상으로 접근했던 것이다. 또 제도나 전통 그리고 역사를 중시하는 종교 개념이 아니라, 말하자면 경험이나 실천을 중시하는 '오이겐 디더리히스 출판사'의 책들이 구상하는 '종교'의 개념과도 전혀 다르고 새로운 견해였다.[19] 한편 국민적 지지를 받고 있던 루터파 교회를 상징하던 리츨 학파와 『역사와 현대에서의 종교』를 편찬한 종교사학파 사이에 형성된 신학적 대립은, 빌헬름 제정기 당시 루터파 내부에서 일어났던 신학적 정치적 대립을 연속적으로 잘 드러내 보이는 것이었다. 또 한편으론 『역사와 현대에서의 종교』, 오이겐 디더리히스 출판사가 주장하는 급진적인 교회제도 비판에 근거한 종교 개념, 그리고 슈테판 게오르게(Stefan George, 1868~1933)의 사상이 지닌 종교적 요소 간의 차이는 분명히 세대적(世代的)인 대립을 포함하는 것이었다.

종교사학파의 신학자들이나 디더리히스 출판사 주변의 사상가들도 리츨 학파를 비판하였다는 점에서는 차이가 없었지만, 그 비판의 방법에서는 차이를 드러냈다. 종교사학파가 『역사와 현대에서의 종교』 사전의 편찬을 구상한 이유는 분명히 신학계에 존재하는 정통 혹은 주류 분쟁에 있었다. 실제로 그 분쟁에는 리츨이 큰 영향력을 미치고 있던 '판덴회크 운트 루프레히트 출판사'도 'J. C. B. 모르 출판사'도 말려들어, 각각의 입장을 표명한 출판물이나 잡지, 총서의 간행에 한층 더 열을 올리며 그 주도권 다툼을 지원하게 되었던 것이다.

하지만 디더리히스와 그 주변에 모인 사상가들은 처음부터 '제도로서의 종교'나 '신학의 학파 분쟁'에 아무런 관심이 없었고, 오히려 그러한 구조와 현상에 대한 비판자이며 파괴자로서 존재했다. 그러므로 그들은 자신들의 입장을 주류화해야 한다는 의도나 집착이 전혀 없었다. 물론 대학제도나 교회 시스템 안에서 자신들의 입장을 확립하려는 생각도 없었다. 그러므로 그들은 사전 편찬을 통해 새로운 종교 개념을 형성하려는 것도 아니었고, 단지 (기존 제도와 학파에 대한) 비판자요 파괴자로서 계속 존재하는 것을 목표로 할 뿐이었다. 디더리히스 출판사 자체가 사

Diederichs

오이겐 디더리히스 평전 『출판인, 디더리히스』(2008)의 표지(Ursula Martin, Der Verleger. Ein Roman uber Eugen Diederichs, Bucha bei Jena: quartus-Verlag, 2008, 왼쪽)와 현재의 디더리히스 출판사 로고(오른쪽).

전을 만들어내고자 하는 종교성에는 관심이 없었으며, 오히려 사전이나 개념이 아닌 종교적 경험의 채취(採取)나 개별적인 기술(記述)에 관심이 있었을 뿐이다. 그러므로 디더리히스 출판사는, (리츨 학파와 종교사학파 사이의 분쟁에서 대변자 역할을 하고 있던) '판덴회크 운트 루프레히트 출판사'나 '모르 출판사' 모두에 비판적인 입장을 취하게 되었다.

새로운 '신앙고백'으로 탄생한 '신학사전'

위와 같이 생각해보면, '신학사전'의 편집은 학술적 연구 성과의 기술(記述)이나 최신 정보의 제공이라는 학문적 의의를 가지는 것이다. 하지만 동시에 하나의 종교로서 존재하는 그리스도교의 성격 규정이나 입장을 새롭게 한다는 의미에서, '사전'의 편찬이 지니는 정치적·종교적 역할은 과거에 그리스도교 각 교파의 '신앙고백'이 감당해온 기능과 여러 면에서 닮아 있다. 하나의 교파가 탄생하면 그 입장을 표명하는 '신앙고백'이 새롭게 잉태되듯, 그 시대의 한 학파가 그들이 구상하는 그리스도교라는 한 종교에 대해서 정의를 내리기 위해서 '사전'을 편찬한 것이다. 더욱이 세속화된 이 세계에서 사람들은 '신앙고백'이나 그에 기초한 교회의 교의(교리)를 통해 종교를 배우거나 신앙을 체득하는 것이 아니라, '사전'의 항목으로서 명시된 '종교란 무엇인가', '그리스도교란 무엇인가'라는 것을 설명하는 것으로 신앙고백과 교리를 대신하려 한다. 출판사가 간행하는 그 시대의 '신학사전'은 그 사회적 기능을 생각해볼 때, 어쩌면 세속화된 '신앙고백'이라고 말해도 괜찮을 것이다.

출판사는 그러한 과정에 협력하여 '사전'이라는 '전체성'과 '포괄성'의 심볼(symbol)을 출판하는 것으로서 "이것이 바로 그리스도교이다"라고 하는 '지적 전체상(全體像)'을 제시하게 된다. 그 점을 생각해볼 때 출판사는 사전을 통하여 기성 교회의 신앙고백을 대신하고, 그리스도교의 '전체상'이나 '경건의 이상적 모습'을 제시하였음을 발견할 수 있다. 즉, 출판사는 하나의 '출판종교(Verlagsreligion)', 즉 '렉시콘 종교(Religion of lexicon)'를 잉태하게 되는 것이다.

1900년 전후의 '세기말 독일'에서 신학자와 출판사가 열정을 쏟아 부으며 관여했던 여러 정치적 분쟁과 사전 편찬을 둘러싼 수많은 사건들 속에서, 당시의 출판사는 저마다 입장을 가지고 주도적인 영향력을 발휘했다. 하지만 오늘날에는 그러한 출판사의 입장이 그 당시만큼 의미를 갖지는 않는 것으로 보인다. 물론 각각의 출판사는 저마다의 입장과 의식을 가진 채 활동하고 있겠지만, 현대의 신학자들은 시장원리와 성과주의라는 압박 앞에서 더 이상 교파(종파) 분쟁이나 신학 분쟁에 휩쓸리려 하지 않게 된 만큼, 이러한 과거의 '출판사 정치'로부터도 자유로워졌기 때문이다.

2 '번역'의 정치학

출판사 혹은 출판 활동에서의 정치적인 요인과 그 영향을 더욱 구체적으로 보여주는 두 번째 사례를 생각해보려 한다. 이 주제를 다루기 위해 근대 독일 프로테스탄티즘 안에서 사례를 찾아볼 경우, 언뜻 보아 관계가 없다고 생각될지도 모르지만 '번역의 정치적 의미'에 대해 살펴보는 것도 의미가 있을 것이다. 강조하고 싶은 것은, 여기서 언급되는 '번역'은 문화사적 혹은 사회사적 측면에서 바라본 것이 아니라 '번역의 정치적 기능'에 주목하였다는 점이다.

숨겨진 정치

'번역의 정치학'이라는 제목을 붙였지만, 필자는 번역에 두 개의 정치적 기능이 내재해 있는 게 아닐까 생각한다. 그 하나는 사회적·정치적

카이조우샤(改造社)의 설립자 야마모토 사네히코(왼쪽)와 그가 발굴·기획하여 발행한 당대 일본 최고의 베스트셀러 가가와 도요히코 목사의 『사선을 넘어서(死線を超えて)』 표지(오른쪽)

상황 속에서 스스로의 입장을 숨긴 채로 '어떤 입장' 혹은 '자신의 의견'을 말하지 않으면 안 되는 상황 속에서 번역이 갖게 되는 역할이다. 이 경우 번역은 메타언어(metalanguage)로서 정치적인 의미를 지니게 된다. 이것을 정리하기 위해 일본의 사례를 하나 소개해볼까 한다. 1919년(다이쇼 8년) 야마모토 사네히코(山本實彦)가 세운 출판사인 카이조우샤(改造社)는 잡지 ≪카이조우(改造)≫를 창간했다.[1] 이 잡지는 처음에는 같은 시기에 나오고 있던 ≪츄오코론(中央公論)≫과 비슷한 내용이었기 때문에 대중들에게 거의 읽히지 않았다. 초기에 발행된 ≪카이조우≫ 제3호는 총 2만 부의 발행 부수 가운데 1만 6천 부가 반품되었다고 한다. 하지만 사회주의 노선을 명확하게 밝힌 제4호의 발행 시점부터 판매 부수는 급속히 늘어났다. 하지만 그 뒤 난관에 부딪힌바, 그러한 사회주의 노선이 문제가 되어 자주 발매 금지 처분을 받게 되었다. 한편 카이조우샤

잡지 ≪카이조우≫의 창간호(왼쪽)와 1922년 12월 아인슈타인 특집호 표지(오른쪽)

는 잡지 ≪카이조우≫의 성공과 함께 가가와 도요히코(賀川豊彦) 목사가 쓴 자전적 소설 『사선을 넘어서(死線を超えて)』(1920)를 펴내 일본 최고의 베스트셀러를 만들어내기도 하였다. 또한 버트런드 러셀(Bertrand Russell)을 일본에 초대하는 등, 사회주의에 대해서도 열린 입장을 지닌 자유롭고 진보적인 출판사로 알려지기도 했다. 하지만 한편으로는 사주(社主)인 야마모토 사네히코가 총선거 당시 입헌민정당(立憲民政黨) 소속으로 입후보하였던 점을 볼 때, 그 출판사가 지닌 정치적인 입장이라는 것은 매우 복잡한 것임을 짐작할 수 있다.

그런데 잡지 ≪카이조우≫는 제2차 세계대전이 격렬해지던 가운데 사실상 폐간의 수순을 밟았다. 이런 사실만 볼 때 ≪카이조우≫는 전쟁 시기에도 계속해서 자유롭고 비판적인 입장을 고수한 잡지임을 쉽게 이해할 수 있다. 하지만 사실은 조금 다르다. 오히려 잡지 ≪카이조우≫의 정치적인 입장은 당초부터 공인된 '사회주의적' 경향이었으며, 거기에는 사주인 야마모토 사네히코의 정치적 입장도 관련된 복잡한 정치적 역학 구조가 작동하고 있었다. 예를 들면 일본과 독일과의 관계를 들 수 있다. 즉, ≪카이조우≫는 나치스가 정권을 탈취한 1933년경에는 빈번히 나치스나 독일의 상황, 히틀러에 대한 분석적인 논문을 게재하였다.[2] 그 점을 볼 때, 그 당시 일본은 아직 히틀러의 정치적 입장이나 정책에 대해서 충분히 숙고하여 판단할 수 없는 때였다는 사실을 알 수 있다. 하지만 히틀러의 실체는 점차 밝혀졌는데, 그럼에도 일본과 독일의 전쟁 협력, 그리고 결정적으로 '일본·독일·이탈리아 삼국동맹' 때문에 히틀러에 대한 정치적 비판이 어려워졌다. 이러한 정치적 상황의 변화 가운데서 잡지 ≪카이조우≫와 카이조우샤가 어떻게 스스로의 입장이나 언설을 책임 있게 전달하려고 노력했는지는 자료에 근거한 해명이 필요할 것이다.

그런데 최근의 연구에 따르면, 그런 상황 속에서 ≪카이조우≫와 카

카이조우샤에서 번역 소개한 책『히틀러주의(ヒトラー主義)』는 노디커스(Nordicus)라는 필명을 통해 Hitlerism, *the Iron Fist in Germany* (New York: The Mohawk Press, 1932)라는 제목으로 미국에서 처음 소개되었다. 저자인 루이스 레오 스나이더가 필명을 사용한 이 책은 완전한 민족사회주의 정당 프로그램에 대한 최초의 비판적 공표로서 의미를 지닌다. 특히 스나이더는 이 책에서 아돌프 히틀러의 급부상과, 이탈리아 무솔리니와의 동맹, 그리고 프랑스 및 유대인들과의 전쟁을 예측했다.

루이스 레오 스나이더(Louis Leo Snyder)는 1928년에 세인트존스대학을 우등으로 졸업한 이후, 1928년부터 독일 프랑크푸르트대학에서 연구하여 1931년에 박사학위를 취득했다. 1929년부터 1930년까지 훔볼트 재단에서 일하며 지독파(知獨派) 인사 중 한 명으로 성장해 귀국한 다음, 뉴욕 콜롬비아대학에서 박사후 연구원으로 있으면서 『히틀러주의』를 썼다.

이조우샤의 편집부는 비교적 일찍부터 나치스의 문제점에 대해 인식하고 있었으며, 향후 어떻게 발매금지 처분을 피해가면서 대중에게 올바른 정보를 전달할 수 있을까를 고민했다는 것을 알 수 있다. 그때 편집부가 낸 아이디어가 바로 '번역'이었다. 나치스에 비판적인 논문을 직접 게재하는 것으로 인해 잡지 ≪카이조우≫가 발매금지 처분을 받게 되면, 회사 경영에 타격을 줄 뿐 아니라 또한 집필자에게도 폐를 끼치게 된다. 바로 그 점에서 카이조우샤는 1932년 6월에 183쪽 분량의 『히틀러주의(ヒトラー主義)』라는 책을 출판하였다. 이 책의 저자는 노디커스(Nordicus, ノーディカス)라고 명시되었는데, 일본어 역자 기자키(木崎克) 씨는 마지막 페이지에서 다음과 같이 밝혔다.

> 본서의 원저자는 미국의 신문 언론인이다. 원문을 그대로 일본어로 옮기는 것은 일본의 사정이 허락하지 않는다. 그래서 어쩔 수 없이 각장에서

적절한 부분들을 취사선택하여 번역을 실시했다.[3]

이처럼 양해를 구하면서 다른 책이나 통신문을 참고로 하여 첨가 삽입한 부분이 있음을 독자들에게 밝히고 있는 것이다. 책 안에는 복자(伏字)• 도 많이 등장하므로 편집 과정에서 많이 고생했음이 엿보인다. 이것은 카이조우샤 편집부가 번역의 정치적 기능을 분명하게 의식하고 그것을 이용한 사례이다. 즉, 스스로 정치적 입장과 견해를 자유롭게 말할 수 없을 때에 '번역'이라는 도구를 이용하여 대신 표현했던 것이다.

디더리히스 출판사와 번역

독일의 종교 출판 영역에서는 '번역'이 어떻게 이루어졌을까? 제1장에서 다루었던 오이겐 디더리히스 출판사의 입장은 역시 여기서도 중요한 참고가 된다. 디더리히스는 출판사업을 시작하자마자 몇 개의 번역 출판에 착수하였다.

그 번역은 두 종류로 전개되었는데, 모두 디더리히스의 종교적·정치적인 입장을 대변하기 위해 이용되었다. 첫 번째는 러시아 정교회에 대한 비판 활동이었던 '초대 기독교로의 환원(회복)운동'에 참가한 레프 톨스토이와 덴마크 국교회를 비판하던 키르케고르의 저작에 대한 번역이

• 인쇄물에서 내용을 밝히지 않으려고 일부러 비운 자리에 'O', 'X' 따위로 표를 찍은 것이나 그 부호를 말한다. 일제 강점기 신문에는 총독부 검열에 의한 복자가 많았다.

었다.[4] 디더리히스가 이 두 사람의 번역에 힘을 쏟은 이유는 분명하다. 우선 그것은 디더리히스가 당시의 기성 종교 시스템인 독일 루터파에 비판적이었기 때문이며, 그다음은 비판 작업을 통해 기성 종교를 해체하고, 국민교회 제도의 바깥에서 참된 종교를 확립하려는 다양한 움직임을 돕고자 했기 때문이다.[5]

디더리히스는 편집자로서 스스로의 정치적·종교적 입장을 분명히 할 것은 없었지만, 당시의 기성 교회제도를 비판한 에른스트 호르네퍼의 잡지 ≪디 타트≫를 지원한 것과 같은 방식으로, 이들 비판적 번역자들의 작업을 도와 자신은 아무런 말도 하지 않으면서도 교회에 대한 비판을 전개해갈 수 있었던 것이다. 또한 디더리히스는 이러한 번역이 동시대의 신학자들이나 목사들에게 주는 영향에 대해서도 철저히 계산하고 있었다. 디더리히스로부터 직접 이들 번역서를 읽어보라고 권유받은 인물이 고가르텐이었으며, 그의 영향력을 저작을 통해 알게 된 사람이 바르트였다는 사실은 이미 앞에서 소개한 바 있다. 초기 바르트의 신학적 입장을 확립하는 데 이들 번역 성과들이 어떠한 역할을 완수했는지에 대해서는 그의 『로마서 강해』 개정 제2판의 '서문'을 읽어보면 쉽게 확인할 수 있다.[6]

디더리히스가 교회 비판을 전개하면서 번역을 이용했던 또 하나의 방법은, 교회의 입장을 상대화하기 위한 시도였다. 즉, 세계의 여러 종교에 대해 소개하면서도 그와 더불어 기독교화되기 이전 유럽에 산재해 있던 여러 형태의 신화(神話)들을 수집하고 그것을 번역해 소개하는 작업이었다. 세계 종교에 대한 소개의 경우는 특히 아시아의 여러 종교가 큰 비중을 차지했다. 디더리히스 출판사의 삽입 광고에는 '중국과 일본'이라는 코너가 있었는데, 거기에서 불교나 도교의 소개뿐 아니라 다양한 문헌이 번역되어 출판되었던 사실도 알 수 있다. 또한 유럽 신화를 소개하기 위한 번역은 반더포겔을 비롯한 독일청년운동과도 관계가 있지만, 무엇보다 기독교화되기 전의 유럽이 존재했다는 사실을 새롭게 인식시키는 작업을 통해 제도로서의 기독교 교회를 상대화하고, 그것을 대신할 수 있는 것으로서 '독일적인 것', 혹은 '시원적(始原的)인 것'에 회귀해야 함을 강조하고 있다. 그것은 초기의 목적을 넘어서, 제3제국 시기에는 과격한 독일 민족주의를 종교적으로도 증명하는 '독일적 종교'라는 왜곡된 주장의 형태로 전개되어 이용당하기도 했다.

그라베르트 출판사

이 같은 모습은 전후 독일의 우익 출판사의 사례 가운데서도 찾아볼 수 있다. 구보타 히로시(久保田浩)는, 루돌프 오토(Rudolf Otto)의 조수로 일하다가 잡지 ≪그리스도교 세계≫의 편집 보조로 일하고 있던 헤르베르트 그라베르트(Herbert Grabert)가, 실은 전후 1952년에 『대학교수는 고발한다—독일 학문의 해체에 대하여』라는 책을 써서 연합군의 점령 정책을 비판하였고, 독일 문화와 독일 민족의 위기에 슬픔을 느껴 훗날 수정주의적 견해를 주장했던 그라베르트 부자(父子) 가운데 아버지 그라베르트와 동일 인물이라고 지적한 바 있다.[7] 헤르베르트 그라베르트는 튀빙겐대학에서 종교학 박사학위를 받았지만, 그 후 나치즘에 심취하여 뷔르츠부르크대학에 신설된 종교학 강좌의 교수로 취임했다.[8] 이 강좌에 대해 구보타는 '민족주의 종교학'이라고 불렀는데, 그러한 표현처럼 그라베르트의 종교학 연구는 지극히 이데올로기적이었으며 "민족주의적 국가와 독일 민족의 이익에 봉사하기를 바라며, 또한 그러한 봉사가 가능한지 여부가 학문의 존재 의미를 결정한다"[9]는 말 그 자체였다.

(나치즘의 사상적 기반을 제공한 셈이 된) 그라베르트는 당연히 전후에 모든 공직에서 추방되었다. 하지만 자신이 처해 있던 상황을 읍소(泣訴)하고 자신의 입장을 변명하기 위해 그는 『대학교수는 고발한다』를 집필했던 것이다. 그라베르트는 1950년에 '공직에서 추방된 대학교수연맹'을 설립해 그 단체의 지도자 중 한 사람이 되었다. 그 연맹의 홍보 역할을 감당하던 출판사가 이른바 네오나치 계열의 출판사이자 역사수정주의적인 출판사로 널리 알려져 있는 '그라베르트 출판사(Grabert Verlag)'였다. 물론 이 운동이나 이 출판사의 주장, 특히 그라베르트의 입장이 대

데이비드 레슬리 호건은 1948년에 하버드대학 대학원에서 '1938-1939년 독일과 폴란드의 관계'에 관한 논문을 써 박사학위를 취득했다. 그런데 번즈(H. E. Barnes)라는 사람이 그 논문을 발전시켜 책으로 내도록 권하며 재정적 원조를 아끼지 않았다. 그 결과 탄생한 책이 바로 『강요당한 전쟁』이었다.

그라베르트 출판사가 자기 목소리를 내기 위해 선택한 번역서 『강요당한 전쟁』(1961)의 표지(왼쪽). 독일에 번역 소개된 이 책은 큰 반향을 일으켰고, 적어도 13쇄 이상을 찍어 5만 부 이상이 팔렸다고 한다. 영어판은 여러 차례 수정을 거치다 보니 오히려 독일보다 늦은 1989년에 출판되었다(오른쪽).

중에게 널리 받아들여질 수는 없었다. 또 전후의 신학이나 교회의 주류 세력은 교회 스스로의 전쟁 책임에 대한 자각과 추궁, 반성으로 나아가고 있었기 때문에 이러한 입장이 수용될 여지는 없었다. 헤르베르트 그라베르트가 1978년에 죽은 후, 그 출판사를 계승한 아들 비크베르트 그라베르트(Wigbert Grabert)는 한층 더 과격한 우익 사상에 심취해가는데, 그 단계에 이르러서는 대중들의 이해를 더더욱 얻을 수 없게 되었다.

그런데 전후 그의 (독일 민족주의에 대한) 수정주의적인 입장을 스스로 변증하는 데에 한계를 느낀 그라베르트 출판사는, 자신이 직접 말하는 것보다는 자신의 입장에 가까운 제3자, 그것도 연합국 측에 속한 역사학자에게 그것을 대신 말하도록 하는 수법을 고안해냈다.[10] 거기서 또 다시 등장하는 것이 '번역'이라는 수단이었다. 그라베르트는 1961년에 미국의 역사수정주의자였던 데이비드 레슬리 호건(David Leslie Hoggan)의 저작 『강요당한 전쟁(Der Erzwungene Krieg)』(Tübingen)을 번역 출판하여,[11] 독일에는 전쟁 책임이 없고 오히려 영국 측에 책임이 있었다는 주장을 대변하도록 하였다. 이 책의 출판 뒤에 숨겨진 정치적 의도는 크게 성공하여, 그라베르트 출판사의 다른 어떤 책들보다도 많은 독자에게 널리 읽혔다.

이러한 사례들로부터 분명히 알 수 있듯이, 출판사는 자신들이 직접 말할 수 없는 숨겨진 정치적·종교적인 입장을 대변하기 위해서 '번역'을 이용할 수 있다는 것이다.

'번역의 정치학'을 바라보는 또 하나의 관점

그런데 여기서 '번역의 정치적인 기능'에 대해서도 한번 생각해보고 싶다. 그 예로 번역이 원저작을 탄생시킨 사회적인 콘텍스트나 그 나라의 학술적인 동향과는 완전히 분리되어 소개되는 경우를 들 수 있다. 이 경우에는 사상의 소개가 사회적인 배경과 콘텍스트로부터 유리돼버려 사상사의 흐름을 꺾어버릴 가능성이 있다. 그리고 출판사가 그 사상을 본래의 정치적 콘텍스트로부터 떼어내어 그 출판사의 정치적 입장에 접속 혹은 종속시켜버릴 가능성이 있다.

그 중요한 한 가지 사례로 일본에서의 칼 바르트 신학의 소개와 수용을 들 수 있다. 일본에서 바르트 신학을 소개하는 것은 전쟁 이전부터 이미 시작되었고 번역도 시도되었다. 하지만 전쟁 가운데 그리고 전후에 소개된 바르트 사상의 경우를 보면, 그 사상의 사회적 콘텍스트로부터는 단절된 채로 번역 작업이 계속 이어졌다고 말할 수 있지 않을까 싶다. 물론 바르트가 나치스에 맞서왔던 일들에 관해서는 단편적이지만 일본에 소개되고 있었다. 하지만 다른 한편으론 일본의 그리스도교와 그 신학은 연합군(미국, 영국 등)과의 전쟁이라고 하는 구도 속에서 곤란한 상황에 놓여 있었다. 이러한 구조와 전시 상황 속에서 '동맹국 독일의 신학자인 바르트로에게서 배운다'는 것은 확실히 사회적 콘텍스트로부터 분리시키는 신학 작업이 이론상으로 가능했음을 보여준다. 그것은 정치적·종교적 위장이기도 했다. 그러한 독일 내 콘텍스트로부터 분리된 바르트의 텍스트(text)만이 실제로 전시 중에도 계속해서 읽힐 수 있었다.

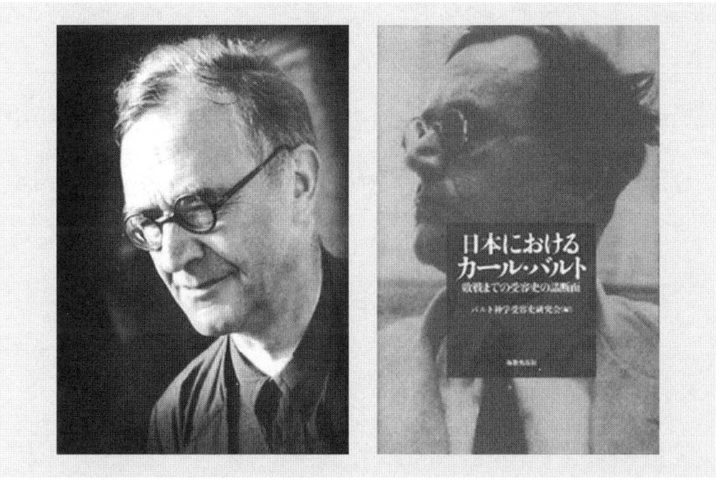

나치에 저항하던 시기의 칼 바르트(왼쪽)와 일본의 바르트신학수용사연구회(バルト神學受容史研究會)에서 편찬한 책 『일본에 있어서의 칼 바르트: 패전까지의 수용사의 여러 단면(日本におけるカール・バルト, 敗戰までの受容史の諸斷面)』(新教出版社, 2009)의 표지(오른쪽)

그리고 이 사회적 콘텍스트에서 떼어내진 바르트의 수용 과정은, 바르트가 '교회 학문으로서의 신학'을 주장한 것을 독자적으로 해석하여, 비록 전쟁이나 신앙의 문제가 위기에 노출되는 상황이라 할지라도 오직 교회 안에서 '아무 일도 없던 것처럼' 신학을 하는 것이 오늘의 신학이 이룩해야 할 일이라는 결론을 도출하게 만들었다. 이로 인해 정치는 정치로서만 처리되고, 교회는 교회적 차원으로만 고민하는 기묘한 이원론을 낳게 되었고, 교회에 대해 붙여진 정부나 군부(軍部)로부터의 의문 부호와 관계없이 신학을 안전하게 영위하기 위한 발판이 될 이론을 일본 교회와 신학이 바르트에게서 끄집어냈던 것이다. 그러한 시도가 실제로 성공했는지 여부는 논외로 하더라도, 그런 접근 자체는 바르트가 가장 싫어하고 비판할 만한 태도임엔 틀림없다. 그리고 이러한 일본 특유의 바르트 이해는, 전쟁 상황을 제외하더라도 일본 교계와 신학계에 정착해 버렸을 가능성도 있다.

그런데 전후에는, 나치스에 저항했던 바르트나 독일 루터파 내 일부 인물들의 모습이 소개되기 시작하면서, 칼 바르트는 한동안 일본에서 교회와 나치스가 벌인 투쟁사 속에서 최고의 영웅으로 숭배되기도 했다. 하지만 이 또한 실제로는 사회적 콘텍스트와 분리된 측면에 머문 것은 아닐까? 바르트가 전시 중의 독일 교회의 투쟁에서 중심적인 역할을 완수했다고 단순하게 설명하는 것은 오늘날에 이르러선 좀 곤란한 측면도 있다. 왜냐하면 바르트의 경우는 독일 대학에서 지위는 박탈되었을지 몰라도, 귀국할 수 있는 고향 땅인 스위스 바젤이 있었다는 점에서 전시하의 교회를 지킨 그 밖의 여러 신학자들과 차이가 나기 때문이다. 그는

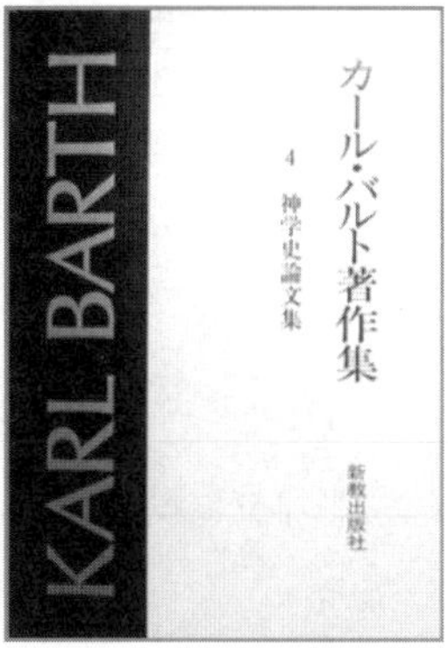

바르트의 저작들은 거의 대부분 번역되어 일본에 소개되었다.

안전한 장소에 머물면서 독일을 향해 뭔가 말할 수 있는 위치에 있었던 것이다. 설령 (나치스를 비판하는) 바르트의 여러 발언에 노심초사하는 스위스의 정치가나 공무원이 있었다고 해도, 그것은 단지 영세 중립국인 스위스로부터 나온 발언에 그쳤다는 한계도 지니는 것이다. 하지만 한편으론 바르트가 입을 열면 열수록, 그리고 나치스를 비판하면 할수록, 독일의 교회 안에서 하루하루 어렵게 살아가야만 했던 독일 그리스도인들이 실제로는 더욱 괴로운 상황에 놓이게 되었던 측면도 있다. 즉, 바르트가 (독일을 향해) 훈계하듯 하면 할수록 독일의 그리스도인들은 더욱 위험에 처하게 된 것이다. 이러한 복잡한 상황은 전쟁이 끝난 후 비교적 빠른 시기부터 바르트가 전쟁 중에 행한 정치 활동에 비판적인 연구들로 이어졌지만, 일본에는 그러한 것들은 소개되지 않았고 바르트의 신학만이, 그리고 당시의 사회적 상황과 분리된 독일 교회의 투쟁에 대한 해석만이 계속해서 번역·소개되었던 것이다.

오늘날에 이르러선 좀 더 냉정하게 바르트의 전시 중의 정치 활동과 그 역할에 대한 연구가 이루어질 수 있게 되었지만, 그것은 사상의 텍스트가 그것을 낳은 사회적 콘텍스트로부터 떼내어져 번역·소개될 때에 일어나는 문제의 전형적인 사례가 아닐까? 그때 사상은 단지 '정치의 수단'으로 전락해버리는 것만이 아니라, 사상사 자체가 적당하게 고쳐져 기술되어버릴 수도 있다. 바로 여기에서 '번역의 정치학'이 지닌 가장 심각한 문제점을 찾아낼 수 있을 것이다.

3 크리스티안 카이저 출판사의 시작과 끝

박물관이 되어버린 카이저 출판사의 옛 영광

정치적인 요인이 출판사에 끼치는 영향을 고찰하기 위한 세 번째 사례로서, 독일 프로테스탄티즘을 대표하는 유명한 출판사인 뮌헨의 크리스티안 카이저 출판사의 역사에 대해 생각해보려고 한다.[1] 뮌헨대학에서 지하철로 10분 정도 걸리는 호엔촐레른 광장 역에서 내린 뒤 다시 10분 정도 걸으면, 나치스 시대에 '고백교회(Bekennende Kirche)'의 출판사로 활약한 것으로 알려진 크리스티안 카이저 출판사(Christian Kaiser Verlag)의 사주 알베르트 렘프의 집이 있으며, 바로 옆 가까운 곳에는 그가 다녔던 교회가 있다. 그의 집은 이사벨라 대로 20번지에 지금도 남아 있다. 5층 건물 위에는 뮌헨 시의 심볼이기도 한 수도사와 크리스티안 카이저 출판사의 로고와 마크가 붙은 철탑이 세워져 있다. 꼭대기 층에는 렘프의 후손들이 지금도 거주하고 있다. 또 그가 다니던 교회는 그의 탄생 125주년을 기념함과 동시에 나치스 시대에 존재했던 교회의 대(對)

뮌헨 시내에 위치한 크리스티안 카이저 출판사 옛 본사의 현관과 꼭대기의 모습. 뮌헨 시를 상징하는 수도사와 출판사 로고가 새겨진 풍향계가 세워져 있다.
ⓒ Foto: Heinz Gumpelmayr, München

히틀러 투쟁의 역사를 잊지 않기 위하여 '알베르트 렘프 기념실'이라고 이름 붙은 다목적 홀이 갖춰져 있다.

크리스티안 카이저 출판사라고 하면, 지하창고에 재고품으로 잠들어 있던 칼 바르트의 『로마서 강해』 초판을 스위스 G. A. 베슐린 출판사로부터 매입하여 독일에서 유통시킨 뒤, 개정 제2판의 출판을 통하여 대성공을 거둔 곳으로 유명하다. 또한 변증법 신학을 세상에 알린 잡지 ≪때와 때 사이(Zwischen den Zeiten)≫, '오늘의 신학적 실존(Theologische Existenz heute)' 시리즈(1933) 등을 간행했고, 전쟁 중에는 고백교회와 함께 투쟁을 벌였으며 전후에도 디트리히 본회퍼(Dietrich Bonhoeffer, 1906~1945)나 위르겐 몰트만의 저작을 간행한 대표적인 프로테스탄트 신학 출판사의 하나였다. 그런데 '였다'라는 과거형 표현으로 쓴 것은, 실은 이 출판사가 1993년에 경영 침체로 인하여 귀터슬로의 출판 미디어 그룹 베텔스만에 매각되어 현재는 존재하지 않기 때문이다.[2] 이 정도

독일 북서부 인구 9만 명의 조용하고 한적한 소도시 귀터슬로에 있는 베텔스만 그룹(Bertelsmann AG)의 본사. 유럽 최대 복합 미디어 기업으로 1853년 몬(Mohn) 가문에 의해 설립되었다. 사업 초기에는 성경책 등 종교서적 판매에 주력했으나 신문, 잡지, 음반, 영화 등으로 영역을 확장했다. 랜덤하우스 출판사를 포함해 유럽 최대 TV·라디오 방송사인 RTL그룹, 그루너+야르(Gruner+Jahr) 등이 있다. 전 세계 50개국에 10만여 명의 임직원을 두고 있으며, 1993년 크리스티안 카이저 출판사를 인수 합병했다.

의 역사와 지적 재산을 가진 출판사조차도 경영 침체라는 높은 벽 앞에서는 허무하게 사라져버릴 수밖에 없었던 것일까? 하지만 아무리 보아도 경영 부실만이 그 파산의 이유는 아닌 것 같다. 이 출판사의 탄생과 몰락의 과정에서 나타나는 중요한 풍경을 보자면, 확실히 출판사와 정치 간의 관계로 귀결되는 것은 아닐까 하는 생각이 든다.

'창업'부터 『로마서 강해』의 성공에 이르기까지

크리스티안 카이저 출판사는 1845년 괴테 전집의 간행으로 유명한 콧타(Cotta) 출판사에 근무하던 빌헬름 하인리히 크리스티안 카이저(Wilhelm Heinrich Christian Kaiser)에 의해서 서점(書店) 형태로 설립되었다. 동시에 그는 출판사업에도 손을 대어 일반 서적과 동시에 프로테스탄트 신학에 관한 책들의 간행도 맡고 있었다. 그 후 점진적으로 신학 관련 출판이 경영의 중심축이 되어갔으며, 가톨릭이 우세한 바이에른 안에서 '작은 프로테스탄트 교회를 책임진 출판사'[3]라는 별명으로 불리기 시작했다.

1866년에 카이저가 사망한 후 가족에 의해서 경영은 계속되었지만, 1911년에는 그동안 사업권을 인수받고 싶어 하던 알베르트 렘프가 직접 경영에 뛰어들게 되었다. 렘프는 경영을 맡자마자 뮌헨 시청 앞 광장에 새로운 서점을 열었다. 이어서 출판사업 전략도 그만의 독자적인 목표를 겨냥했다. 그는 바이에른의 '자유 프로테스탄트 운동'의 주도자였던 크리스티안 가이어(Christian Geyer)나 프리드리히 리텔마이어(Friedrich Rittelmeyer)의 '기독자 공동체'를 도와 그들의 책이나 잡지를 출판하기 시작했다. 이 운동은 기존의 '국민교회' 제도를 비판하면서, 교회뿐 아니라 국가나 사회의 변혁을 바라는 자유주의자(liberalist)들로 구성돼 있었다. 그것은 렘프의 신학적·정치적 입장이기도 했다. 그는 그 당시 대두하기 시작한 새로운 세대의 사상이나 정치적 입장에 민감하게 반응하면서, 그들에게 친근감을 느끼다가 결국 그들을 지지하게 되었다.[4]

렘프가 매입한 이 작은 출판사가 단번에 세계적인 유명 출판사로 성장할 수 있었던 것은, 회사가 창설된 지 8년 뒤인 1919년에 스위스에서 온 한 명의 목사와 만난 일 때문이었다. 칼 바르트와의 운명적 만남이 그것이다. 바르트의 대표작인 『로마서 강해』의 초판본은 교회 안팎의 사회주의자들 사이에서 조금 화제가 되긴 했지만, 이후에는 거의 팔리지 않았다. 하지만 이 책은 기존의 교회제도에 대한 급진적 비판, 빌헬름 제정기의 사회나 종교 및 문화나 학문에 대한 전 방위적 비판과 부정, 그리고 전통적인 대학제도 안에서 영위되던 신학과는 다른 새로운 말과 표현들로 넘쳐나고 있었다. 사회주의자나 공산주의자들이 공명하는 혁명의 논리마저도 그 안에서 읽히고 있었던 것이다.

알베르트 렘프 ⓒ Privatbesitz Familie Lempp, München

바르트는 1919년 9월 22일부터 25일 사이에 튀링겐 지방의 탐바하에 있는 빌헬름 슈르트하이스 소유의 휴양소 '탄넨베르크'에서 행해진 종교사회주의자들의 집회에서, '사회 속에서의 기독교인'이라는 강연을 해 그 이름이 독일에도 전해졌다. 이로 인해 그는 훗날 바이마르 시기의 '신성 프런트 세대'라고 불리게 된, 기존 사회제도에 대한 파괴자들과도 친밀한 관계를 맺게 되었다. 그가 속한 진영의 사람들만이 아니라, 독일 사상계의 이른바 전위파들 전체가 그에게 흥미를 가졌던 것이다.[5]

그때쯤 렘프는 그가 지지하는 목사들, 특히 크리스티안 가이어나 프리드리히 리텔마이어로부터 한 인물을 소개받는다. 훗날 뮌헨 지역의 신학자로서 크리스티안 카이저 출판사의 편집 고문으로 활약하게 되는 게오르크 메르츠(Georg Merz, 당시엔 김나지움의 종교과 교사)와의 만남이 이루어졌던 것이다.[6] 렘프는 오이겐 디더리히스로부터 그 목사의 이야기를 듣고 있었는데, 그 당시 디더리히스는 메르츠와 같이 출판업을 경영하고 원래 F. 에크하르트(Eckardt) 출판사에서 간행되던 에른스트 호르네퍼의 잡지 ≪디 타트≫의 출판을 맡으면서, 이미 프리드리히 고가르텐의 서적을 출판하고 있었다. 렘프와 바르트의 만남에 대해서는 이미 앞에서 소개했으므로 여기서 반복하지 않겠지만, 이로 인해 바르트의 『로마서 강해』 초판은 독일로 반입될 수 있었고, 개정 제2판은 폭발적인 성공을 거두어 '위기의 신학', '하나님에 관한 말로서의 신학', '변증법 신학'이라고 불리는 새로운 신학 그룹이 탄생할 수 있었다.[7]

이 신학 그룹의 출판을 맡게 되어 크리스티안 카이저 출판사는 프로테스탄트 신학의 전문 출판사로서 거듭날 수 있었고, 그와 동시에 신학적으로나 정치적으로도 하나의 명확한 입장을 밝힐 수 있게 되었다. 카이저 출판사는 이미 그 존재만으로 자유주의 경향의 출판사로서 동시대

카이저 출판사의 무대였던 뮌헨의 풍경

의 다른 출판사 가운데 독보적이고도 특별한 입장을 확보할 수 있었음은 물론, 신학 출판사라 하더라도 다른 전통적인 신학 관련 출판사들과는 확연한 성격적 차이를 드러냈다. 이러한 파격에도 불구하고 이 출판사가 이 세상에 내놓은 새로운 '비판'의 말들은, 점점 더 그 당시의 독자에게 신선한 자극을 안겨 새로운 독자군(讀者群)을 형성해갈 수 있었다.

크리스티안 카이저 출판사에서 출판된 ≪때와 때 사이(Zwischen den Zeiten)≫라고 명명된 '변증법 신학' 기관지는, 그 전까지 대학 신학부의 영향 아래에서 편집되고 있던 학문적 신학잡지들과는 완전히 성격을 달리했다. 이 타이틀은 고가르텐이 오이겐 디더리히스와 대화하다가 힌트를 얻어 붙인 것이다. 편자의 중심인물인 메르츠, 바르트, 트루나이젠, 고가르텐은 그 전까지 신학을 담당해온 이들과는 현격한 차이를 드러냈다. 그들은 학위도, 교수자격도 없었으며, 말하자면 의식적으로 '대학 밖의 신학'을 추구하던 신학자들이었다.[8] 그런데 그들의 작업이 종래의 제도 비판자들과 달랐던 점은, 그들이 자신들의 활동을 지지하는 출판사로부터 원조를 받아 책을 세상에 알릴 수가 있었다는 점이다.

참고로 잡지 ≪때와 때 사이≫의 집필에 참여한 바르트와 고가르텐의 주변 신학자들은 다음과 같이 열거할 수 있다. 한스 아스무센(Hans Asmussen), 하인리히 바르트(Heinrich Barth), 요아힘 베크만(Joachim Beckmann), 에밀 브루너(Emil Brunner), 에른스트 비저(Ernst Bizer), 헤르만 딤(Hermann Diem), 에두아르트 엘바인(Eduard Ellwein), 카를 피셔(Karl Fischer), 오토 프릭케(Otto Fricke), 테오도르 헥켈(Theodor Heckel), 헤르만 헤리겔(Hermann Herrigel), 리하르트 카를벨(Richard Karlwehl), 힌

리히 크니터마이어(Hinrich Knittermeyer), 헤르만 쿠터(Hermann Kutter), 빌헬름 뢰브(Wilhelm Loew), 빌헬름 니젤(Wilhelm Niesel), 에릭 페터존(Erik Peterson), 에리히 프르치바라(Erich Przywara), 게르하르트 폰 라트(Gerhard von Rad), 파울 셈프(Paul Schempp), 하인리히 슐츠(Heinrich Schultz), 한스 쇼메루스(Hans Schomerus), 파울 쉬츠(Paul Schütz), 리하르트 지벡(Richard Siebeck), 카를 슈퇴페잔트(Karl Stoevesandt), 볼프강 트릴하스(Wolfgang Trillhaas), 빌헬름 피셔(Wilhelm Vischer), 빅토르 폰 바이체커(Viktor von Weizsäcker), 에른스트 볼프(Ernst Wolf) 등이다.

이 명단을 통해서 더욱 분명해지는 것은, ≪때와 때 사이≫가 결코 프로테스탄트 기독교(개신교)만의 신학잡지였던 것이 아니라는 점이다. 가톨릭의 에리히 프르치바라, 훗날 가톨릭으로 옮겨가는 에릭 페터존, 그리고 빅토르 폰 바이체커 같은 집필자가 잘 보여주듯이 이들은 그 당시의 확실한 '신성 프런트 세대'였으며, 종파 의식이나 신학적 입장에 따라 결속되어 있다기보다는, 기존 교회나 신학 그리고 전통적인 대학제도와 학문 시스템에 대한 비판과 새로운 학문 및 개념의 탐구욕이 그들을 하나로 묶고 있었던 것이다.[9]

파괴나 비판으로부터 창조적 건설을 향하여

그 후의 칼 바르트와 '변증법 신학' 그룹이 어떻게 성공해갔는지는 잘 알려져 있다. 학위 논문이나 교수자격 논문도 쓰지 않은 채 칼 바르트는 괴팅겐대학에, 고가르텐은 브레슬라우대학에 취직하게 된다.[10] '학문에서의' 혁명이 확실하게 일어난 것이다. 제도나 전통은 비판받았고, 그 비판은 파괴로 향하였다. 바르트의 등장은 '학문'으로서의 신학에 큰 변화를 가져왔다. 그뿐만 아니라 그들은 그 당시의 학계뿐만 아니라, 사회적 지위 면에서도 '주류'가 되었다. 그에 발맞추어 바르트나 고가르텐, 그리고 변증법 신학자들의 책을 출판하고 있던 크리스티안 카이저 출판사도 함께 '주류 출판사'로 올라섰다. 그 전까지는 변방에서 국민교회 제도를 비판하던 '자유 프로테스탄티즘 협회'나 '대학 신학부 밖의 신학'을 지원하는 데 천착했던 영세 출판사였으나, 새로운 시대를 맞이하여 그 당시 신학 형성을 주도하는 메인 출판사로 확실한 변신을 이룩해간 것이다.

그것은 확실히 빌헬름 제정기부터 바이마르 시기에 걸쳐 진행된 표현주의운동을 통해서 기존 예술 양식이나 제도를 비판한 바 있던 바실리 칸딘스키가, 비판과 파괴를 달성한 후에 바이마르 시기가 도래하자 국립조형학교의 교수가 되었던 것과 매우 흡사한 사상적 흐름이 아닐 수 없다. 바이마르의 '신성 프런트 세대'의 진보적 비판은 성공하였다. 그리고 그들은 그 시대의 '주류'가 되었다.[11]

나치스 시대와 크리스티안 카이저 출판사

그렇지만 시대는 또다시 거대한 격변을 맞게 된다. 지나친 비판이나 개혁 그리고 단순한 파괴는, 처음 시도할 때엔 사람들의 마음을 자극하며 지지를 받지만, 그러한 일시적인 고양(高揚)은 점차 파괴 이후에 무엇이 형성되었는지, 결국 아무것도 없지 않은가 하는 불만으로 변화되기 시작하였다. 새롭고 자유로우며 민주적인 시대는, 억압된 전후(戰後)의 정신적 피폐 상황이나 경제적 중압감을 잠시 잊게 해줄는지는 모르지만, 실제로는 시대도 생활도 그 어떤 것도 바뀌지 않았다. 대중은 과거의 빌헬름 제정기를 이상화(理想化)하며, "예전에는 좋았는데 ……"라고 생각하게 되는 것이다. 그때 등장한 것이 바로 나치스였다. 그 시대의 교회는 이러한 움직임에 거의 무방비 상태였다.[12] 물론 칼 바르트의 나치스 비판은 잘 알려져 있으며, 독일의 '고백교회' 운동도 잘 알려져 있지만, 그것은 교회의 일부 그룹에 지나지 않았다.

크리스티안 카이저 출판사도 그 당시 '고백교회'와 관련된 중요한 출판사로서 알려져 있지만, 이것은 바르트나 고백교회로부터 의뢰를 받고 그들의 출판에 협력했다는 것만을 의미하지는 않는다. 오히려 알베르트

본회퍼 목사(왼쪽)가 중심이 되어 1935년에 창립한 고백교회 신학교의 모습(오른쪽). 맨 왼쪽 열 가운데가 본회퍼이다. 나치 게슈타포에 의해 이 학교는 1937년에 폐쇄되었다. 고백교회는 1934년 히틀러에 반대하여 설립된 독일 에큐메니컬 교회를 말한다. 1934년 5월, 하나님의 말씀인 예수 그리스도만이 복종의 대상이요, 하나님의 계시라는 내용의 「바르멘 선언」을 발표하여 히틀러에 대한 불복종을 선언했다. ⓒ by Gütersloher Verlagshaus, Gütersloh, in der Verlagsgruppe Random House GmbH, München

렘프 자신이 이 운동의 주도자 혹은 담당자였으며, (바르트처럼 독일을 떠나지 않고) 독일 현지에 계속해서 머물렀다고 하는 의미에서, 오히려 렘프는 바르트를 비롯한 망명 신학자들보다 더 깊은 자각을 통해 나치스와 싸웠고 적극적으로 유대인들을 지원했다. 그는 아내와 함께 '렘프 그룹'을 설립하여 나치스와의 신학적인 대결을 결의하여 고백교회와도 함께 행동할 수 있었던 것이다.

물론 렘프의 행동에도 한계는 있었다. 전쟁 중에는 법률에 의해 출판사는 재편성을 피할 수 없기 때문에 전시체제 협력을 강요받았던 것이다. 그 과정에서 렘프는 1943년에 죽고 만다. 게오르크 메르츠가 쓰고 낭독한 조사(弔辭)에서 알 수 있듯이, 확실히 렘프는 이 엄혹한 시대 한가운데서 "충실하게 살고자 애쓴 진정한 편집자였을 뿐만 아니라, 그 스스로가 말 그대로 한 사람의 신학자였다".[13]

전후의 발전과 갑작스러운 종언

전후의 크리스티안 카이저 출판사는 전시에 겪어야 했던 어려움에서 벗어나 칼 바르트의 제자들이나 디트리히 본회퍼의 책들을 출판하기 시작했다. 또한 세계적으로는 냉전 구조가 새롭게 형성되었고 독일도 동서로 분열되는 등 정치적 격변이 이어지던 상황에서, 이 출판사는 의미 있는 신학적 발언들을 쏟아내며 그로 인한 성공으로 다시금 독일 사회의 '주류'가 되었다.

한층 더 순풍을 맞게 된 이유는, 1964년에 출판된 위르겐 몰트만의 『희

망의 신학: 그리스도교적 종말론의 근거와 의미에 대한 연구(Theologie der Hoffnung: Untersuchungen zur Begrundung und zu den Konsequenzen einer christlichen Eschatologie)』(München: Kaiser, 1964)의 대히트와 그 후 계속 이어진 정치적 신학의 유행이라는 사조의 흐름 때문이었다. 크리스티안 카이저 출판사는 동서 냉전이라는 세계적 차원의 정치적 대립 구조 속에서 자신의 입장을 선명히 내걸었으며, 적극적으로 그것을 관철시켰다. 굳이 어느 쪽이었는지를 말한다면 좌파 계열을 지지하는 지식인이나 성직자가 주로 이 출판사를 통해 자신들의 정치적 입장과 신학을 표출하고 있었다.

1970년에 크리스티안 카이저 출판사는 창업 125주년을 기념하면서 축하 논문집을 편집하여 관계자들에게 배포했다. 하지만 그 가운데에는 칼 바르트나 몰트만뿐만 아니라, 전쟁 중에 구약학 교수로서 고백교회 운동에 협력하였던 게르하르트 폰 라트나 신약학에서는 에른스트 케제만(Ernst Käsemann)의 글이 게재되기도 했다. 이 논문집은 그 시대의 분

1964년에 카이저 출판사가 발행한 『희망의 신학』 표지(왼쪽)와 3년 뒤 발행된 희망의 신학에 관한 토론집 *Diskussion über die "Theologie der Hoffnung"*(München: Kaiser, 1967)의 표지(오른쪽)

위기를 느끼게 해주며, 또한 자신만만한 크리스티안 카이저 출판사의 기세도 한껏 느끼도록 해준다.[14]

또한 1970년대에는 출판사 인근의 뮌헨대학에 프로테스탄트 신학부가 증설되었는데, 그 학부의 초대 윤리학 교수로서 초빙된 트루츠 렌트로프(Trutz Rendtroff)는 이후 완전히 다른 노선을 걷게 되지만, 그 역시 정치적 신학의 제창자 가운데 한 사람이었다. 그러한 인연으로 크리스티안 카이저 출판사는 그의 부임 초기 밀월 시기를 보내며, 뮌헨대학 개신교 신학부의 출판물 일체를 책임지는 출판사가 되어 새로운 총서를 창간하기도 했다. 물론 그러는 동안에도 크리스티안 카이저 출판사의 정치적·신학적 입장을 경계하는 교수가 있었기 때문에, 튀빙겐대학의 J. C. B. 모르 출판사나 괴팅겐대학의 판덴회크 운트 루프레히트 출판사가 대학과 맺고 있던 관계와는 그 의미가 달랐다. 현재까지도 일관성 있게 뮌헨대학이나 바이에른 아카데미의 출판물을 맡고 있는 주된 출판사는 오히려 C. H. 베크 출판사(Verlag C. H. Beck)이다.[15]

그런데 크리스티안 카이저 출판사의 경영은 결코 순조롭지만은 않았다. 1980년대 후반 이후부터 카이저 출판사의 편집 경향이나 출판물 자체에 대한 평가가 급속히 낮아지고 있었기 때문이다. 물론 그 전까지도 카이저 출판사의 경영은 과거의 종교개혁 관련 저작, 변증법 신학이나 본회퍼 저작 등에만 의존하고 있었기 때문에 무난한 편은 아니었다. 새로운 신학적 도전을 격려하며 그 출판을 지원하는 카이저 출판사의 방침은 일관성 있게 이어졌기 때문에 확실히 새로운 신학적 조류를 적극적으로 조타(操舵)해왔던 건 사실이다. 하지만 그러한 카이저 출판사의 좋은

게르하르트 폰 라트(왼쪽)와 에른스트 케제만(오른쪽)

뜻과 정신에 독자들이 소비 행위로서 반드시 부응해줄 수만은 없었다.

그러던 중 결정적 사건이 발생했다. 소련의 페레스트로이카(Perestroika)[•]를 필두로 한 동유럽의 정치적 변화로 인해 크리스티안 카이저 출판사의 방향과 성과를 지지하던, 그리고 그 출판사가 지원해온 여러 신학자들이 정치적·신학적 입장을 변경하기 시작한 것이다. 사회의 변화 움직임은 급속했다. 동유럽 각국의 민주화 열기로부터 베를린 장벽의 붕괴, 그리고 이른바 동서독 통일까지 이어진 급격한 사회변동의 큰 파도 앞에 크리스티안 카이저 출판사는 정면으로 마주 서야 했다. 경영상의 측면뿐 아니라, 출판의 이상(理想)이라는 점에서도 카이저 출판사는 시대의 변화에 추월당하여 그 시대의 물결 속에서 허우적거리는 신세가

• 1985년 소련의 고르바초프 정권에 의해 선언된 소련의 개혁 이념 및 정책의 러시아어 명칭으로 개인의 자유와 소유권의 확대, 사회의 민주화, 개방된 외교 정책 등을 추진하였다.

뮌헨대학

되어버린 것이다.

유럽에서 동서 냉전 구조의 마지막 결말로서 독일이 통일된 것을 지켜본 크리스티안 카이저 출판사는, 빌헬름 하인리히 크리스티안 카이저가 처음으로 서점을 창업한 이후 148년이 되던 해이자, 렘프가 매입한 이후로는 82년 만인 1993년에 그 역사의 종언을 고했다.

크리스티안 카이저 출판사 매각이 남긴 질문들

알베르트 렘프와 같이 명확한 정치적·신학적 입장을 가진 사주와 편집자에 힘입어 회사가 설립되었고, 또 그 후에도 사상적 후계자들에 의해서 경영 활동이 지속된 크리스티안 카이저 출판사는, 확실히 매 시대와 분투하면서 출판사업의 명맥을 이어올 수 있었다. 그 시대가 바이마르의 자유주의로부터 나치스의 전체주의로 이어졌고, 그리고 다시 냉전

시대를 거쳐, 동서 대립 구조의 붕괴와 미국을 통한 일극(一極) 집중 시대로 전개되는 가운데, 카이저 출판사는 때때로 그 시대의 주류가 되기도 했지만, 많은 시기는 그 시대와 투쟁하며 몸이 움츠러들던 때도 있었다. 그리고 마지막에는 세계의 거대한 정치적·경제적인 파고가 이 작은 프로테스탄트 출판사의 운명을 삼켜버리고 말았다.

이러한 격변 속에서 크리스티안 카이저 출판사 스스로 각각의 동향에 어떻게 대처했는지 궁금해진다. 사회의 주류 담론에 반하는 책을 내놓아 사상적 질문을 끊임없이 던진다는 점에서, 카이저 출판사는 그 시대의 사회적 동향을 충분히 알면서도 거기에 반하는 서적을 굳이 내놓았던 것이다. 그러므로 그러한 의도성에는 출판사의 신학이나 정치적 태도가 자각적으로 표출되기 마련이다. 그때 그 사상은 확실히 사회의 목탁(木鐸)이 되고 질문이 되며 새로운 시대의 용어와 담론이 된다. 힘겨운 경영상의 난맥 속에서 결국 파탄이 초래되었다 할지라도, 카이저 출판사는 시대 앞에서 하나의 사명을 완수했다는 해석이 가능하지 않을까?

하지만 그 파산(매각)의 원인이, 출판사가 그 시대의 정치적 동향을 충분히 이해하지 못한 채, 시대와 어긋나버린 입장임에도 불구하고 그것을 도그마처럼 받들고 그 노선을 자각 없이 답습했을 뿐이었다고 한다면, 그것은 출판사의 태만이라고 말하지 않을 수 없다. 역설적인 표현이지만 그것을 두고 '출판사의 보수화(保守化)'가 일어났다고 하는 것이다. 사상은 급진적이고 자유롭다 할지라도, 출판사와 편집자의 태도가 보수적, 권위적, 전통주의적으로 전락해버릴 수 있다. 크리스티안 카이저 출판사에서 일어난 일은 두말할 것 없이 후자에 가까운 것이 아닐까?

1934년 독일 대통령 힌덴부르크가 죽자 수장인 아돌프 히틀러가 독일의 총리 겸 대통령(총통)으로 부상하면서 본격적으로 전체주의 독재의 공포정치를 펼쳐갔다. 그런 상황에서 고단한 시기를 보내야 했던 렘프 부부의 1936년경 모습. 우울한 두 사람의 표정이 당시의 입장을 잘 보여주는 듯하다.

1990년대로부터 2000년대의 사회 동향은, 크리스티안 카이저 출판사와 그 주변의 신학자들의 주장에 대해서는 거대한 역풍(逆風)이었다. 또 그로 인해 많은 독자들이 카이저 출판사의 주장에 거리감을 느끼게 된 것도 확실해 보인다. 출판사의 정치적인 입장이 시대 변화의 파고에 삼켜져 버린 전형적인 사례가 바로 크리스티안 카이저 출판사였다. 그처럼 되지 않기 위한 예방책을 검토하는 것이나, 카이저 출판사의 경영상 문제점을 논하는 것은 이 글의 과제가 아니다. 우리가 관심 가져야 할 문제는 출판사나 편집자가 시대의 동향을 어떻게 바라봐야 할까 하는 것이다. 결국 출판사는 누구를 상대로 존재하고 있는가 하는 문제일 것이다.

그 시대의 정치나 경제의 변화에 민감하게 반응하며 그것을 능숙하게 분석하여 사상적 유행을 놓치지 않는 것이 편집자의 가장 중요한 과제일까? 오늘날 출판사의 모습들처럼, 단편적이며 그 즉시 도움이 되어, 점수화하고 계량화하는 것을 이해해야 하는 것일까? 그렇게 시장의 동향에 즉각 대응하며 지식과 교양을 '잘라 팔기 식'으로 접근해야 하는 것일까? 결코 그렇지 않을 것이다.

'출판사'가 단순 작업의 '인쇄소'와 같지 않은 것은 거기에 편집자가 있기 때문이다. 즉, 편집자는 저자가 쓰려고 하는 사상만이 아니라, '사상(思想)으로서의 편집자'로 존재하고 있는 자신의 입장을 깨달아야 하는 것이다. 그것이 조종을 울린 크리스티안 카이저 출판사의 최근 역사가 현대를 사는 우리들에게 전하는 메시지일 것이다.

제2부

누가 편집자인가 ?

제4장

편집자와 시장

1 사상의 가치는 시장에서 결정되는가?

과거에는 '사상가로서의 편집자'는 존재하지 않았다. 교회나 국가가 그 역할을 대신하고 있었기 때문이다. 하지만 근대에 일어난 교회와 국가의 세속화와 표현의 자유를 쟁취해온 역사는, 편집자가 사상가로도 존재할 수 있음을 가능하게 했으며 오히려 그것을 요구하였다. 그러나 한편으로 사상적 활동이 검열이나 정통성 확보라는 구습으로부터도 자유로워지고 대학이나 아카데미의 영역 밖에서도 학문 활동이 가능해지면서, 사상이 시장(market)에 들어오기 시작했고 그곳에서 대중의 선택을 받으며 상품화되어갔다. 바로 그 순간 '저자와 독자'라는 관계가 아닌, '저자와 시장', '시장과 독자'를 매개하는 편집자가 등장하게 되었다. 제1부에서는 그 문제를 근현대 독일 프로테스탄티즘의 역사적 사례들을 통해 고찰해왔다. 그 당시 독일은 거대한 문화·사회·정치적인 전환뿐만 아니라 사상사적인 전환도 겪고 있었음을 살펴보았다. 그것이 바로 '사상으로서의 편집자'라고 하는 시점으로 연결되었다. 즉, 편집자의 사상과 편집자의 정치적 입장이 사상사 형성의 문제와 직결되었음을 밝혔던 것이다.

하지만 그러한 전환으로 인해 오늘날 한층 더 철저하게 시장화(市場化)가 진행된 결과, 사상이 시장에 들어오는 것이 아니라, 사상이 시장에 삼켜져버리는 현상이 일어난 게 아닐까? 즉, 시장화가 진행되면 될수록 편집자의 사상적·사회적 기능은 형해화(形骸化)되고, 결국 시장에서 잘 팔리는 책을 만들기 위한 편집 활동으로만 축소돼버린 측면이 있다. 이 말은 책을 만드는 주체였던 편집자가 그 자리를 상실하여, 결국 시장의 동향과 대중의 기호(嗜好)가 편집의 주도권을 잡게 되는 아이러니한 현상이 일어나고 있다는 것이다. 이때 '사상으로서의 편집자'는 저자와 독자를 매개하기는커녕 시장에서 최소한의 지위조차 상실해버려, 도대체 '누가 편집자인가?'라는 물음을 던지게 되거나 그에 수반되는 여러 문제를 일으키는 현상을 보게 된다. 즉, 편집자가 저자와 독자 사이에 있는 '시장(market)'을 매개하지 않고, 시장이 마치 편집자와 같이 되어버려 그네들이 필요로 하는 사상을 요구하게 된 것이 아닌가 하는 것이다. 간단하게 말하면, 사상이 '시장원리'에 삼켜진 상황인 것이다.

제2부에서는 이러한 '시장과 편집자'의 문제에 대해 생각해보려 한다. 이 주제는 막스 베버가 쓴 『직업으로서의 학문』에 등장하던 화제였으며, 그다음의 시대에 등장하는 프랑크푸르트 학파(Frankfurter Schule)도 적극적으로 탐구해온 문제였다. 또 종교사회주의자로서 미국에 망명한 사상가 파울 틸리히가 '대중'과 관련하여 프랑크푸르트 시절부터 논해온 문제이기도 하다.

제1부에서 언급한 오이겐 디더리히스와 그가 세운 디더리히스 출판사는 시장의 동향에 민감했다. 디더리히스 스스로가 이미 시장조사를 철저하게 실시한 최초의 편집자라고 말해도 좋을 것이다.[1] 그는 저자들에게 편지를 쓰고, 극장이나 음악회, 미술전시회를 찾는 등, 새로운 사상의 동향이나 결사의 움직임에 민감했으며, 동시에 사상의 수취자(受取者)인 독자들의 반응과 감각에 대해서도 자세히 알고자 노력하였다. 디더리히스 출판사는 책의 디자인도 깊이 고민하였다.[2] 일찍이 귀족들의 장식품 가운데 하나였던 책이 이제는 상품화된 사상(思想)의 무대가 되었는데, 그 무대라 할 수 있는 책의 장정(裝幀)과 서체(폰트) 그리고 출판사의 로고 등에 디더리히스가 민감한 것은 당연한 일이었다.

디더리히스 출판사는 세계 최초로 발행하는 책에 독자 앙케트 엽서를 삽입한 출판사였다. 신간서적에는 책의 크기와 같게 반으로 접은 책 광고가 끼워져 있었는데, 그 사이에 앙케트 엽서를 넣어뒀다. 디더리히스

엽서를 책에 끼워 넣어 대중을 상대로 앙케트 조사를 실시한 최초의 편집자는 디더리히스였다. 사진은 다양한 형태의 앙케트 조사용 엽서.

는 독자로부터 돌아온 엽서를 가장 먼저 읽어보았고, 그 가운데 좋은 내용들을 선별하고 혹은 편집하여 저자들에게도 보여주었다.[3]

지식인들이 책과 마주치는 것은 많은 경우 신문의 문예란이라는 점을 디더리히스는 잘 알고 있었다. 그래서 그는 신문에 서평을 쓰는 작가와 접촉하여 신문사 사주와 책의 저자들을 한데 묶기 위한 노력을 아끼지 않았다. 원래 독일의 신문 문예란은 프랑스의 신문에 견주어 너무 경시되고 있었으며, 1900년경 ≪쾰른신문(Die Kölnische Zeitung)≫이 '문예란'을 신설할 때까지 전문적인 문예 신문을 제외하면 일반 신문에서 문예에 관련된 기사나 서평을 거의 찾아볼 수 없었다. 하지만 디더리히스는 일반 신문의 문예란을 이용하는 것이 사상의 정치화 혹은 사회화를 위해서 반드시 필요한 일이라고 생각하여 "책 한 권을 완성해가는 과정에서, 서평자를 선정하는 문제는 그 책의 장정(디자인)이나 광고를 어떻게 할지 고민하는 것과 같은 수준으로 접근하였다".[4]

디더리히스가 사상의 시장에서 독자의 동향을 민감하게 파악한 것은 디더리히스 출판사의 초기 성공의 역사와 깊은 관계가 있다. 1896년에 설

일본의 출판계는 여전히 디더리히스가 실시한 독자 엽서 제도를 실시하고 있는 반면, 한국 출판계에서는 최근 많이 사라졌다. 사진은 일본 신쿄출판사(新教出版社) 독자 설문 엽서.

립된 오이겐 디더리히스 출판사가 그 5년 뒤에는 10만 라이히스마르크(Reichsmark)•의 매출을 올린 데다가, S. 피셔 출판사와 대등한 대기업 출판사로 성장할 수 있었던 이유 중 하나는, 빌헬름 뵐셰(Wilhelm Bölsche, 1861~1939)의 『자연 속에서의 성생활(Das Liebesleben in der Natur)』(Leipzig: Diederichs, 1898, 1900, 1903) 전 3권이 베스트셀러가 되어, 자금 문제의 압박을 받지 않고 출판 활동을 계속해갈 수 있었기 때문이다. 뵐셰는 프리드리히스하겐 문인 동아리(Friedrichshagen Kreis)에 속하는 사상가로 알려져 있지만, 일본에 처음 선보일 때는 자연주의 문학가로 소개되었다. 요컨대 이들은 자연과학의 전위파들이라고 생각해도 좋을 것이다. 이들의 주장은 이른바 과학의 성과들을 해석하고 일반화하여 새로운 방법론으로 재구성하여 사회를 논해보자는 것이다. 이들의 말은 언뜻 '과학적'으로 들리지만 그 출발점이 되는 발상은 그 시대의 신비주의나 종교운동과 더욱 닮아 있었다. 그것은 뵐셰의 예만이 아니었다. 우주론과 진화론, 그리고 상대성이론까지도 모두가 그들의 분석 대상이 되어 미래의 도덕과 과학, 꿈으로 새롭게 요리되었던 것이다.[5] 1931년 1월 2일에 뵐셰의 칠순 생일을 축하하는 모임에서 게르하르트 하우프트만(Gerhart Hauptmann)은 다음과 같이 말하고 있다.

> 당신은 진정 자유로운 국민적 스승으로서 몇 십만, 몇 백만의 독일인을 남녀노소 불문하고, 또 그 지위를 가리지 않고 가르쳤습니다. 그리하여 당신

• 약자로 RM이라고 부르며 1924년부터 1948년까지 사용된 독일 공식통화.

빌헬름 뵐셰(왼쪽)와 그의 베스트셀러 『자연 속에서의 성생활』의 표지(가운데) 및 장정(오른쪽)

> 은 그들에게 자연에 대한 신의 섭리, 또 신에 대한 자연의 섭리를 분명히 밝혀냈습니다.…… 자연과 자연을 취급하는 학문에 대한 관심은 우리나라(독일)에서는 확실히 당신을 통해 새롭게 각성된 것입니다.[6]

기존의 종교나 전통으로부터 자유로운 뵐셰의 인간 본성에 대한 해석은, 대중들에게 새로운 세계에 눈뜨도록 자극하는 신선한 경험이었다. 뵐셰의 책에서 큰 영향을 받은 사람 중 한 사람이 바로 지그문트 프로이트다. 뵐셰의 책은 프로이트부터 일반 학생에 이르기까지 널리 읽혔다.

디더리히스는 프리드리히스하겐 문인 동아리에 소속된 저자들이 S. 피셔 출판사에서 자연주의 문학 책들을 출판하여 성공하는 상황을 보면서 하나의 도박을 벌인다. 즉, 그들 동아리에 소속된 작가들의 책을 자신의 출판사에서 내보겠다는 기획이 그것이다. 원래 피셔 출판사와 프리드리히스하겐 문인 동아리 사이에 밀접한 관련이 있던 것은 아니었다. 간골프 휘빙거에 따르면, 디더리히스는 그들에게 책의 출판을 상담해주면서 자주 회합을 개최하였고 모든 일정을 자기 일처럼 헌신적으로 고민해주었다.[7] 피셔 출판사는 저자에게 전속계약을 요구하고 있었기 때문에 피셔 출판사에서 책을 펴내는 저자가 다른 출판사에서도 책을 내는 것이 어렵도록 금지돼 있던 만큼, 디더리히스는 저자의 생계를 지원하기 위한 다양한 방침을 풍성하게 제시하였다. 어떠한 과정을 거쳐 프리드리히스하겐 문인 동아리의 작가들이 피셔 출판사로부터 디더리히스 출판사로 옮겨 갔는지는 여기서 상세하게 설명할 수 없다. 다만 우에야마 야스토시에 따르면, 디더리히스가 출판사를 설립할 무렵에 "빌헬름 뵐셰, 브루노 빌레(Bruno Wille), 율리우스 하르트(Julius Hart)와는 함께 산책하며 식사도 나누는 동료로"[8]까지 진전을 보았다. 우선은 이같이 친분을 쌓은 작가들의 책을 발간해 시장에 내놓는 것을 시작으로 디더리히스는 출판사 경영의 기반을 다져나갔던 것이다.

문화와 시장

이와 같이 편집자는 사상의 프로모터임과 동시에, 출판이라는 산업에 속해 있는 한 시장원리와 관련될 수밖에 없다. 사상가가 자신의 사색에 애착이 있다고 해서 그것을 책으로 발표하는 것만으로는 생계를 유지하기가 기본적으로 불가능한 것처럼, 편집자의 사상만이 100% 구현되는 출판이라는 것도 똑같이 있을 수 없는 일이다. 그렇게 생각해볼 때, 편집자는 시장원리와 어떻게 관련되는 것일까?

제1부에서 소개한 바 있는 페르디난드 아베나리우스의 경우와 같이, 그의 주도로 결성된 '뒤러 동맹'의 회원이 20만 명에 이르렀던 경우를 보

페르디난드 아베나리우스

면, 그 단체에 소속된 사상가들의 출판 활동 자체가 이미 소비 시장을 형성하고 있었다고 말할 수 있다. 하지만 그것은 일반적 의미의 시장이라기보다는, 아베나리우스가 존재하는 한 그 개인이 의도하지 않더라도 이미 검열관처럼 작용하고 있는 것이기 때문에, 그들 내부로부터 제공되는 사상은 실제로 시장의 자유로운 유통 구조를 거쳤다고 말하기는 어렵다. 교회나 정당의 출판물도 그 내부의 주의(主義)나 주장에 깊이 관계하는 것이기 때문에, 이른바 단체 내부에서 검열이 존재한다면, 거기엔 온전한 의미의 시장이 형성될 수는 없다.

종교적인 것이 세속화하여 사상이나 정신적 요소까지도 시장에 내다 파는 듯한 모습은 이미 막스 베버가 그의 책 『직업으로서의 학문』에서 예견했던 것이다. 사상이나 정신의 상품화에 관한 문제의식은, 아도르노와 호르크하이머의 '대중문화론'에서도 근세 유럽 음악의 통주저음(通奏低音)처럼 바탕에 깔려 있다. 아도르노는 호르크하이머와 함께 집필한 『계몽의 변증법(Dialektik der Aufklärung)』(1944)[9]에서, 문화의 산업화에 대하여 논한 '문화산업-대중 기만으로서의 계몽'을 지적하고 있다. 나치스에 쫓겨 미국으로 망명한 프랑크푸르트 학파의 학자들은 에리히 프롬의 성공을 제외하면 결코 행복하고 안락한 시기를 보냈다고 할 수 없다. 특히 그 가운데 아도르노는 미국의 이른바 대중문화에 주목하게 된다.

그가 전개한 분석의 우선적 결론은 『계몽의 변증법』에 나오는 '문화산업론'이다. 소련형과는 다른 나름의 마르크스주의를 주장하여 나치스의 위협을 받게 되자 미국으로 망명한 아도르노는, 미국의 대중문화 안에 숨겨진 전체주의의 악몽을 희미하긴 해도 분명하게 목도하고 있었다. 그러므로 미국 문화산업에 대한 그의 비판은 매우 엄격한 것이었다.[10]

아도르노는 미국의 대중문화를 하나의 시장으로 간주하여 그것이 생산되는 과정을 분석해서 보여주었던 것이다. 국가나 교회로부터 해방된 거대한 기업이 문화를 통제하는 것이 미국에서의 '문화산업'이라는 것이 그의 기본적인 견해였다. 하지만 그 지점에선 아이러니하게도 '계몽적인 정신'의 귀결인 합리화(合理化)가 부정적인 힘을 가지고 있다. 예를 들어 그가 사회조사를 통하여 그 실태를 파악한 할리우드의 영화산업이나 전국적인 라디오 방송망은, 대중을 획일적으로 취급함으로써 문화나 정신적인 가치들에 합리적 처리를 가하게 되었다는 사실이다. 즉 미국 문화만큼 전체주의적인 것이 없고, 거기에는 견고한 양식이라는 것이 존재한다고 아도르노는 보고 있던 것이 아닐까? 즉, 문화산업은 철저한 시장통제를 실시하여 문화를 '패턴화'한 뒤, 결국 상품화한다.

확실히 미국의 문화와 정치의 패턴화는 시장원리와 깊이 결부되어 있다. 예를 들어 '좌절로부터의 갱생', '많은 방해자와 어려움을 만나면서도 꿈을 실현하기 위해 용기 있게 사는 모습', 그리고 '종교적이든 세속화한 것이든 상관없이 자기희생을 실현하며 사는 모습', 이러한 것들은 미국의 정치와 문화, 그리고 종교의 기본 패턴이며, 교회 설교나 대통령의 연설에서부터 할리우드 영화까지도 총체적으로 지배하는 것이다. 이러한

S.FISCHER
VERLAGE

『계몽의 변증법』의 표지(왼쪽)와 지금도 그 책을 펴내고 있는 S. 피셔 출판사 로고(오른쪽)

미국 문화의 기본 패턴은 복제 기술과 시장의 근대화 그리고 고도의 정보화에 힘입어, 국내뿐만 아니라 온 세계에 순식간에 발신되고 있다. 그리고 그것들은 전통적인 종교나 가치관, 도덕적 권위 등을 상실하여 탈정신화하고 잡초처럼 뿌리를 제대로 뻗지 못한 채 현 세대의 규범이 되어간 것이다.

하지만 여기서 주의해야 하는 것은, 새로운 사상이나 종교가 그 공백을 채우는 것이 아니라는 점이다. 오히려 마케팅 활동에 전력을 기울이고 소비자의 요구를 엄선하여 마치 신상품을 개발하듯이, 대중문화를 창출하는 생산자로서의 '문화 창조자(cultural creator)'에 의해서 그 공백이 메워지고 있다는 사실이다. 그것은 사상이나 종교가 제공한 가치관이나 삶의 방법이 아니고, 시장이 요구하고 있는 것에 일치하여 가장 소비되기 쉬운 것으로서 산업사회가 만들어낸 '합리적인 상품'이다. 그로 인해 생겨난 것이 바로 '정신의 획일화'이며, 그에 따라 '문화의 전체주의화'가 발생했다. 거기에는 아도르노가 말한 대로 철저한 동일화(identifying)와

1965년에 반갑게 재회하는 호르크하이머(왼쪽)와 아도르노(오른쪽). 뒤에 하버마스도 서 있다.

규격화(standardization)가 지배하고 있다. 그것이『계몽의 변증법』의 난해한 내용들을 아도르노가 작성했을 때 염두에 둔 그 시대에 대한 이미지다.[11]

미국판 ≪보그(Vogue)≫라는 단 한 권의 잡지가 그해 여성 패션의 흐름을 지배하여 바꿔내고 유행 패턴을 재구축하듯이, 할리우드 영화 역시 몇 단계의 검열을 거쳐 미국 문화의 기본 패턴에 맞는 스토리와 합치될 수 있는 문화로서 편집되고 상품화된다. 그 결과 상품이나 스토리는 양산되지만, 결국 내용적으로는 동일한 것이 새로운 치장(治粧)을 하고 나타났다가 다시 사라질 뿐이다. 그것이 반복될 뿐이라는 점을 지적한 것이 바로 아도르노의 '동일성의 원리 비판'이었다.

시장에서는 상품의 자유로운 경쟁이 이루어지는 것 같지만, 실제로는 그 시장에 적합하지 않은 상품이 대거 쏟아져 나오고 있다. 또한 그 내용과 스토리가 시장의 요구에 일치되지 않는 경우, 그 상품은 처음부터 시

프랑크푸르트 학파의 산실 프랑크푸르트대학교 부속 사회연구소의 옛 모습(왼쪽)과 현재의 모습(오른쪽). 프랑크푸르트 학파는 1930년대 이후 위 연구소를 무대로 활약한 철학자 집단으로, 지도자격인 M. 호르크하이머를 비롯해 T. W. 아도르노, H. 마르쿠제, W. 베냐민, E. 프롬, F. 폴록, F. L. 노이만 등과 제2차 세계대전 이후 이 연구소가 배출한 J. 하버마스, A. 슈미트 등이 속해 있다. 그들은 나치즘의 대두로 미국에 망명해 있는 동안 마르크스주의를 재해석하고 여기에 프로이트의 정신분석학과 미국 사회학의 방법을 결합시켜 현대산업사회에 대한 비판이론을 전개했다(『브리테니커 백과사전』 참조).

장에서 배제되어버린다. 이제는 사상도 그러한 시장 안에 존재해야 하기 때문에 그 원리로부터 자유로울 수 없게 되었다. 다른 식으로 말하면, 사상도 이제는 시장에서 선택받기 위해 승부하지 않으면 안 되는 것일까? 그 대답은 '그렇기'도 하면서 동시에 '그렇지 않기'도 하다. 하지만 '그렇다(시장에서 경쟁해야 한다)'라고 대답하는 경우, 한 사상가가 매순간 직면하는 생계 문제 앞에서는 그 사상이 매우 숭고하다 할지라도, 시장 매출이나 시장원리를 떼어내고 그 사상을 생각할 수 없기 때문에 그렇게 답하게 되는 것이다. 그것은 사상이 문자화되어 책으로 탄생하고 독자들에게 전달되어 읽히는 경우는 물론이고 사상가가 책을 쓰지 않고 그 사상을 말로만 전한다고 하더라도 마찬가지 이야기가 된다. 그렇다면 편집자는 이러한 시장과 사상을 연결하는 중개회사와 같은 역할만을 완수하면 괜찮은 것일까? 아니, 그렇지 않다. 시장이라는 것은 하나의 역사적인 산물이며, 사상은 시장에서 소비되긴 하지만 시장을 상대화할 수 있다. 그러므로 사상이 반드시 시장 안에 있어야만 하는 것은 아니다. 그러한 의미에서 사상이 시장에서 선택받기 위해 노력해야 한다는 주장에 대해서는 반대표를 던질 수밖에 없게 된다.

2 파울 틸리히와 호세 오르테가 이 가세트의 '대중론'

사상과 시장, 사상과 대중의 관계를 생각할 때, 파울 틸리히와 호세 오르테가 이 가세트(José Ortega y Gasset, 1883~1955)의 '대중론'은 오늘날에도 여전히 곱씹어 보아야 할 문제이다. 1922년에 독일어권 신학계가 칼 바르트의 『로마서 강해』 개정 제2판에 열광하고 있던 해에, 틸리히는 자신만의 독자적인 사회주의적 사상에 근거한 『대중과 정신(Masse und Geist: Studien zur Philosophie der Masse)』(Verlag der Arbeitsgemeinschaft, 1922)을 발표하였다.[1] 이것은 매우 독특한 '대중론'이 아닐 수 없다. 왜냐하면 틸리히는 대중의 사회적 성격을 읽고 풀어내기 위해서 예술, 특히 회화를 고찰의 소재로 활용했기 때문이다. 즉, 그는 대중의 문제를 단지 정치·경제적인 콘텍스트 안에서만 취급한 것이 아니라, 그 정신적인 차원까지 파고들어 가 고민해보려 한 것이다. 바로 그 관점으로부터 틸리히는 '대중의 신성성'이라는 문제를 그 논문의 마지막 부분에서 논증하고 있다.

'대중의 신성성'이라는 논의는 신학(혹은 문화)과 사회의 관계를 생각할 때 중요한 문제이며, 그의 사회주의 이론이나 인격 개념을 알기 위해 유용한 논의임에는 틀림없다. 하지만 이 책의 주제 가운데 하나인, '시장'의 문제와 관련하여 '누가 편집자인가?'라는 주제를 고민해볼 때에도 여전히 중요한 것이다. 틸리히의 '대중론'에서 가장 흥미로운 것은 그의 논문 속에서 그가 최종적으로 도달한 대중의 유형론이다. 즉 그는 대중을 '기계적 대중', '역동적 대중', '유기적 대중'이라는 세 가지 형태로 유형화하고 있다. 그중에서도 틸리히는 주로 '기계적 대중'과 '역동적 대중'의 변증법적인 관계에 대해 논하고 있다.[2]

틸리히에 따르면 '기계적 대중'은, 역사의 전개 속에서 사회를 지배하고 있던 정신적 통일이 붕괴하는 과정에서 생기는 것으로서, 과거에 지배적이었던 도덕이나 종교, 사회제도나 직업관, 가정이나 결혼 같은 풍

파울 틸리히(왼쪽)와 호세 오르테가 이 가세트(오른쪽)

습이 부정되어 해체 혹은 파괴됨으로써 발생하는 '비정신화(非精神化, Entseelung)'에 의해 만들어지는 것이다. 이 '비정신화'라는 것은 인간 행동의 기초가 되는 정신이라는 뼈대가 붕괴하는 것을 의미하기 때문에, 인간의 여러 행동이 그 생물학적 본성에 근거하는 단순한 생존 의지의 선택에 의해서 지배됨을 의미한다. 이처럼 기계화된 대중은, 정치적인 지배자에게는 단순한 조작의 대상일 뿐이기 때문에 결국 '지배를 위한 하나의 수단'이 된다. 이러한 '기계적 대중'은 근대화나 공업화, 혹은 그 전까지 지배적이었던 전통이 파괴된 데서 비롯된 귀결인 것이다. 즉, '기계적 대중'은 비형성적(非形成的)인 주체로서 그러한 비정신화 과정으로 인해 어떻게 해서든지 착색(着色) 가능한 대중이 되어버리고 만다.

'역동적 대중'이란 전통적인 제도나 정신을 파괴하는 주체이다. 즉, 그들은 정치적으로도 정신적으로도, 혹은 사회적·종교적인 측면에서도 '혁명적인 존재'이다. 그들은 기존의 대중문화, 혹은 그것을 낳고 있는 모든 기존의 사회제도에 대해서 부정적이기 때문에 '혁명적' 혹은 '표현주의적'이 된다. 그런 의미에서 '역동적 대중'은 '기계적 대중'을 파기해 온 대중이다. 틸리히는 이러한 '역동적 대중'이 활동했던 시기로, '원시 그리스도교로서의 종교운동', '게르만 민족 대이동기', '종교개혁운동', '근대 시기 사회주의운동의 여러 동향' 등을 들고 있다. 그리고 '역동적 대중'과 '기계적 대중' 이 둘의 관계는 변증법적이며, 기계적 대중을 파괴한 것이 역동적 대중이라고 말할 수 있으며, 역동적 대중의 의도하지 않은 귀결이 바로 기계적 대중의 성립이었다고 말할 수 있다는 것이다.[3]

'틸리히 대중론'의 특징은, 정치적 콘텍스트 속에서 대중이 선동적으로 이용되고 있는 현실, 또한 '엘리트 대중'이라고 하는 사회 지배계층의 도식화에 대한 부정, 대중의 사회적 기능의 정신적·인간학적인 분석을 실시했다는 점이다. 그리고 '기계적 대중' 그 자체가 '사회적 위험성'으로 존재하며 경종을 울리고 있음도 읽어낼 수 있다는 것이다. 확실히 그러한 관점은 독일 바이마르 시기의 상황에서 비롯된 것인 데다가, 한편으론 오히려 '조작되길' 기다리는 '비정신화한 대중'이 자리 잡고 있었다. 그리고 개인이나 전통적인 집단이 아닌 '실체가 없는 대중'이라는 '익명 주체' 가운데 하나가 된다는 무사안일 속에서, '책임 주체가 불분명한 다수의 의견'이 형성되어버리는 것이다.

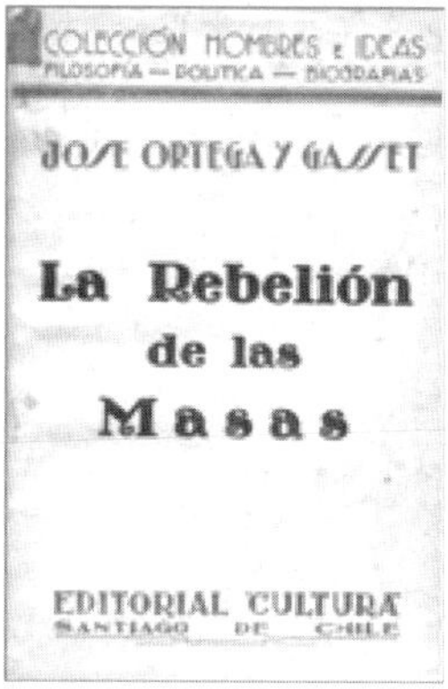

호세 오르테가의 대표작『대중의 반역』(1930) 초판본

그런데 그로부터 약 10년 후인 1930년에 호세 오르테가의 명저『대중의 반역(La Rebelión de las Masas)』이 출판되었다.[4] 호세 오르테가는 이 책의 첫머리에서 다음과 같은 유명한 말을 남겼다.

> 오늘의 유럽 사회에서 가장 중요한 한 가지 사실이 있다. 그것은 '대중'이 완전한 사회적 권좌에 올랐다고 하는 사실이다. '대중'이란 그 본질상, 스스로를 지도할 수 없으며, 동시에 지도해야 할 필요도 없으며, 더군다나 사회를 지배하고 통치하는 것 등에는 도저히 미치지 못한다.[5]

그리고 이어서 다음과 같이 말한다.

> 대중이란, 스스로를 특별한 이유로—좋다 혹은 나쁘다—평가하려 하지 않는다. 자신이 '모두와 같을 것'이라고 느낌으로서, 주변 사람들의 고통을 인식하지 못한 채, 막연하게 타인과 자신이 동일하다고 느끼면서 오히려 기분 좋은 상태가 되는, 그런 사람들이 거의 전부이다.[6]

사람들은 이 책이 호세 오르테가가 스페인의 1930년의 정치적 상황을 분석한 것이며, 그 후 그가 유학할 때 경험한 독일 나치즘의 '대중 조작 및 선동'에 의한 정치를 예언한 것이었다고 평가했다. 그러한 견해는 결코 잘못된 것은 아니다. 하지만 호세 오르테가의 고찰을 정치의 영역을 넘어서서, 출판이나 문화의 문제로서 접근하고 고민해볼 경우에는 조금 더 관점을 확대할 수 있지 않을까? 즉 '누가 편집자인가?'라는 문제를 생각해볼 때 오늘날에도 이 질문은 여전히 유효하며 더욱 중요한 화두를 우리에게 던진다고 말할 수 있다. 왜냐하면 호세 오르테가는 대중에 대해서, 그들은 사회적 권좌(권력)에 밀착되어 결국은 '책임 주체를 알 수 없는 익명의 세력'에 지나지 않는다는 사실을 규명했고, 또한 이러한 대중을 잉태하는 것은 그야말로 '미숙한 자유민주주의'와 '교육에 의한 과학적 지식의 보급', '공업화로 인한 생활수준의 향상'이라고 하는 아이러니한 현상을 지적하고 있기 때문이다.

호세 오르테가가 『대중의 반역』에서 전개한 논의의 핵심은 결국 "대중은 무지하지도, 미련하지도 않다"는 것이었다. 그리고 '대중'이란, 틸

최근까지도 발행되는 명저
『대중의 반역』의 재판본들

리히도 분석하고 있듯이 그 자체로서 실체가 있는 무엇이라기보다는, 하나의 '심리적 사실(현상)'이라는 것이다. 그러므로 대중은 '계급의식'이나 '사회적 신분' 같은 것이 아니다. 그에 따르면 대중의 특징은 '무명성(無名性)'이며, 그로부터 파생되는 '익명성'이라는 것이다. 그러므로 대중은 그러한 무명성(익명성)을 통해 안심하게 되고, 결국 "자신을 뒤로 숨겨놓은 채 수많은 언동(言動)에 참가할 수 있다". 그래서 호세 오르테가는 그러한 대중의 생리에 대해서 다음과 같이 말했다.

> 대중적 인간은, 삶[生]이 여유롭고 남아돌 만큼 풍요로우며 비극적인 제한(통제)이 없을 경우에, 마음속으로부터, 태어났을 때부터 느끼는 심리적 상태이다. 따라서 각각의 평균인(平均人)은 자기 내면 속에 지배와 승리의 실제적인 감각을 지니고 있다. 거기서부터 '있는 그대로의 자신'에게 확신을 갖게 되며, 자신의 도덕적·지적 자질이 뛰어나며 완전하다고 믿게 된다. 이러한 '자기만족'은 외부의 권위에 대해 자기 자신을 폐쇄해버려 결국 누구의 말도 경청하지 않게 된다. 그리고 자신의 의견에 대해서는 문제점(협의)을

아르헨티나 화가 안토니 오베르니(AntonioBerni)의 작품 <대중시위(Manifestacio'n)> (1934)

인식하지 않게 되며, 타인을 고려의 대상으로 삼지 않게 된다. 끊임없이 그 내면에 존재하는 '지배 감정'에 자극되어 자신의 지배력을 행사하고 싶어 하는 것이 바로 대중이다. 바로 거기서, 자신과 그 동류 세력만이 이 세계에 존재하고 있는 것처럼 착각하며 행동하게 된다. 따라서 그러한 대중의 판단에는, 신중함이나 심사숙고, 절차나 유보도 없어지게 된다. 말하자면 '직접 행동'이라는 제도에 의탁하여 모든 일에 개입하며, 자신의 평범한 의견은 스스로 억눌러 감춰버려, 결국 대중 전반의 의견에 묻혀 가려 한다.[7]

대중에 대한 이러한 분석은, 한편으로 오늘날의 '사상을 둘러싼 시장의 분석'과 환치하여도 무방할 것이다. 대중은 '세력'이며 하나의 주체를 가지는 것 같지만, 실상은 '익명적'이며, 그 익명성 때문에 개인의 책임이 면제된 채로 자기를 주장하는 것을 가능하게 한다. 그러한 '대중'의 뜻[•]을 '궁극적인 민주주의'라고 부르는 것은, 대중에 대한 오해에서 비롯한 착각 아닐까? 틸리히는 이러한 대중의 실체에 주목하면서, 교회나 대학 혹은 기존 사회제도가 아닌 '새로운 사회적 주체'를 찾아내려고 자신만의 '사회주의론'을 동원한 '대중론'을 전개한 것이다. 하지만 틸리히가 1933년에 보았던 현실은, 그러한 '익명의 대중'이 선동되어 하룻밤에 나치스의 지지자가 되어버리고, 지식인들은 그 압도적 힘 앞에서 그저 침묵할 뿐이라는 현실이었다.

이 책은 '사상으로서의 편집자'라는 관점을 통해 근대사상사 연구에서 편집자가 서 있는 위치에 주목하고 있다. 더 나아가 이들 편집자가 시장원리에 삼켜져버림으로써 그 위상을 상실해갔기에, 그렇다면 과연 '누가 편집자인가?'라는 물음이 생겨났다는 가설을 설정해 논의를 진행시켜왔다. 하지만 틸리히가 말하는 '기계적 대중'과 '역동적 대중'이라는 유형화 작업은 이 질문들에 답하기 위해 매우 중요한 방법이 아닐 수 없다. '역동적 대중'은 바로 기존 제도를 파괴하는 편집자를 잉태할 수 있도록 그 원동력이 되어주었기 때문이다. 그러나 그러한 '역동적 대중'의 힘으로 만들어진 편집자는 '기계적 대중'과 정면으로 맞서야만 했다. 양자는 변증법적인 관계이지만, 한편으론 아이러니한 관계이기도 하다. 다음에는 누구보다도 처절하게 이러한 두 유형의 대중을 1933년에 직접 경험하였던 파울 틸리히의 사례를 살피며 함께 고민해보고자 한다.

• 다수의 의견.

3 시장을 지배하는 내셔널리즘과 출판

나치스 시대의 종교출판사

1933년을 뜨겁게 달군 책들

프랑크푸르트 사회연구소의 연구원이나 파울 틸리히 등을 대학에서 추방하여 미국으로 망명하게 내몬 것은 나치스였다. 하지만 이미 앞에서 괴벨스를 논하면서 살펴본 대로 나치스는 그 당시 이미 출판 시장을 지배하는 데 성공한 상태였다. 그들은 주도면밀하게 준비하며 교묘하고 종교적인 각색을 거친 시장 통제에 힘입어 대학이나 교회도 큰 반대 없이 나치스에 영합하도록 만들었기 때문에, 결국 대중도 그들을 추종하게 되었다.

괴벨스는 출판사나 편집자, 무엇보다도 책의 힘을 잘 알고 있었기 때문에 그 통제가 필요하다는 인식을 가지고 있었다. 그러한 괴벨스의 인식은 본격적인 언론 통제를 시작하기 전, 법률 정비보다도 먼저 '유사종교'적인 드마라투르기(Dramaturgie)•를 사용하여 국민들에게 선전장관으로서의 업무 어젠다(agenda)를 나타내는 형태로 구체화되었다. 그러

1933년 5월 10일 베를린에서 개최된 분서 의식 광경. 나치 당원을 비롯한 사람들은 횃불을 들고 행진하며 '비독일인의 영혼'을 정화하는 유사종교 의식을 치렀다. 편협한 이론에 사로잡힌 나치의 이런 행동은 야만의 극치였다.

한 괴벨스의 의도가 분명히 드러난 것이 바로 1933년의 '분서사건(焚書事件)'이다.

그 사건은 1933년 5월 10일 밤에 발생했다. 책을 불살라 버리던 그 의식(儀式)은 저녁 6시에 울리기 시작한 교회 종소리를 신호로 시작되었다. 프랑크푸르트 시의 중심부, 일찍이 황제 대관식이 거행되던 광장에서 2만 5천 권이 넘는 책들이 한데 모아져 불태워졌다. 나치스에 의한 '분서사건'이라 불리는 역사의 한 장면이다. 물론 그것은 프랑크푸르트에서만 일어난 일이 아니며, 독일 국내의 주요 도시들에서도 같은 사건이 계획되어 일어났다. 그 광경에 대해서, 이미 그때 프랑크푸르트대학

• 극작법, 연극이론 등의 극(劇) 구성을 가리키는 말.

교수직에서 정직 처분을 받고 있던 파울 틸리히는 다음과 같이 말했다. 이 증언은, 그가 미국에 망명한 뒤 뉴욕의 한 라디오 방송국이 독일 국민들을 향해 정기적으로 내보내던 프로그램 〈미국의 소리(Voice of America)〉를 통해 녹음하여 남긴 것이다.

> 여러분 가운데 상당수가 여전히 그날의 일을 기억하고 계시겠지요? 저도 그날의 풍경을 목격했기 때문에, 너무도 중요한 그 경험으로부터 느낀 불쾌감, 그리고 절대로 잊을 수 없는 그 충격에 대해서 이야기해보고 싶습니다. 그 사건은 프랑크푸르트에서 일어난 일이었습니다. 저와 아내는 일찍이 독일 황제가 대관식을 실시했던 그곳 뢰머 광장에 접한 건물의 창문에 서서 그 사건을 목격했습니다. 중세의 풍경을 간직한 이 광장에 군중이 몰려들자 검은색 혹은 갈색 옷을 입은 사람들이 인파를 저지하려 애쓰고 있었습니다. 거기에 장작이 산처럼 쌓이자, 좁은 골목에서부터 횃불을 든 사람들의 행렬이 등장했는데, 그것은 제복을 입은 학생들이나 당원들이었습니다. 그 행렬이 끝없이 계속 이어졌습니다. 횃불이 내뿜는 빛은 어두운 도시 한가운데에서도 하늘하늘 흔들리며 주변 건물을 비추었습니다. 저는 스페인 역사 속에 존재했던 이단심문(異端審問) 시대의 그림들을 떠올렸습니다. 그 순간 마지막으로, 확실히 중세시대 같은 모습으로 두 마리의 소에 이끌려 온 짐수레가 덜컹덜컹 소리를 내며 광장에 들어섰습니다. 거기에는 희생을 목전에 둔 수많은 책들이 실려 있었습니다. 짐수레 뒤로는 대학교회에 속한 목사가 성큼성큼 걸어왔습니다. 모든 사람들이 장작더미 위에 불을 붙이자 목사는 그 마차에 올라타, 탄핵(彈劾)을 위한 설교를 시

1933년 초부터 나치의 선전장관 괴벨스는 획일화 달성을 위해 국민들을 우민화할 필요가 있다고 생각했다. 이에 대한 명분으로 선전부 요원들은 '비독일적' 책들을 불태우자는 선전을 라디오 광고와 벽보 등으로 시작했다. 사진은 화형시킬 책들을 분류하는 선전부 연구원들의 모습.

작했습니다. 그리고 책 한 권을 손에 들고 맨 처음 불을 붙인 뒤 장작더미 안에 던졌고, 연이어 던져진 수백 권의 책들이 같은 운명에 처해졌습니다. 그 화염은 높게 타올라 마치 꿈속과도 같은 풍경을 연출했지만, 그것은 냉엄한 현실이었습니다. 그 사건으로 인해 시간은 2백 년이나 퇴보하고 말았습니다.[1]

이 황당한 '분서사건'이 있기 약 한 달 전, 나치스는 독일학생협회(Deutsche Studentenschaft)를 동원하여 '비독일적인 정신'에 대한 항의운동을 실시하는 선언을 발표했다. 그리고 신문과 라디오 방송 등을 이용하여 이 운동의 내용들을 선전하기 시작했다. 그것은 '독일적이지 않은 사상가들의 서적'을 분서, 즉 불태워 없애자는 이른바 '추방정화(追放淨化, Sauberung)'의 의식을 행하는 선언이었다.

이 운동은 처음부터 종교적인 양상을 띠고 있었다. 그들은 확실히 중세의 이단심문을 재현해 보이는 것이 '운동'으로서 효과를 구체화하는 것이라고 여기고 있었다. 또한 이 사건은, '가장 독일적'이라고 그들이 생각한 역사적 사건 가운데 하나인 마르틴 루터(Martin Luther)의 종교개혁을 흉내 내는 형태로 시작되었다. 그들은 루터의 「95개 조 반박문」을 패러디한 「12개 조의 반박문」도 발표했다. 17세기의 청교도 혁명이나 18세기의 프랑스 혁명보다 빠른 16세기에 독일인 마르틴 루터에 의해서 이미 '자유'의 혁명이 실시되었으며, 그러한 루터의 정신이 이곳에서 되살아난다는 시나리오를 그들(나치스)은 쓰고 있었다. 그들의 주장 속에는, 순수한 독일어와 독일 문화의 중요성이 소리 높이 선언되어 '비독일적'인 것, '유대적 지성에 의한 지식의 편중', 그리고 마르크스주의의 그릇됨 등이 지적되었다. 그러므로 그러한 불순한 '비독일적인 것'들을 배제하여 독일적인 문화로 순화할 것과 그러한 운동의 의의가 강조되었다.

이 선언을 바탕으로 나치스에 의해 동원된 학생들은 1933년에 2만 5천 권이 넘는 이른바 '비독일적'인 책들을 불태웠다. 그 당시의 모습을 미국에 망명한 독일 출신 신학자 파울 틸리히가 라디오 방송에서 생생하게 증언하였다. 틸리히에 따르면 그것은 분명히 '종교 의식'에 가까웠다. 나치스의 지도자뿐만 아니라, 대학교수, 목사, 학생지도자 들이 그 의식의 집전을 담당하였고, 의식 진행을 맡은 어떤 목사와 출판사를 대표한 편집자가 '비독일적'이라고 낙인찍힌 텍스트를 교대로 읽어 내려갔다. 놀랍게도, 바로 마르틴 루터의 찬송가 〈내 주는 강한 성이요(Ein feste Burg ist unser Gott)〉가 제창되었으며, 마지막에는 독일 민족주의 고양을 위해 작곡된 〈불의 맹세(Feuersprüche)〉라는 제목의 찬가가 제창되었고, 대학교회 목사의 축도로서 그 의식은 끝났다.[2]

나치의 분서사건을 통해 공식적으로 약 1만 8천여 권의 작품들이 불태워진 것으로 알려져 있다. 소각된 책은 나치가 적으로 삼은 좌익과 유대인의 책들이 대부분이었다. 음악극 『서 푼짜리 오페라』의 작가 베르톨트 브레히트, 카를 마르크스, 프로이트 같은 인물은 물론이고, 어니스트 헤밍웨이와 헬렌 켈러 같은 영미 작가의 서적도 소각되었다. 사진은 틸리히가 분서사건을 직접 목격한 프랑크푸르트의 뢰머 광장(왼쪽)과 이 만행을 기억하기 위해 광장 한가운데에 설치된 기념 동판(오른쪽).

그 광경을 목격한 틸리히는 결국 망명을 결심했다. 왜냐하면 틸리히 자신도 이 사건 직전에 포츠담의 한 출판사에서 발간한 『사회주의적 결단(Die Sozialistische Entscheidung)』(Potsdam: Alfred Protte, 1933)이란 책이 분서되었고, 그 책을 출판한 것이 하나의 이유가 되어 프랑크푸르트 대학의 교수직을 정직 처분당했기 때문이다.• 틸리히는 프랑크푸르트 대학의 동료나 사회연구소의 친구들, 즉 막스 호르크하이머, 테오도어 아도르노, 에리히 프롬, 그리고 헤르베르트 마르쿠제, 한나 아렌트 등과 은밀하게 연락을 주고받으며 망명 방법에 대한 정보 수집을 시작했다.[3]

• 이 책은 이후 미국에서도 번역 출판되었다. *The Socialist Decision* (New York: Harper & Row, 1977).

프랑크푸르트대학은 1914년에 설립된 신흥 종합대학이었다. 하지만 새로운 학풍만이 아니라 다른 독일 대학과 달리 대학 재정의 일부가 민간 자금에 의해서 자유롭게 조달되었으며, 그 결과 유대인 지식인이 유독 많아 '붉은 대학(좌파 학교)'이라고까지 불리고 있었다.[4] 틸리히는 신학자였지만 1929년에 크루트 리츨러(Kurt Riezler)의 추천으로, 막스 셸러(Max Scheler)의 갑작스러운 죽음으로 인해서 그가 가르치기 전에 다시 공석이 되어버린 철학부의 사회교육학 강좌의 교수로 취임했다.[5]

틸리히는 거기서 아도르노의 교수자격 논문을 심사하였고, 이후 그를 조수로 삼아 호르크하이머가 사회연구소의 소장이 되어 함께 연구할 수 있도록 도왔다. 또한 에리히 프롬이 사회연구소의 정식 연구원이 될 수 있도록 힘써서 철학부의 학부장 자격으로 대학 및 연구소와의 계약 서류에 서명을 하기도 했다. 그래서 사람들은 틸리히를 '유대인 속의 바울'이라고 불렀다. 또한 틸리히는 그 시대에 '카이로스 서클'이라고 통칭되던 사회주의 그룹의 중심적인 활동가가 되어, 함부르크의 에두아르트 하이만(Eduard Heimann)이나 베를린의 아우구스트 라트만(August Rathmann) 등과 함께 ≪신사회주의 잡지(Neue Blätter für den Sozialismus)≫의 편집과 관계되어 있기도 했다.[6] 그 때문에 나치스가 정권을 탈취하게 되면서 민족적·정치적인 면에서 의심스러운 교수들이 많이 추방되었는데, 틸리히는 비유대인 가운데서는 처음으로 정직 처분을 받은 교수가 된 것이다.[7] 그는 1933년 4월 13일에 학교 측으로부터 정직 통고를 받았다. 친구인 호르크하이머나 프랑크푸르트 사회연구소의 동료 중 상당수도 신변의 위협을 느껴 이미 3월부터 출국 또는 망명을 시도하고 있었다.

호르크하이머는 1932년 2월, 틸리히의 사회주의에 대한 저작 혹은 그의 「현대의 종교적 상황」이라는 논문 안의 몇몇 내용들을 지적하면서, 분명히 그로 인해 문제가 될 것이니 이민(망명)의 방법이 있으면 그 기회를 놓치지 말고 나가는 게 좋겠고, 그렇지 않으면 목숨을 잃을 각오를 해야 할 것이라고 충고했다고 한다. 그럼에도 그 당시의 틸리히는 상황을 얕잡아 보고 있었던 것 같다. 하지만 상황은 호전되기는커녕, 급속히 틸리히에게 불리한 상황으로 변하고 있었다.[8] 이미 나치스에 의해서 경영진과 편집부가 압박받고 있던 ≪프랑크푸르터 차이퉁(Frankfurter Zeitung)≫은 4월에 들어서면서 프랑크푸르트대학을 비판하는 사설을 게재하고 있었다.[9] 그 내용 가운데는 틸리히 교수를 향해 "증오해야 할 원수가 권력화되었다"고 힐난하면서 "신뢰할 수 없는 대학교수" 가운데 한 사람으로 지명하는 부분이 있다. 그러한 비난의 근거로 1933년에 출판된 지 얼마 안 된 그의 책 『사회주의적 결단』의 문장들이 인용되고 있었다.[10]

이러한 암울한 상황에 내몰린 틸리히는 간신히 무거운 몸을 일으켜, 미국 뉴욕의 콜롬비아대학과 유니온신학교가 뻗어준 도움의 손길을 받아들였다. 그 후 미국에서 전개된 무명 학자 틸리

나치가 자행한 분서 의식에서 화형당한 틸리히의 책 『사회주의적 결단』(1933)의 표지

히의 활동상은 이 책의 첫머리에서 소개했던 대로이다. 시대가 바뀐 1962년에 틸리히는 독일 프랑크푸르트의 도서전시회 행사에서 '독일출판협회 평화상'을 받게 된다. 그때 틸리히는 인사말로 수상 소감을 전하는 동안 30년 전에 똑같은 장소인 프랑크푸르트에서 일어난 분서사건을 회상하면서, 괴벨스가 연출한 유사종교적인 행위가 출판계에까지 얼마나 큰 영향을 미쳤는지를 지적하였다.[11] 그것은 분명히 '독일 프로테스탄트의 약점을 드러낸 것'이라고 말해도 좋을 것이다.

제3제국에서의 기독교계 저널리즘

뮌헨대학이나 바이에른 아카데미가 뮌헨에 있는 C. H. 베크 출판사와 깊이 결합돼 있다는 점은 이미 소개한 바 있다. 그런데 이 출판사는 일관되게 '제3제국 시대'*의 출판, 저널리즘의 역사, 또 전쟁 책임에 관한 책들을 출판해왔음을 주목해보려 한다. 그 가운데 한 권인 『제3제국에서의 저널리즘(Journalismus im Dritten Reich)』(München, 1989)이라는 책이 있다.[12] 이 책은 뮌헨대학 현대사연구소에서 활약한 당시의 젊은 연구원인 노르베르트 프라이(Norbert Frei), 요하네스 슈미츠(Johannes Schmitz)의 공동연구 성과였는데, 각 분야의 출판 및 저널리즘을 나치스

* The Third Reich, 1933~1945년까지의 나치스 시대를 말함. 근세 이후 독일의 역사는 보통 세 시기로 구분해 설명한다. 제1제국인 신성로마제국 시대(962~1806), 제2제국인 비스마르크 시대(1871-1919), 제3제국인 나치스 시대(1933-1945).

가 어떻게 통제했는지를 꼼꼼히 소개하고 있다. 나치스의 매스미디어 정책, 신문사에 대한 대응, 여성잡지나 라디오 및 영화에 대한 대응 방침, 그리고 당대 유명 저널리스트들의 경력을 소개하고 있다. 특히 잡지 ≪베를리너 타게블라트(Berliner Tageblatt)≫에 있던 위르겐 페터젠(Jürgen Petersen)의 제3제국 시대의 활동상도 짧지만 날카로운 비판과 함께 소개되고 있는 것이 인상적이다.

이 책 안에는 가톨릭과 프로테스탄트가 운영하던 각각의 신문사를 대응시켜 비교하는 장이 있는데 매우 흥미롭다. '프라이 + 슈미츠' 두 사람은, 가톨릭계 신문과 잡지가 전국적 규모로 조직적인 대응을 했던 것과 달리, 프로테스탄트의 신문과 잡지는 개별 주(州)에서 제각각 운영되며 독자적인 편집위원회를 가진다는 점에서 나치스에 대한 대응에도 차이가 있음을 밝혔다.

가톨릭 정당인 '가톨릭중앙당'과 '바이에른 인민당'은 가톨릭 세력의 정치적 입장을 대변하는 저널리즘의 연합조직으로 창설된 것으로서, '통

『제3제국에서의 저널리즘』(1989) 초판본 표지(왼쪽)와 증보판 표지(오른쪽)

Germania

Das Vaterland ist in Not!

Frontsoldaten heraus!

Freikorps Hülsen.

가톨릭중앙당이 베를린을 근거지로 발행한 신문 ≪게르마니아≫의 1면 표지

신서비스망'(이른바 '신문통신사')과 세 개의 당 기관지가 있다. 그중 '신문통신사'는 1933년 여름, 양당이 히틀러에 의해서 정당 해산 조치를 당하게 될 때까지 활동을 계속했다. 또한 당 기관지는 가톨릭중앙당의 ≪게르마니아(Germania)≫(베를린 중심)와 ≪쾰른국민신문≫(쾰른 중심), 그리고 바이에른 인민당의 ≪바이에른 속보≫ 등 3개 매체였다. 모두가 다량의 발행부수를 이끌어내지는 못했지만, 두 정당의 '정책 방향을 표방하는 신문'으로서 그 기능은 완수하였다. 예를 들어 ≪게르마니아≫의 1935년 당시의 부수는 4천 부 미만이었지만, 가톨릭계 미디어의 중심적인 존재로서의 역할은 1938년 말에 폐지될 때까지 충분히 완수했다는 평가를 받는다.[13] 나치스는 이처럼 "복잡한 그물망 세공 같은 가톨릭계 신문의 미디어 네트워크를 분쇄하는 공작에 착수"했던 것이다. 그러한 공작 임무를 담당한 인물이 바로 나치스의 유명한 실무가 가운데 한 사람이었던 롤프 린하르트(Rolf Lienhard)였다.

그런데 당초 나치스의 교계 신문에 대한 압력은, 실제로 그다지 성공하지 못했음을 '프라이 + 슈미츠' 두 사람은 분명히 하고 있다. "정력적이면서도 음험(陰險)하게, 반복하고 또 반복한다"라는 나치스의 작전은 이 경우에는 성공하지 못했다. 사람들도 교계 신문에는 정부로부터의 압력

이 가해져 있음을 간파하고 있었고, 그리하여 "신문 보도는 믿을 수 없다"는 인식이 만연해 있었기 때문이다. 즉, 가톨릭계 신문을 왜곡시켜 대중을 통제하려 했던 나치스의 의도는 보기 좋게 빗나갔던 것이다.

그리하여 린하르트는 작전을 변경하여 오히려 가톨릭 계통의 신문사나 출판사를 해산시키거나 폐간으로 몰아가는 방식이 아니라, 반대로 그들의 언동을 용인해가면서 어느 정도의 자유를 인정하는 방식으로 그들을 조절하려 했다.* 이러한 언론 통제 방식에 대해서 '프라이 + 슈미츠'는 다음과 같이 말한다.

> 중소 그룹이 발행하는 종교잡지나 ≪독일평론≫ 같은 반체제적인 문예평론 잡지를 방임한 것은, 그다지 과격하지 않다고 판단된 반체제파의 잠재적인 에너지를 잔잔한 '저수지'로 유도하여, 그곳에서 경찰의 통제하에 두고 주도면밀하게 감시하기 위해서였다. 그 결과 종교적 혹은 시민교양적인 테두리를 일탈할 만한 위험성이 없다고만 판단되면, 폐간의 대상이 되기는커녕 '김 빼기 작용'을 일으키는 미디어적 속성 때문에 (나치스) 체제 입장에서는 오히려 유용한 존재로 인식되어갔다.[14]

즉, 반체제적인 종교출판사를 해산시키고 교계 신문을 폐간으로 몰아넣으면, 과격한 사상가들이 지하에서 더욱 적극적으로 활동하게 되어, 정보 수집과 동향 파악이 더욱 어려워진다는 점에 나치스는 주목한 것이

---

* 이는 과거 조선총독부가 무단통치를 문화통치로 바꾼 것과 유사한 방식이다.

다. 내용이 심각하게 과격하지 않고 발행 부수도 그다지 많지 않다면, 그 잡지나 신문을 반체제 논객들의 미디어(활동 무대)로 허용함으로써 오히려 그 협소한 공간 안에 몰아넣을 수 있다고 생각한 것이다. 하지만 그것은 영 마음에 안 들 경우에는 언제든지 그 매체를 탄압할 수 있다는 전제하에서의 존치에 불과했다. 발행 자체가 정부의 인허가 권력에 종속된 것이었기 때문에 언제든지 그들에 대한 강제 조사나 감사도 가능했다.

하지만 그뿐만이 아니었다. 또 한 가지 술수도 이미 마련해놓은 상태였다. 만약 이러한 통제 구조를 일탈하여 과격한 내용의 인쇄물을 무허가로 발행했을 경우에는 어떻게 될지에 대해서 미리 예고해두었던 것이다. 폐간으로 몰아넣더라도 그다지 큰 영향력이 없는 가장 영세한, 심지어는 가톨릭 내에서도 골칫거리로 인식되는 출판 그룹을 하나 골라내어 그 편집장을 체포하고 사옥을 몰수하며, 서적 창고는 원인을 알 수 없는 화재로 소실시켜버리는 것이었다. 《뷔르츠부르크 경건자 잡지》가 당한 탄압이 바로 그 대표적인 사례이다. 가장 큰 영향력을 지닌 신문이나 잡지를 폐간으로 몰아가거나 그 편집부에 강력한 압력을 가하는 방식이 아니라, 그 반대에 있는 가장 작은 출판사에 '향후 일어날지도 모르는 사단(事端)'을 실제로 (본보기처럼) 선보임으로써, 그 후 모든 출판사는 사실상 나치스의 선전장관의 손아귀에 떨어지고 말았다.

프로테스탄트 출판사와 제3제국

그러면 프로테스탄트 계통의 출판사는 어떠했을까? '프라이 + 슈미츠'의 관점은 매우 흥미롭다. 두 사람은 가톨릭 교회 계통의 미디어(신문, 잡지)와 나치스 사이에서 일어난 것과 같은 일이 "프로테스탄트 계통의 잡지에서는 처음부터 문제로 발생조차 할 수 없었다"라고 강조한다. 다음의 설명을 들어보자.

> 히틀러가 펼친 운동이 평소부터 예언하고 있던 이른바 '민족 재생'으로서 시작되었을 때, 프로테스탄트 계통의 잡지들은 거의 예외 없이 열광했다. 그 당시 대략 1,500개 정도의 잡지를 확보하고 있던 프로테스탄트 계열의 잡지(발행 총부수 합계는 1,200만 부에 이르렀음) 가운데에는 누군가로부터 부탁받은 것도 아닌데, 나치 체제를 향한 충성 결의를 게재하지 않았던 매체(잡지)는 하나도 없었다. 예를 들어 ≪라인란트 베스트팔렌 교회평론≫의 1933년 1월호는 다음과 같은 환호성을 게재하고 있다. "우리 국민들은 미망(迷妄)으로부터 눈을 떴다.…… 독일 프로테스탄트 교회와 독일 민족주의는 지금까지 분단되어 약화되어왔다. 그러한 불화(不和)는 이제 간신히 묻어버렸다.…… 자, 외치자! 우리 독일이여, 독일이여, 라고…… 독일 만세!"[15]

이러한 형태의 평론이 프로테스탄트 교회의 어느 신문이나 기관지에나 강제가 아닌 교회의 자발적인 신학적·정치적 판단의 귀결로서 게재되었다. 바로 이 점이 가톨릭 계통의 매체와 확실히 다른 프로테스탄트적인 상황이었다. 왜 프로테스탄트 교회는 이러한 상황에 빠진 것일까? 그것은 프로테스탄티즘이 1914년부터 시작된 제1차 세계대전 시기에 프로테스탄티즘과 민족주의의 결합 문제를 정치적으로도 종교적으로도 제대로 처리하지 않은 채, "열 달을 제대로 안 채우고 태어난 미숙아 같다"는 에른스트 트뢸치의 말처럼 충분한 성찰 없이 바이마르 시기로 돌입해 버렸기 때문일 것이다. 바로 거기에 독일 프로테스탄티즘의 약점이 존재했다. 그러므로 프로테스탄티즘과 제3제국, 혹은 제2차 세계대전의 문제를 생각할 경우에는, 제1차 세계대전의 문제까지 거슬러 올라가 고민하지 않으면 안 된다.

원래 프로테스탄티즘은 1871년의 제국(Reich)•의 성립을 프로테스탄트적인 사건이었다고 받아들였다. 그리고 제국 성립에 대한 이러한 신학적인 해석은 독일 루터파 교회에 의해서 폭넓게 수용되어, '교회'는 당대의 가장 지배적인 여론 집합소 가운데 하나로서 그러한 이데올로기를 강력하게 선전하기 시작했다. 또한 동시에 프로테스탄티즘 신학자가 이 상황에 대해 발언하는 것은 사회로부터의 요청이라는 측면도 강하게 인식되고 있었다.

1871년에 새롭게 구축된 '국민국가' 독일은, 무엇보다도 민족 정체성을 필요로 하고 있었다. 어째서 수많은 '란트(land)'••가 연합해 하나의

• 비스마르크 시대의 독일 제국(1871~1919), 곧 독일 민족국가의 성립을 말한다.

•• 영주가 최고 수장으로 있는 역사적인 공동체.

1521년 4월 17일에 개최된 독일제국회의에서 신성로마제국 황제 카를 5세를 중심으로 독일 제후, 교황청 특사와 주교들이 늘어서 있다. 그 앞에는 21세의 젊은 신부 마르틴 루터가 서 있다. 세속 권력과 종교적 권위가 압도하는 가운데, 황제는 보름스 칙령에 서명하였지만, 루터는 종교개혁의 신념을 굽히지 않았다. 제2제국 시대의 독일은 바로 이 장면을 '독일적인 것'의 원류로 떠올리며 '신학적' '정치적'으로 집중 연구했다. 그림은 헤르만 비슬리케누스(Hermann Wislicenus)의 1880년 작품.

통일 국가로서 독일을 형성했는가라는 물음에 대한 응답이 그것이다. 또한 이 새로운 국가가 프랑스나 영국에 대비되는 '독일적인 이념'을 필요로 했던 것도 분명하다. 이미 가톨릭 국가인 오스트리아를 독일에서 배제한 때부터, 독일어라고 하는 '공통 언어를 통한 민족 정체성의 형성', 즉 '언어민족주의'•는 핵심적인 의미를 지닐 수 없게 되었다. 그래서 사람들은 '독일적인 것'의 원천은 16세기에 가톨릭에 대항해 싸우고 근대적인 자유의 기초를 만들어낸 마르틴 루터와 그 종교개혁으로 거슬러 올라간다고 주장하게 되었다. 바로 그때 마르틴 루터는 '신학적'이라기보

• 공동 언어를 통한 민족 정체성.

다는 '정치적'으로 재발견되었다. 그리고 신학과 교회의 입장에서는 루터에 대한 이러한 정치적인 이용을 증명하기 위한 '정치신학'의 구축을 서둘렀던 것이다. 이 시대에 이뤄진 '루터 연구'의 부흥은 국책 사업적 차원과 거기에 호응한 여론의 비등함 가운데서 비롯되었다. 그렇게 '정치적'으로 재발견된 루터는, 근대적 유럽의 기원일 뿐 아니라 근대적 자유사상의 출발점이며, 독일 정신의 원류로 여겨졌던 것이다. 이것을 우리는 '정치적 루터의 르네상스'라고도 부를 수 있다. 이러한 사회사적인 관점을 배제하고선 그 당시 독일에서 급증하였던 루터 연구의 의도를 올바르게 이해할 수 없을 것이다.

최대의 매스미디어로서 존재한 교회의 설교 강단

하지만 왜 독일제국 성립의 신학적인 해석은 거기까지 확대된 것일까? 그 시대의 신학사상에 사람들은 그만큼 정통하고 있었다는 것일까? 신학적 언어가 그만큼 대중적인 언어로 정착돼 있었던 걸까? 독일제국의 성립을 프로테스탄트적으로 해석하는 것이 유행했던 이유는, 실제로 그 논의가 대학의 학문지상주의 안에서 신학적·철학적인 논의로서 보급된 것만이 아니었다는 점에 있다. 또한 학자들의 정치적 화법만으로 일관되게 전파된 것도 아니었다. 그 해석을 듣거나 읽었던 목사들은 매주 일요일의 예배에서 이루어지는 설교를 통해 더욱 일반적인 방법과 대중화(보편화)된 언어로 해설하여 사람들에게 유포하고 있었던 것이다. 매주 일요일의 교회 설교 강단은 그 당시 가장 유효한 '최대의 매스미디어'

였던 셈이다.

또한 그 시대의 다양한 기독교계 기관지나 신문은 가장 발행 부수가 많은 출판물 가운데 하나였다. 독일 프로테스탄티즘은, 종교개혁 시대에 일어난 미디어 전쟁 중에 공교롭게도 구텐베르크(J. Gutenberg)의 인쇄기술 혁명과 만난 이래, 미디어 통제에 매우 능한 종교가 되었다. 20세기 안팎의 독일 프로테스탄티즘에도 그러한 전통은 분명히 살아남아 있었다. 빌헬름 제정기는 신문이나 잡지의 전성기로서, 다수의 인쇄물이 비교적 싼 값으로 발행되었다. 그런데 그 시대에 프로테스탄트 계통 잡지나 신문의 발행 부수는 한층 더 확대되고 있었다. 그 당시 베를린에서는 프로테스탄트 계통의 잡지나 신문이 101종류나 간행되고 있었으며, 그 발행 총수는 1908년의 통계이긴 하지만, 1,909,350부나 되었다. 이 점을 생각하면 프로테스탄티즘의 미디어 영향력은 상당한 수준이었음을 알 수 있다. 이러한 매스미디어가, 정치적 노선(입장)에서 보수든 진보든 상관없이, 대중들이 새롭게 만들어진 근대 제국을 신학적으로 해석할 수 있는 틀을 제공했던 것이다.

그러므로 새로운 근대 제국의 성립을 어떻게 사람들이 받아들이고 이해하게 되었는지를 알기 위해서는, 이 시대의 주요한 정치적·철학적인 주장뿐만 아니라, 최근에 발표된 빌헬름 제정기에 관한 연구 성과에서 통상 '전쟁신학(戰爭神學, Wartime theology)'이라고 불리는 근대 제국 성립에 관한 신학적 해석들을 검토해볼 필요가 있다. 또 지금까지 거의 반성적 성찰이 이뤄지지 않았던, 이른바 '전쟁설교(戰爭說敎)'라고 불리는 매주 교회 강단에서의 설교 내용에 대해서도 분석해볼 필요가 있다. 그러한 '신학과 설교'는 다수가 인쇄되어 교계 기관지나 신문을 통해 교회에 직접 나오지 못하던 사람들의 손에까지 쥐어졌던 것이다.

그 점에서 다음과 같은 가설을 이끌어낼 수 있다. 1871년의 근대 제국 성립이라는 사건이 지니는 정치적인 의미는, '정치적 암호'를 그 안에 포함한 '신학적 = 종교적'인 언어에 의해서 설명되고 또한 설교되었다. 그 근본 명제는 '프로테스탄트적인 독일'이라는 관점이다. 그것은 지극히 단순한 '정치 = 신학적'인 해석이며, '문화적 후진국인 가톨릭 제국에 대한 프로테스탄트적 프로이센(preussen)의 승리'라는 견해였다. 이 시대의 정치를 종파 문제로부터 해석하려는 견해는 독일어권 각 란트(land) 사람들의 것만은 아니지만, 프로이센이 1866년에 오스트리아에 승리했고, 게다가 1871년에 프랑스에게까지 승리한 결과 성립한 독일제국은, 가톨릭 제국에 대한 프로테스탄트 국가의 승리, 혹은 프로테스탄트적인 문화의 우위성을 증명하는 사건으로서 상징화되고 해석되었다.

이러한 점들이, 1871년 새로운 근대 제국의 탄생을 신학적 문제로서 받아들인 신학자들의 초상이다. 그리고 그 신학자들이 무대 위에서 모놀로그만을 반복하지는 않았으며, 그들의 신학적 텍스트를 읽으며 직접 반응한 대중이 있었다는 점은 매우 중요하다. 그것이 근대 독일제국 전체 인구의 50%를 차지하는 독일 루터파 세력이었다. 또한 정치단체, 교육기관, 노동자 조직 등 이루 다 헤아릴 수 없을 정도의 루터파 계통의 조직체들이 이러한 정치신학적 해석의 보급을 책임진 네트워크 역할을 감당했다.

프로테스탄티즘과 내셔널리즘

이러한 빌헬름 제정기 프로테스탄티즘의 정치신학은, 빌헬름 제정기 말기에 등장하여 바이마르 시기에 성공을 거둔 신학적 전위파들에 의해서 비판되고 파괴되어갔다. 하지만 독일의 프로테스탄티즘과 민족주의의 관계는 미해결 상태로 머물러 있었다. 왜냐하면 빌헬름 제정기의 정치신학을 파괴한 것은 바로 (독일 외부의 인물이었던) 스위스인 개혁파 목사 칼 바르트였으며, 그는 외부에서 독일 루터파의 민족주의의 문제점을 실로 냉정하게 분석할 수 있었지만, 이 문제에 대한 해결책이나 정치적으로 유효한 대안을 제시하지 않은 채, 단지 급진적인 비판을 시도한 것에만 머물렀기 때문이다. 한편 바르트의 동지인 프리드리히 고가르텐도 동일하게 빌헬름 제정기의 신학적 자유주의나 정치적 자유주의를 비판했지만, 그 또한 다른 표현주의자들과 마찬가지로, 비판한 이후에 다시금 '독일적인 것', '원초적인 것', '본래적인 독일적 요소'로 회귀해갔다. 1871년의 근대 독일 성립은 정치적으로도 신학적으로도 부당한 것이라고 고가르텐은 확신하고 있었다. 그러므로 이 체제를 파괴한 뒤에도 반드시 있어야 할 '독일의 모습'이 회복되지 않으면 안 된다고 믿었다. 바로 그 점에서 '독일적인 것'이 프로테스탄티즘과 강력하게 결부되어간 것이다.

하지만 그것은 고가르텐뿐만 아니라 원래 반(反)민주주의, 반(反)프랑스 혁명, 반(反)자본주의적인 독일 루터파에게는, 바이마르기의 공화정을 통해 형성된, 결코 우연이라 할 수 없는 공통의 '정치 감각'이었다. 그러므로 프로테스탄티즘 계열의 출판사도 나치스의 등장을 긍정하게 된다. 그것은 '프라이 + 슈미츠'가 말하듯이, 강제당한 바 없었지만 독일 루터파 교회가 지닌 고유의 정치신학이 그들로 하여금 그리 하도록 시킨 것이었다. 분명히 제3제국 시대(1933~1945)의 이러한 감각은 독일 루터파 교회가 구축한 '출판사의 신학'이었다. 그리고 그 신학은 구체적으로 말하면, '민족주의(nationalism)'라는 이름의 '정치신학'이었다.

4 '대중'이라는 이름의 편집자

신문사의 새로운 향기?: ≪르몽드≫ 매수와 그 정치적 여파

2010년 6월 28일의 일이다. 경영난 타개를 위해 새로운 인수처를 찾고 있던 프랑스 독립 저널리즘의 상징인 ≪르몽드(Le Monde)≫지가, 좌파 계열의 실업가 그룹이자 피에르 베르제(Pierre Bergé), 자비에 니엘(Xavier Niel), 마티유 피가스(Matthieu Pigasse) 3인이 공동 설립한 회사 '트리오'에 매각되었다. 매각 절차가 진행되던 때 국내외 여러 기업이 매수에 뛰어들었다. 그런데 당시 니콜라스 사르코지(Nicolas Sarkozy) 대통령은, 미테랑(Mitterrand) 전 대통령 등의 좌파 정치가들과 친분이 두터운 '트리오' 그룹의 멤버 중 한 명인 피에르 베르제를 싫어했기 때문에, 당연히 유력 독립신문의 좌파 계열 매각을 혐오스러워했다. 그 결과 사르코지는 '프랑스 텔레콤(France Telecom)'의 최고경영자로 있던 스테판 리샤르(Stephane Richard)를 이용해 '프랑스 텔레콤'의 자회사인 '오랑주(Orange)'가 ≪르몽드≫를 매수할 수 있도록 뒤에서 획책한다. 하지만 최

프랑스의 대표 일간지 중 하나인 ≪르몽드(Le Monde)≫는 수년 전 재정난을 타개하기 위해 인수자를 물색하였는데, 가장 유력한 인수 후보로 물망에 오른 세 명이 공교롭게도 모두 사르코지 정권에 비우호적인 정치적 성향을 가지고 있었다. 사진은 ≪르몽드≫ 표지. © AFP

종적으로 ≪르몽드≫는 '트리오'에 매각되었고, 이 일은 "정치권력이 미디어(언론)에 개입하게 될 뻔한 위기는 일단 피할 수 있게 됐다"고 평가받았다. 그런데 과연 그럴까? 언론에 대한 정치적 개입은 피할 수 있게 됐는지 모르지만 시장의 압력이나 개입은 언론 보도에 전혀 문제되지 않을 수 있을까?

일본의 경우도 그렇지만, 구미 지역도 신문은 일반적으로 그 나라의 기업이 매수해 소유하고, 국가가 지원하는 경우는 거의 없다. 신문에 대해서는 이른바 '미디어 기업'으로서 독립하여 존재해줄 것을 암묵적으로 요구받고 있다. 그런데 프랑스에서는 21세기에 들어서면서 대기업에 의한 신문의 매수합병이 계속 이어지고 있다. ≪르몽드≫를 인수한 '트리오'는 앞서 언급한 베르제, 닐, 피가스 3인의 유력가들이 공동 출자한 회사이다. 이브 생 로랑(Yves Saint Laurent)의 동업자로도 널리 알려져 있는 피에르 베르제는 2007년 대선 당시 사회당 후보였던 세골렌 루아얄(Ségolène Royal)의 오랜 재정 후원자였다. 통신회사 'Free'의 창업자 자비에 니엘도 사르코지 정권에서 제4이동통신사 선정이 좌절된 악연이 있어 사르코지에 대해 비판적인 성향으로 보도하는 인터넷 뉴스 사이트를 후원한 바 있다. 마지막으로 라자르 금융그룹의 대표로서 투자가로 활약 중인 마티유 피가스는 2012년 대선에서 사회당의 후보로 유력했던 도미니크 스트로스 칸(Dominique Strauss Kahn) IMF 총재의 오른팔이었다고 알려져 있다. 그렇기 때문에, 다른 프랑스 언론들은 ≪르몽드≫에서 '새로운 유행의 향기'가 나기 시작했다는 보도를 내놓기도 했다.

원래 ≪르몽드≫는, 제2차 세계대전 당시 나치스에 저항한 레지스탕스로 명성을 떨쳤던 샤를 드골(Charles de Gaulle) 장군의 동지 위베르 뵈브-메리(Hubert Beuve-Mry)가 1944년에 창간한 신문이다. 정치적 입장이 뚜렷한 신문으로, 모두는 아니지만 대부분의 프랑스 지식인들이 경의를 표하고 있는 고급지(정통 언론) 가운데 하나이다. 최대 주주의 입김을 비롯한 회사 외부의 압력을 철저히 배제하여, 창업자 정신인 레지스탕스의 전통을 지켜왔다. 그 정신을 유지하기 위해 현역 기자와 퇴직 기자 모두가 공평하게 속해 있는 '사원조직(SRM)'을 운영하여 회사 경영 방침을 결정해왔다.* 그런데 발행 부수의 급격한 감소로 인한 경영상의 위기는

* '트리오'의 인수를 최종 결정한 것도 SRM이었다.

≪르몽드≫본사 건물(왼쪽)과 ≪르몽드≫가 발간하는 무가지 ≪마탱 플뤼스≫의 표지(오른쪽)

증자(增資)라는 이름의 양도 방식으로, 경영 방침을 바꾸지 않을 수 없는 지경까지 ≪르몽드≫를 몰아붙였던 것이다.

≪르몽드≫뿐만 아니라 최근 수많은 신문사의 경영이 위기 상황에 내몰리게 된 원인은 충분히 떠올릴 수 있다. 그 첫 번째가 '인터넷의 급격한 보급'이며, 두 번째는 렌느 제2대학(Université de Rennes 2)의 피에르 뮈소(Pierre Musso) 교수의 말처럼, "문장체보다 회화체를 즐기기 십상인 지중해적 성격이 가세하고, 가족을 소중히 여기는 가톨릭 전통의 영향도 있다 보니 …… 혼자서 활자를 마주하는 것보다 가족이 함께 TV를 시청하는 시간이 길어졌다"[1]는 것 등이다. 한층 더 세밀하게 분석하면, 일본에서도 급속하게 보급되기 시작한 기업 광고에 의존한 '무료광고 신문', 즉 '무가지(無價紙)'의 영향력 확대이다. 실은 ≪르몽드≫ 자체가 볼로레(Bolloré) 그룹과 제휴하여 조간 무가지인 ≪마탱 플뤼스(Matin Plus)≫를 간행하고 있다. 물론 무료 신문과 유료 신문은 기사의 성격이나 내용 면

에서 차별화되고 있는 것도 사실이지만, 많은 독자는 일상 속의 활자 정보는 무가지의 내용만으로도 충분하다고 생각하는 듯하다.

더욱이 프랑스에서는 2007년 2월부터 공공시설에서의 철저한 금연령이 시행되었기 때문에, 길거리에 늘어서 있던 수많은 담배 가게가 폐업에 내몰렸다. 프랑스의 신문 대부분은 일본처럼 배달 방식의 보급이 아니라 담배 가게나 철도(지하철)역의 간이매점 등에서 주로 팔리고 있었다. 금연령이 의도치 않게 신문의 유력한 판매 루트를 막아버린 것이다.

어쨌든 프랑스에서는 신문이 일반 기업에 매각되는 일이 계속되고 있다. "무기산업으로 재벌이 된 다쏘(Dassault)가 ≪르 피가로(Le Figaro)≫지를, 수많은 명품 브랜드를 휘하에 거느리고 있는 '루이뷔통 그룹(LVMH Mot Hennessy-Louis Vuitton S.A.)'이 고급 경제 일간지인 ≪레 제코(Les Echos)≫를 소유"[2]하게 되었다. "일반 신문 ≪프랑스 루아르(France Loire)≫는 2009년에 러시아의 부호 프카셰브(Pugachev's) 씨에게 매수되었으며", "≪르 파리지앵(Le Parisien)≫의 경우도 사르코지 정권과 친밀한 두 개의 기업이 매수에 관심을 나타내고 있다"[3]는 보도가 있었다.

프랑스만의 특수한 사정일지도 모르지만, 언론사의 경영권을 둘러싼 위와 같은 문제들은 '출판사의 사상' 혹은 '사상으로서의 편집자'의 문제를 생각할 때에도 결코 피해 갈 수 없는 주제이다. 예를 들어 2006년에 독일 유명 출판사인 주어캄프의 경영권을 둘러싸고 폴카르트(Volkart) 출판사와 벌어진 문제도 그와 비슷하다. 주어캄프 출판사는 원래 1933년부터 S. 피셔 출판사의 편집자였던 페터 주어캄프가 전쟁 직후 강제수용소에서 귀환한 후에 창립한 출판사로, 독일 문학이나 인문·사회과학 부문의 출판으로는 세계적인 명성을 얻어왔다. 하지만 이러한 명문 출판사도 경영상의 문제를 결코 비켜 갈 수 없었다. 또한 경영상의 문제가 출판 활동의 성격 또한 규정해 그 방향을 바꾸는 것도 피해 갈 수 없는 상황이 되었다. 주어캄프 출판사는 경영권의 문제뿐만이 아니라 경영 기반의 확립을 위해서, 1998년에 소유하고 있던 노모스 출판사(Nomos Verlag)를 뮌헨의 C. H. 베크 출판사에 매각했다.

≪프랑크푸르터 차이퉁≫의 아이러니

또 하나의 사례를 살펴보자. ≪르몽드≫ 사례가 발생한 원인도 현대 프랑스의 특수한 사정 때문만은 아니다. 이 책이 계속 다루어온 독일 근현대 사상사를 보더라도 이러한 문제는 중요한 비중을 차지한다. 그 중심에 있는 것은 바로 ≪프랑크푸르터 차이퉁(Frankfurter Zeitung)≫(1856년 창간)이다. 히틀러 통치하인 1943년에 폐간당한 이 신문은, 전쟁이 끝난 직후인 1949년에 현재 독일의 대표적 신문인 ≪프랑크푸르터 알게마이네 차이퉁(Frankfurter Allgemeine Zeitung)≫으로 재건되었는데, 지금으로부터 80여 년 전인 1930년에 이미 대전환기를 맞고 있었다.[4]

≪프랑크푸르터 차이퉁≫은 막스 베버의 유명한 미국론(美國論)인 『프로테스탄트 윤리와 자본주의 정신(Die protestantische Ethik und der 'Geist' des Kapitalismus)』(1904~1905)의 기초가 된 여행기(旅行記)를 이미 연재하고 있었으며, 그 당시의 루터파 자유주의자들의 논문이나 평론을 적극적

으로 게재하는 등, 당대 지식인들의 언로(言路)로서 중요한 역할을 감당하고 있었다. ≪그리스도교 세계≫의 편집자였던 마르틴 라데(Martin Rade)는 ≪프랑크푸르터 차이퉁≫에 대해 비판적 입장을 견지하면서도, 항상 높은 평가를 내렸고 자신도 수많은 평론을 기고한 바 있다. 일본에서는 잘 알려져 있는 유명한 '조르게 사건'*의 리하르트 조르게(Richard Sorge)는 이 신문의 기자 신분으로 1933년부터 일본에 체재하기도 했다.

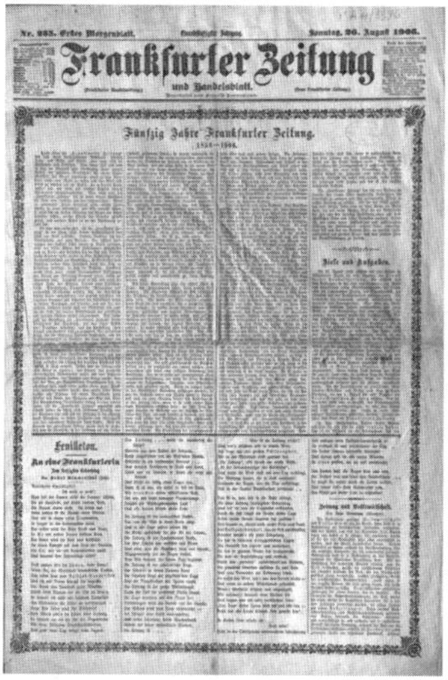
Frankfurter Zeitung
und Handelsblatt.
Fünfzig Jahre Frankfurter Zeitung.

1906년 8월 26일에 발행된 ≪프랑크푸르터 차이퉁≫의 표지

≪프랑크푸르터 차이퉁≫의 정치적인 입장은, 편집의 책임을 지고 있던 하인리히 지몬(Heinrich Simon)의 "자유로운 민주공화주의"라는 표현에 집약될 수 있다. 하인리히는 신문의 창립자인 레오폴트 존네만(Leopold

* 독일군으로 제1차 세계대전에 참전했던 조르게는 종전 후 공산주의 사상에 빠지면서 소련을 사상적인 조국으로 생각하게 된다. 그 결과 모국의 유력지 ≪프랑크푸르터 차이퉁≫ 도쿄 특파원으로 일본에 가서 소련을 위한 첩보활동에 종사했다. 주일 독일대사와 일본 수상 고노에 후미마로의 신임을 얻은 그는 일본이 소련과의 전쟁을 피하려 한다는 정보를 소련에 제공해 나치에 대한 소련의 항전을 도왔고, 일본에게는 남진정책을 주장해 일본이 패망하는 원인을 제공했다. 그의 첩보활동은 결국 발각되어 일경에 체포된 뒤, 1944년 11월 7일 사형에 처해졌고 도쿄에 묻혔다.

제2차 세계대전 중 일본에서 활약한 조르게. 그는 제1차 세계대전 당시 독일군으로 참전하여 세 번이나 부상을 당할 만큼 애국심 강한 전형적 독일인이었지만, 종전 후 공산주의 사상에 빠지면서 소련을 사상적인 조국으로 생각하게 된다.

Sonnemann)의 손자이며, 이것이 ≪프랑크푸르터 차이퉁≫의 전통적인 입장이었다고 말해도 좋을 것이다. 존네만은 원래 은행가였기 때문에 ≪프랑크푸르트 상업신문≫을 창간했는데, 그것이 훗날 ≪프랑크푸르터 차이퉁≫이 되었다. 독일 내 유대계 자본의 신문으로 알려졌으며, 19세기 서구의 자유주의 경향을 지닌 ≪런던타임스≫나 ≪뉴욕타임스≫, ≪신(新)취리히신문≫과 함께 소수의 선택된 독자를 대상으로 편집되었고, 기존 신문에 비해 국제적인 시야를 확보한 신문으로서 지식인들의 지지를 얻었다.[5]

그러나 제1차 세계대전 직후, ≪프랑크푸르터 차이퉁≫의 경영은 어려움에 처한다. 원래 이 신문이 가장 많이 팔리던 시기에도 발행 부수가 10만 부까지는 이르지 않았지만, 1932년부터는 5만 부 이하를 밑돌기 시작했기 때문이다. 그런데도 경영을 계속 이어갈 수 있었던 것은 이 신문이 철저한 동족(同族) 경영이었기 때문이다. 실제로 주식의 86%까지를 존네만의 상속자인 쿠르트 지몬(Kurt Simon)과 하인리히 지몬, 그리고 그들의 모친인 '테레제 존네만 지몬'이 소유했으며, 나머지 14%도 지몬 가문과 관계있는 프랑크푸르트 시민들이 소유하고 있었다. 그 때문에 이 신문은 창업자의 정신과 그가 정한 규약이 사라짐 없이 계속 경영을 지속해갈 수 있었던 것이다. 볼프강 시벨부쉬(Wolfgang Schivelbusch)는 이 신문의 설립 규약의 핵심 내용을 다음과 같이 소개하고 있다.

> 편집부 대표는 회사의 방침을 결정하는 임원회의 자리에서 경영상의 결정에 대해서 편집에 관련된 건에 한해 거부권을 가진다. 하지만 반대로 임원은 아무리 지출이 많아진다 할지라도 편집부의 업무에 대해서 거부권을 가질 수 없다.[6]

이처럼 이상적 운영 구조를 가진 신문사도 1920년대 후반에 접어들면서 경영상의 곤란을 겪게 된다. 그런데도 편집부는 이상만을 계속 좇아 정치나 문화평론에 대한 독자적 노선을 고수하고 있었다. 1927년에는 은행 부채가 100만 라이히스마르크를 넘어, 연간수지 적자도 20만 라이히스마르크를 넘어버렸다. 사옥의 매각이나 새로운 회사의 설립을 통한 이윤 창출 등도 검토되었지만 그런 뒤늦은 조치들은 말 그대로 '단솥에 물 붓기'에 불과했다.

마침내 ≪프랑크푸르터 차이퉁≫을 유지하기 위해서는 외부 자금의 조달이 필요하다는 결론에 도달했다. 그 와중에도 지몬 가문은 주식의 51%만큼은 소유권을 유지하려 애썼지만 결국 실패하고 말았다. 그 결과 편집부의 저항도 한계 상황에 다다르고 있었다. 새로운 출자자의 등장과 함께 신문의 장래와 보도 영역의 확대, 그리고 전반적 보도 경향에 대한 새로운 논의가 전개되었고, 그로 인해 기사 표현의 어딘가가 (주주의) 마음에 들지 않으면 곧바로 지적당하곤 했다. 이러한 사태는 주주총

≪프랑크푸르터 차이퉁≫의 창업자 레오폴트 존네만(왼쪽)과 현재의≪프랑크푸르터 알게마이네 차이퉁(F.A.Z.)≫의 본사 건물

회나 편집부 회의 등에서 자주 연출되었다. 신문은 '건전한 경영'이라는 미명 아래, 실제로는 '경제 논리'라는 '얼굴을 숨긴 편집자'에 의해서 지배당하게 된 것이다.

그런데 아이러니한 것은, '얼굴을 숨긴 편집자'에게 ≪프랑크푸르터 차이퉁≫의 편집을 은밀히 맡기려는 움직임이 벌어질 때, 한층 더 강력한 정치적 힘을 가진 '익명의 편집자'가 나타나 '경제 논리'라는 이름의 편집자에게 강력한 메시지로 퇴장을 요구해 온 것이다. 그것이 바로 '반유대법'이었다. ≪프랑크푸르터 차이퉁≫은 나치스의 정치적 지배가 확립된 후, 새롭게 시행된 신문법(新聞法)의 '편집자에 관한 법률'에 저촉된 신문사로 낙인찍히고 말았으며, 지몬가가 소유하고 있던 주식 일체는 거의 무료로 인프리마툴 유한회사에 양도되었고 지몬가의 사람들은 국외로 망명했다. 결국 이 신문사는 '유대에 감화된 급진적인 좌익 민주주의를 옹호하는 기관지를 발행하는 회사'라는 평가를 받으며, 편집부의 정치적 태도와 입장의 전환을 강요당하였고, 그 결과 "탈이데올로기화된 신문으로 전락하고 말았다". 그리고 "자유주의 계열의 인물들과 맺고 있었던 견고한 관계를 서서히 풀어나갔고, 사실 전달 위주의 신문으로 그 시장의 영역을 스스로 좁혀갔다".[7] 한때 자유주의를 표방하며 진보적인 평론의 무대가 되었던 이 신문이, 1930년대가 되자 프랑크푸르트대학의 파울 틸리히 교수를 비판하는 사설을 게재하게 된 것은 모두가 이러한 배경 때문이다.

잡지 ≪그리스도교 세계≫의 편집자였던 마르틴 라데는 이 사건을 분석하며 ≪프랑크푸르터 차이퉁≫의 노선 전환을 비판하고 있지만, 현실적으로는 루터파 자유주의자들도 결국은 그들 자신이 품고 있던 민족주의에 타협한 측면을 부정할 수 없다. 그러므로 루터파 자유주의자들은 정치적인 분위기가 왼쪽에서 오른쪽으로 이행해가는 것에 대하여 전혀 무감각했다고는 말할 수 없지만, 그 어떤 유효한 수단이나 대책도 내놓지 못한 채 넋 놓고 상황을 목도할 수밖에 없었던 것이다.

'대중'이라는 이름의 편집자

위의 두 가지 사례는 확실히 출판사에 대한 정치·경제적 개입에 관한 문제이다. 즉 ≪프랑크푸르터 차이퉁≫의 사례나, 최근 발생한 프랑스 ≪르몽드≫지의 사례는, 출판사가 그 이념이나 사상 그리고 종교 등 창설 당시의 이념을 공유한 편집장이나 편집자 대신에, '경제나 정치'라는 '얼굴이 보이지 않는 익명의 편집자'에게 지배당할 가능성을 잘 보여주

D. H. 로렌스의 시 「대중의 외침(Cry of the Masses)」에는 "돌려 달라, 오 다시 돌려 달라. 죽기 전에 우리의 몸을!"이라는 대목이 나온다. 정신은 물론 자신의 몸까지도 해방시키려 끊임없이 몸부림치는 현대 대중의 자아 분열적 상황을 묘사한 작품이다. 사진은 체코의 화가 겸 편집자였던 조셉 바첼(Josef Vachal, 1884-1969)이 그린 같은 제목의 작품 <대중의 외침(Cry ofthe Masses)>.

고 있다.

무엇보다도 이 문제는 나치스 시대의 출판사로서는 큰 문제였지만, 현대에 와서는 그때만큼 심각한 문제가 되진 않았다. 왜냐하면 언론과 출판의 자유가 인정되고 있는 사회라면, 스스로의 '주의주장(主義主張)'을 나타내기 위해서 그 주장에 동의하는 작가나 연구자의 책을 출판하면 그만이기 때문이다. 즉, 출판에 대한 정치적인 개입은 더 이상 큰 의미를 가지지 않게 되었기 때문이다. 여러 다른 출판사들 가운데 정치적 입장이나 '주의주장'에 반대 의견이나 대립이 생기면, 그 입장에 따라 새로운 출판사가 탄생하는 것도 얼마든지 가능한 것이며, 그것은 오히려 필연적인 일이기까지 하다.

'종교출판사'의 경우도 마찬가지다. 특정 종교나 종파 혹은 국가의 배경마저도 일치하고 있는 경우에, 출판사는 그 종교와 국가의 도그마를 크게 거역할 수 없기 때문에, 즉 따를 수밖에 없기 때문에 결국 정치적인 문제는 크게 생겨나지 않는다. 헌법상 '신앙의 자유'가 확립되어 있는 경우에는 자신의 신념이나 종교적 신앙을 위해서 출판사를 자유롭게 만들면 그것으로 충분하고 좋은 것이다.

그렇다면 현대의 출판사가 고민해야만 하는 것으로는 무엇이 있을까? 편집자가 회사 밖의 '얼굴을 숨긴 편집자' 혹은 '익명의 편집자'에 의해서 지배당할 가능성이 있다고 볼 때, 그것은 '정치'가 아니라 '광고'를 포함한 정체를 알 수 없는 '대중'이라 부르는 '이름 없는 편집자'의 압력이 아닐까 싶다. 이것은 편집자나 출판사가 전통적으로 고민해온, '독자와 사상가(작가)' 사이의 중개 역할과는 다른, 전혀 새로운 제3의 대상이며 출판사의 중요한 과제가 아닐 수 없다. 즉 '단순 소비자로서의 피동적인 독자들'이 아니라, 어느새 출판언론의 편집에 능동적으로 관여(간섭)하고 있는 '이름 없는 편집자로서의 독자들'에 대해서 고민해볼 시점이 온 것이다.

자유주의를 표방했던 여러 신문들이 19세기부터 지난 20세기 전반에 걸쳐 경영상 어려움에 처한 원인은 바로 '광고 수입의 감소'였다. 물론 인플레이션의 영향도 강했지만, 그것 이상으로 급격한 정치적 변화의 영향도 컸음을 꼭 기억해야 한다. 한편 현대의 출판사 문제를 생각해볼 경우에도, 신문이나 잡지 그리고 기업으로서의 출판사의 편집을 좌우하는 커다란 요소는 광고를 포함한 대중의 흐름과 동향이다. 그것은 사상이 대중에게 말을 걸었던 옛 방식의 '역전 현상'이다. 즉 편집자가 사상가를 발굴하며, 대중에게 소개하고 싶은 사상을 시장에 공급하는 순서가 아니라, 마케팅이 먼저 존재하여 얼굴이나 실체도 보이지 않는 '익명의 대중'에게서 받은 요구가, 공급할 사상을 미리 제약하고 결정해버리는 역전(逆轉)이 나타나게 된다. 결국 '기업으로서의 형태의 출판사'는 '익명의 대중'이라는 편집자를 두게 된 것이며, 이 편집자의 편집 방침에 따라서 편집 활동이 전개되는 현상이 일어나게 된 것이다. 그곳에서는 '사상으로서의 편집자'가 제대로 기능할 수가 없다.

에필로그

'사상으로서의 편집자'를 꿈꾸다

지금까지 편집자와 출판사의 문제에 대하여 주로 19~20세기 독일의 신학 출판사나 프로테스탄티즘의 역사와 관련하여 살펴보았다. 이를 통해 빌헬름 제정기 말엽에 등장하여 기존의 제도와 전통, 종교 및 대학 시스템을 혁파하려고 했던 표현주의자들을 뒤에서 조용히 도왔던 편집자들의 모습을 발견할 수 있었다. 물론 그들의 개혁이 온전하게 성공했다고 평가할 수는 없지만, 제1차 세계대전 직후 기존 제도나 전통 등이 상당수 무너졌으며 그 중심에 표현주의자들이 있었던 것은 사실이다. 그러한 면에서 이 책은, 그들이 혁신적 파괴를 이룬 뒤 돌연 감당해야만 했던 '새로운 체제와 사상'의 형성 작업에 편집자가 어떻게 관여했는지를 주목했다. 또한 그러한 새로운 시스템의 구축을 고민했던 바이마르의 신성 프런트 세대와 함께 보조를 맞춰 걸어갔던 편집자들의 고뇌, 그리고 제3제국(나치스 시대)의 폭풍 속에서 각각의 노선과 입장을 드러냈던 편집자들의 여러 모습을 살펴보면서, 마지막으로 전후의 냉전 구조 속에서 '정치와 사상'의 벽을 경험한 편집자들의 모습까지 단편적으로나마 살펴보았다.

또한 이 책은 위에서 언급한 여러 고찰 가운데서 특히 두 가지의 전환에 주목해왔다. 빌헬름 제정기 이후 독일 출판사의 역사를 동시대의 프로테스탄티즘의 역사와 관련시켜 조망해본 이 책이 오늘날 출판사나 편집자의 문제를 고민할 때 무엇인가 기여할 수 있다면, 그것은 아마도 앞선 시대에 독일의 편집자들이 경험한 바로 그 두 가지 커다란 전환점에 주목해온 점이 아닐까 싶다. 첫 번째는 '사상사 연구에서 차지하는 편집자의 역할과 기능'을 확인하는 것이며, 두 번째는 '편집자의 사회성과 정치적 기능'에 대한 탐구이다.

첫 번째 전환은, 사상사 연구를 '저자-독자'의 관계만으로 끝내는 것이 아니라 '저자-편집자-독자'라는 확장된 관계로 전개해보는 관점이다. 사실 근대에 등장한 편집자들은 대부분 '사상사의 시장'에 그러한 전환을 강하게 재촉한 인물들이다.

두 번째 전환은, 근대 시기의 '편집자'를 재발견해본 것이다. 즉 '편집자란 누구인가?'라는 문제를 제기했는데, 현대에는 그 물음이 훨씬 더 확장되어, 그렇다면 '누가 편집자인가?'라는 질문이 가능하다는 것이다. 이것은 첫 번째 전환(사상사를 '사상가-편집자-독자'의 관계 틀로 보는 관점)처럼 매우 중요한 문제이다. 그러므로 이 책은, 그전까지 출판계를 지배해온 국가나 교회 혹은 전통에서 자립해나간 편집자가 그들만의 사상적 입장과 영역을 정립하는 과정을 살펴본 것이다. 그런데 현대의 출판 경향에 비추어 보면, 근대의 편집자와 달리 '눈에 보이지 않는 편집자', 즉 시장 흐름이나 대중의 동향 같은 실체가 뚜렷하지 않은 요소들이 기존의 '편집자'의 역할을 잠식해버렸다는 현실이 두드러진다. 이러한 현상은 최근 더욱 강화되어, 출판사나 출판 미디어는 존재하지만 지나치게 마케팅이 우선시된 나머지 편집자가 '사상'과 직접 관련 맺기보다는, 그보다 먼저 '시장'과 관련을 맺어가는 비중이 커져가고 있다. 그뿐만 아니라 대중이 '익명의 편집자'처럼 되어버려, 대중이 납득하고 받아들이는(소비하는) 책을 만들기 위해 출판사가 노력해야 한다는 역전 현상이 일어나고 있는 것이다. 20세기에 두 개의 전체주의[•]를 경험하였을 때, 출판사는 단지 국가에 의해 대중 지배의 수단으로 여겨졌다. 하지만 오늘날 직면하고 있는 새로운 문제는, 과거와 같은 강요나 통제는 그다지 없음에도 불구하고, 출판사가 오히려 사회적 동향을 주시하며 추종해가는 현실이 아닐까? 편집자의 기능(역할)이 '눈에 보이지 않는 익명의 편집자'에게 납치되고 만 것이다.

'익명의 편집자들'인 대중과 맞서야 하는 '사상으로서의 편집자'는 분명 고독한 존재이다. 그림은 작자 미상의 작품 <대중에 맞서다(Against the Masses)>. ⓒ www.mudremisli.com

• 나치즘과 공산주의를 말한다.

미국의 팬시언 출판사(Pantheon Books)의 앙드레 시프린(André Schiffrin)은『이상(理想) 없는 출판(The Business of Books)』(2000)에서 다음과 같이 말한다.

유럽에서도, 미국에서도, 이미 출판은 지성과 정치에 깊이 관계를 맺는 직업으로서 긴 역사를 거쳐왔다. 출판에 종사하는 사람들은, 한편으론 이익을 발생시켜야 한다는 사명과 아울러, 한편에서는 가치 있는 책을 출판해야 한다는 신념이 내면에서 교묘하게 충돌하며 알게 모르게 저울질하고 있는 이들이다. 양자 사이에서 최상의 균형을 잡아가는 일을 항상 자부심으로 여겨온 사람들이다. 하지만 최근 몇 년 사이에 출판사의 소유 형태가 바뀌게 되면서, 지금껏 균형을 잡아주던 천칭(天秤)도 한쪽으로 크게 기울어갔다. 지금은 오너(주주)의 '유일한' 관심이 오직 더 많은 이익을 벌어들이는 데 있다. 오락산업에서나 볼 수 있던 이익(이윤) 제일주의로서의 접근방식이 출판업계에도 적용되고 있다. 결국 출판계에도 똑같은 현상이 일어나게 될 것이라던 소수의 전망은, 현재 대다수의 전망으로 바뀌고 있다.[1]

오락산업의 가치관은 베스트셀러의 내용 속에서도 나타나고 있다. 거기에는 라이프스타일이나 유명인 등을 테마로 한 책들이 주종을 이룬다. 지금까지 거의 중요하게 다뤄지지 않았던 영역에서, 지성적으로나 예술적으로도 거의 가치가 없는 책들만이 줄지어 세상에 나오고 있다.[2]

이러한 현대 출판계의 새로운 현상을 앙드레 시프린은 "시장이라는

앙드레 시프린(왼쪽)과 그의 책 『이상(理想) 없는 출판』의 표지(오른쪽)

이름의 검열"[3]이라고 불렀다. 제2차 세계대전 직후 시장은 대중을 민주화시켰지만, 출판사는 이 민주화된 대중의 전체주의(획일성)에 지배당하게 된 것이다.

그것은 출판만이 아니라 '문화'라는 이름의 영역 전반에서 일어난 현상이다. 이는 결론은 다를지라도 이미 20세기에 발터 베냐민이 예측한 내용이며,[4] 아도르노와 호르크하이머가 『계몽의 변증법』에서 풀어내어 설명하려고 했던 현실이다.[5]

또 하나의 사례는, 2010년이 원년이 된 전자책(e-Book)의 출현과 근년에 웹사이트상의 출판 등이 보여주는 현상이다. 이처럼 사상(저자)과 독자가 직접 접촉할 수 있도록 해준 뉴미디어의 출현은, '저자-편집자-독자'라는 20세기의 사상사적 틀을 다시금 '저자-독자'라는 관계로 회귀시키고 있다.

마지막에 이 두 가지 점에 착안하여 '편집자'의 문제를 다시 고민해보고 싶다. 그것은 단지 '시장과 사상' 사이의 관계만은 아니다. 1900년 전

최근 등장하여 출판계에 충격을 주고 있는 '전자책(e-Book)'은 휴대기기(휴대폰, PMP, PDA 등)나 컴퓨터로 볼 수 있는 특수한 포맷의 파일 형태 매체이다.

후의 유럽 사회에 '편집자'라는 이름의 사상가들이 등장하였고, 또한 그들이 경영하는 출판사가 사상계를 크게 변혁한 후에, 2000년 전후에 이르러서는 그 세계가 다시 커다란 지각변동의 때를 맞고 있는 건 아닐까 하는 사상사적 물음이기도 하다.

'이제 출판사는 필요 없는 것'인가?

2009년에 미국의 동화 작가 아론 셰퍼드(Aaron Shepherd)의 경험담이 『이제 출판사는 필요 없다(私にはもう出版社はいらない)』(平林祥 譯, WAVE 出版, 2010)라는 충격적인 제목으로 일본에서 번역·출판되었다. 책의 내용은 미국의 인터넷 서점 쇼핑몰인 '아마존(Amazon)'이 추천하는, 제작부터 판매까지를 모두 웹사이트상에서 실시할 수 있는 구조를 이용한 자가 출판의 체험담을 다룬 것이었다. 책의 제목 뒤에는 '킨들, Pod, 셀프 퍼블리싱(자가 출판)으로 베스트셀러를 만드는 방법'이라는 부제도 붙어 있다.* "이제 출판사는 필요 없다"고 주장하는 사람의 책이

일본어로 번역된 뒤 '출판사'에서 발행되는 것을 보면, 그 현상 자체는 언뜻 모순되어 보인다. 하지만 이 책에서 다루는 문제들은 깊은 생각에 빠지게 만든다. 그것은 IT 기술의 발전을 통해 인쇄되지 않는 서적(e-book)이나 웹사이트상에서 충분히 사상을 발표하고, 심지어 출판까지도 가능하다는 점, 다시 말해 출판사나 편집자가 없이도 가능한 출판을 제시하고 있기 때문이다. 여기서 셰퍼드의 책 내용을 자세히 소개하고 검토해볼 수는 없지만, 그의 주장에서 파생되는 몇 가지 문제들은 곱씹어 고민해보고 싶다.

일본에서 번역 출판된 『이제 출판사는 필요 없다』(2010)의 표지

이러한 현상은 '기술과 사상'의 문제이다. 여기서 말하는 기술이란, 지적 생산에 관한 여러 연구 능력상의 기술이라기보다는 단지 원고 작성에 관한 기술을 의미한다. 바로 그러한 '기술'이 '사상'과 깊이 관련을 맺게 된 것은 일본의 경우 1980년대 이후의 일일 것이다. 그 첫 번째 신호탄은 워드프로세서의 보급이며, 그 후 놀랄 만큼 사용이 간편해진 컴퓨터 단말기와 소프트웨어의 등장이 그것의 확대를 뒷받침해주었고, 전자 메일(e-mail)이 이러한 흐름을 최종적으로 확정지었다. 워드프로세서 프로그램으로 작성된 원고를 이메일로 보냄으로써 '사상'을 전달한다는

● 여기서 '킨들(Kindle)'은 아마존닷컴이 2007년 11월 19일에 공개한 전자책 서비스와 서비스를 사용하기 위한 기계를 의미한다.

스타일의 확립은, 작가나 연구자의 지역 격차를 해소했다는 점에서 장점이 있다. 하지만 그러한 이점 이상으로 이 같은 스타일에 적응하지 않는 연구자나 작가는 '사상의 시장'에서 점점 내쫓기게 되는 현상도 발생했다. 그리고 만약 셰퍼드와 같은 형식의 자가 출판이 시장의 지배적인 시스템이 된다면, 분명히 사상의 내용은 간과되고, 단지 출판 기술이나 그것의 응용 능력이 책의 가치를 결정하는 부작용이 발생할 가능성도 있다.

그러므로 이 문제는 출판에만 한정되지 않으며, 현대의 학문론과 깊이 관계를 맺는 문제이다. 오늘날 대학에서 영위되는 학문 활동들은 공적(公的)인 연구로서 이미 '사회적 기능'과 '사회로의 연구 성과 환원'의 임무를 수행하고 있으며, 또한 연구 발표도 '공공성'을 중요한 가치 기준으로 요청받고 있다.

제3자 기관이 어느 연구자에 대해 평가를 실시할 경우, 보통은 '심사용 첨부 논문의 개수', '학회 발표 경력', '논문 피인용률', '경쟁 연구비 획득의 수', '수상 경력' 등이 심사된다. 그런데 이러한 방식은 원래 이과(理科) 계통 학문 분야에서 발전해온 평가 방법일 뿐인지, 문과(文科) 계열의 학문에서는 이 기준만으로 충분히 그 학문성을 가늠할 수 없는 경우가 많다. 그런데도 이러한 틀이 일단 확립돼버리면, 연구자는 자신의 연구 활동을 거기에 적응시키게 되고 그 요구에 따라 공개하게 된다. 그렇게 되면 이러한 평가 방법에 적응하기 어려운 특정 분야의 연구 활동은 침체일로를 걷게 되며, 이 스타일로 자신의 학문적 퍼포먼스를 실시할 수 없는 사람들은 '학문(사상)의 시장'에서 퇴장을 요구받게 된다. 그 순간 '사상과 기술' 사이의 관계는 완전히 역전되어버리고 만다.

'편집자(출판사) 없는 사상'과 마주한 편집자

다음으로, '편집자가 사라진 출판계'에서 일어날 수 있는 또 하나의 문제점을 검토해보고 싶다. 그것은 저자가 편집자를 거치지 않고 곧바로 시장에 접근함으로써 발생하는 '저자와 시장'과의 관계라는 문제이다. 물론 그것은 양자 사이에 편집자가 존재하는 경우에도 같은 결과를 낳을 수 있지만, 저자는 자신의 사상을 시장에서 판매해야 하기 때문에 '저자' 스스로가 말하고 싶은 '사상'을 제공하는 것이 아니라, '저자'가 지니고 있는 것 가운데 시장(소비자)이 요구하는 '사상'의 일부만을, 한층 더 맛을 내고 가공해서 제공하는 경향이 심해지는 것이 아닐까 하는 점이다. 이러한 동향으로 인해 '저자와 시장' 사이가 지나치게 직접적으로 엮여버린다.

이러한 현상은 일면 '사상의 자유화'에 공헌하는 것처럼 보인다. 누구든지 자신의 사상을 자유롭게 출판사나 서점, 학회의 규칙이나 대학의 권위, 종교 단체나 국가의 검열을 거치지 않은 채 출판할 수 있을 것만 같다. 그것은 오이겐 디더리히스를 비롯한 그 시대의 표현주의적 출판사들이 요구한 가치의 궁극적인 형태라고 말할 수 있을지도 모른다. 하지만 과연 그런 것일까?

이 같은 현대 출판계의 동향은 한편으론, '사상의 일반화'나 '대학 밖의 학문' 등 1900년 전후에 생긴 표현주의적인 출판사나 편집자의 권위

비판이나 체제 비판과 닮아 있는 것처럼 보인다. 하지만 실제로는 전혀 다른 경향인 것은 아닐까? 일찍이 근대 시기에 일어났던 것은 기존의 사상가와 대중을 매개하고 있던 전통이나 제도, 구체적으로는 국가나 교회에 의한 사상의 통제나 검열이라는 것에 대한 파괴였다. 실제로 IT 기술을 통한 웹사이트상의 자가(자비) 출판은, 출판사나 편집자의 필터를 거치지 않는다는 점에서 같은 모습을 보이는 것 같지만, 거기서 목표로 삼고 있는 것이 '대중이나 시장을 향한 영합(迎合)'이나 '비판 없는 사상의 상품화'라고 한다면 그 결과는 완전히 정반대로 나타나게 된다. 저자와 시장이 직접적으로 연결되는 것은 '사상의 상품화'라는 문제를 회피할 수 없도록 만드는 것이다. 즉, 사상이나 학문적 물음보다도 시장이 먼저 존재하게 된다.

그리고 이 경향은 개인의 자유를 존중하는 것 같다. 하지만 실제로는 대중이라는 '익명의 편집자'에게 지배당하게 된다는 점에서, 현대의 출판계는 한때의 전체주의 시대(나치스, 공산주의)의 매스미디어처럼 정치적인 구조와 틀 속에 편입될 위험성이 있다. 이는 참으로 역설적인 새로운 국면이 아닐 수 없다. 즉, '시장원리에 맡긴다'는 출판사나 편집자의 태도는 실제로는 사상 활동에 자유를 안겨주는 것이 아니라, '사상의 시장'이라고 하는 '눈에 안 보이는 공간'을 영향력 있게 지배하고 있는 익명의 편집자들에게 강력한 통제를 받게 되는 것이다. 그러므로 이러한 현대 출판계의 상황에서야말로 '사상을 가진 편집자'가 필요한 것이 아닐까? 바야흐로 '사상으로서의 편집자'를 확보한 출판사가 필요한 시대를 맞게 된 것이다.

이러한 시대적 요청은 신학 분야에서도 매우 중요하고 필요하다. 일찍이 신학 출판사는 종파나 교단 혹은 한 종교로서의 그리스도교의 입장을 제시하기 위한 대변자였다. 특히 하나의 교파가 그 나라 종교 전체를 지배하거나 혹은 압도적 다수의 신자를 가지고 있는 경우•에는, 종교 시장에서 '사상'을 독점하고 있었다. 그러한 시대가 끝나고 종교 시장이 개방되고 자유를 얻게 된 후에 '편집자'는 새로운 역할을 부여받았다. 그것은 이 자유로운 시장 안에서 자유롭기 때문에 비로소 필요한 역할이다. 즉 '사상을 상대화하는 편집'과 '편집을 상대화할 수 있는 사상', 양쪽 모두를 완수해야 한다는 역할이다. 그러한 역할을 '미디어로서의 편집자'라고 부르고 싶다. 그리고 바로 그곳이 '편집자의 사상'에 주어진 공간이다.

편집자의 '대사(大使)로서의 역할'과 그 균형

1925년에 일본 센다이에서 태어나 도호쿠가쿠인대학(東北學院大學)과 도쿄신학대학(東京神學大學)을 졸업한 후, 전후에 샌프란시스코 신학대학에 유학한 아카이시 다다시(赤石正, 1925~)라는 개신교 목사가 있다. 아카이시 목사는 1949년에 미국으로 건너가 학위를 받았고, 1957년에는 로스앤젤레스 한 교회의 담임목사가 되었다. 그런데 그로부터 4년 후, 그는 리치먼드에 있는 신학 전문 출판회사인 '존 녹스 출판사(John Knox

• 예를 들면 영국 성공회, 독일 루터교 등.

하퍼 앤 로우 출판사의 로고

Press)'에 입사해 일했고, 1966년부터는 미국을 대표하는 출판사인 '하퍼 앤 로우(Harper & Row)' 출판사의 종교 부문 편집장을 거쳐 이후 부사장까지 되었다. 그가 일본에 귀국하여 일본의 출판 관계자들 앞에서 실시한 강연이 『미국의 출판계: 하퍼 출판사의 출판경영(アメリカの出版界: ハーパー社の出版經營)』(出版同人, 1974)이라는 제목으로 간행되었다.[6]

책에서 아카이시 목사는 '저자와 편집자의 관계'를 설명하면서, "편집자는 대사(大使)로서의 역할을 완수하지 않으면 안 된다"고 주장한다. 우선 편집자는 '저자의 좋은 친구'가 되어야 하며, 그들의 사상을 깊이 이해하지 않으면 안 된다고 말한다. 확실히 편집자는 한 작품을 대하는 최초의 독자이며 충분한 독해자가 되지 않으면 안 된다. 편집자조차 이해하고 납득할 수 없는 책을 출판할 수 없기 때문이다. 한편 편집자는 저자에 대해서 대사의 자격으로 출판사의 생각을 전달하며, 동시에 출판사에도 저자의 생각을 전달해야 한다. 이 점은 이미 다 알고 있는 것처럼 가볍게 여기지만, 영원히 변하지 않을 편집자의 기본적인 책임이라는 점을 꼭 기억해야 한다. 여기에 더하여 편집자는 '저자와 독자'에 대해서도

플레이아드 총서의 단행본(왼쪽)과 총서 모음(오른쪽)

'대사'의 역할을 담당해야만 한다. 그리고 그때 요구되는 것이 앞서 말한 '사상을 상대화하는 편집'과 '편집을 상대화할 수 있는 사상', 양쪽 모두를 지닐 수 있는 균형 감각이다. 구체적으로 어떠한 것을 예로 들 수 있을까?

앞에서 인용한 『이상 없는 출판』을 쓴 앙드레 시프린은, 사실은 유명한 잭 시프린(Jack Schiffrin)의 아들이다. 아버지 잭은 러시아 태생의 유대인으로, 프랑스에서 명성을 떨친 '플레이아드 총서(La Bibliothèque de la Pleiadé)'를 창간한 인물이다.[7] 이 총서는 훗날 프랑스의 갈리마르 출판사(Éditions Gallimard)에 매수된다. 제1차 세계대전 후에 전성기를 구가한 프랑스 출판사의 이야기다. 그런데 나치스에 의해서 파리가 함락되었을 때, 프랑스의 출판업계에도 독일의 편집자법(編輯者法)이 시행됨에 따라 유대인이었던 아버지 잭 시프린은 출판사가 해체되는 아픔을 겪는다. 다행히도 소설가 앙드레 지드의 도움으로 미국 뉴욕에 망명할 수 있었다. 이후 아버지 잭 시프린이 쿠르트 볼프(Kurt Wolff)와 함께 창립한 회사가 바로 팬시언 출판사(Pantheon Books)였다.

앙드레 시프린은 아버지에게 두 가지 신념을 물려받았다. 첫 번째는 이익 창출을 통한 출판사의 안정적 유지와 자립, 그리고 두 번째는 가치 있는 책을 계속해서 출판할 수 있는 역량을 확보하라는 것이었다. 그 때문에 그는 출판사가 정치로부터 자립하면서도 동시에 정치적이지 않으면 안 된다고 생각했다. 이러한 관점은 사상에 대해서도 똑같이 들어맞는다. 편집자는 사상가나 작가에 대해서 정치적이지 않으면 안 된다. '사상'이 사회적 콘텍스트 속에서 탄생해 온갖 상황의 영향을 받는 것은 불가피한 것이지만, 한편으론 그로부터 만들어진 '사상'의 텍스트는 새로운 사회적인 콘텍스트를 창조해간다. 그러한 '사상의 창출'을 위해서라도 편집자는 사상에 대해 (독립된 사상가로서) 자립해야 하며, 또 스스로가 정치적인 동향에도 민감해야 한다. 즉, 시프린이 말한 '균형 감각'을 가지지 않으면 안 된다. 편집자가 그러한 능력을 가질 때 비로소 '사상을 상대화하는 편집'이 나온다.

여기서 그치는 것이 아니라, 편집자는 자신의 편집마저도 상대화할 수 있어야 한다. 그러기 위해서는 그 스스로가 사상적이어야 한다. 결국 편집자는 사상가나 작가를 대할 때, 또 다른 한 명의 사상가가 아니면 안 되는 것이다.

'사상을 상대화하는 편집'과 '편집을 상대화하는 사상', 이 둘 모두를 가진 편집자야말로, 실은 출판사의 과도한 정치화 혹은 출판사가 대중이라는 익명의 편집자에게 지배당하는 것을 피할 수 있는 유일한 길일 것이다. 앙드레 시프린은 다음과 같이 말한다.

사상의 선택이 제한적인 사회가 얼마나 무서운 것인지, 그리고 폭넓은 논의의 장(場)을 유지해가는 일이 얼마나 중요한 것인지에 대해서 지금부터 계속, 내가 서 있는 이 땅이든, 바다 너머 저 먼 곳이든 간에, 한 사람이라도 더 많이 깨달아나가길 진심으로 바란다.

시프린이 여기서 비판하며 경종을 울리고자 하는 것은 '사상의 선택이 제한된 사회'만이 아니며, 그는 '사상의 선택이 제한된 출판사'도 염두에 두었을 것이다. '사상의 자유가 억압된 상황'을 피하기 위해서라도 '사상을 상대화하는 편집', '편집을 상대화할 수 있는 사상'을 가진 편집자가 요구된다.

마지막으로 한 가지, 시프린이 남긴 단순하지만 진심으로 공감하게 만드는 말 한마디를 인용하면서 이 책을 갈무리하고 싶다. 이 말 속에 모든 것이 담겨 있다.

우리의 삶 속에서 책이 얼마나 소중한지를 절대로 잊어서는 안 된다.

주(註)

프롤로그 **편집자란 누구인가? 누가 편집자인가?**

1 파울 틸리히가 미국으로 망명한 후 그를 받아들인 뉴욕 유니온신학교는 브로드웨이의 어퍼타운에 위치하고 있어, 동쪽에는 브로드웨이를 뒤로 하여 컬럼비아대학이, 북쪽으로는 줄리어드음대와 버나드여자대학이 있었다. 그런 의미에서 사람들은 틸리히가 『프로테스탄트 시대』를 통해 미국에서 명성을 얻게 되자 "브로드웨이로의 재 데뷔"라고 불렀다. J. Heywood Thomas, *Paul Tillich. Outstanding Christian Thinkers* (New York, 2000), p. 20.

2 Martin Jay, *Permanent Exiles. Essays on the Intellectual Migration from Germany to America* (Columbia Univeristy Press, 1986) 참조.

3 이 당시의 사정에 대해서는 A. Christophersen/C. Schulze, 深井智朗 他訳, 『アーレントとティリッヒ』(法政大学出版会, 2008)의 제3부에 수록한 해설 논문 참조.

4 Wilhelm and Marion Pauck, *Paul Tillich. His Life and Thought*. Vol.1: *Life*, 1976[田丸徳善 訳, 『パウル·ティリッヒ (1) 生涯)』(ヨルダン社, 1979), p. 191.]

5 Alf Christophersen/Friedrich Wilhelm Graf, "Scherben ihrer Bilder, verloren Klänge ihrer Stimmen…". Die Korrespondenz zwischen Paul Tillich und Dolf Sterberger, in: *Journal for the History of Modern Theology/Zeitschrift für Neuere Theologiegeschichte*, 16(2009), pp. 75~111, 특히 p. 93.

6 『パウル·ティリッヒ (1) 生涯)』, p. 213 이하.

7 Paul Tillich, *The Interpretation of History* (New York: Charles Scribner's Sons, 1936). 여기에 수록되었던 「경계선 위에서」라고 제목 붙여진 장의 개정판은 1966년에 같은 출판사에서 독립된 책으로 새롭게 간행되었다.

8 『パウル·ティリッヒ (1) 生涯)』, p. 214.

9 위와 같음.

10 위와 같음.

11 틸리히는 이 당시, 세미나 때나 강연회에서 그의 사상에 대한 질문을 받게 되면 영어로 충분히 대답할 수 없는 경우가 많았고, 그때마다 대답을 애덤스에게 돌리곤 했었다. 그러면 많은 경우 애덤스가 틸리히의 저작들에서 적당한 곳을 인용해가며 대답할 수 있었다.

12 1946년 3월 9일 자, 애덤스가 틸리히에게 보낸 편지, Paul Tillich Archives: Andover-

Harvard Theological Library in Harvard University, Call No.: bMS 649, 804.

13 1946년 5월 11일 자, 호르크하이머가 틸리히에게 보낸 편지, Paul Tillich Archives: Call No.: bMS 804.

14 『パウル・ティリッヒ (1) 生涯)』, p. 214 참조.

15 1947년 1월 8일 자, 위크가 틸리히에게 보낸 편지, Paul Tillich Archives: Call No.: bMS, 812.

16 1947년 3월 2일 자, 위크가 틸리히와 애덤스에게 보낸 편지, Paul Tillich Archives: Call No.: bMS 812.

17 上山安敏,『神話と科學: ヨーロッパ知識社會 世紀末~20世紀』(東京: 岩波現代文庫, 2001), p. 159.

18 Gangolf Hübinger, "Eugen Diederichs", in: Alf Christophersen/Friedemann Voigt (hg.), *Religionsstifter der Moderne. Von Karl Marx bis Johannes Paul II*, (München, 2009), p. 169.

19 그의 생애에 대해서는 Deborah (Debbie) Geller/Anthony Wall, *In my Life: The Braian Epstain Story* (London, 2002)의 내용을 참고했다.

20 같은 책, p. 26.

21 같은 견해로서, Ray Coleman, *The Man who Made the Beatles: An Intimate Biography of Brian Epstein* (London, 1989)을 들 수 있다.

22 Brian Epstein, *A Cellarful of Noise* (London, 1964) 참조.

23 물론 이것은 엡스타인의 증언이며 이와 다른 견해도 있다. Frederic P. Miller/Agnes F. Vandome/John McBrewster (eds.), *Brian Epstein* (London, 2010) 참조.

24 이 점에 대해 예를 들은 것으로는 *Der Verleger und seine Autoren. Siegfried Unseld zum sechzigsten Geburtstag* (Frankfurt, 1997) 참조. 혹은 그와 괴테 및 출판인과의 관계에 대한 연구를 비교해봐도 좋을 것이다. Siegfried Unseld, *Goethe und seine Verlager* (Neuaufgabe von Insel Verlag, 1998).

25 Friedrich Wilhelm Graf, "Das Laboratorium der religiösen Moderne. Zur »Verlags-religion« des Eugen Diederichs Verlag", in: Gangolf Hübinger (hg.), *Versammlungsort moderner Geister. Der Eugen Diederichs Verlag–Aufbruch ins Jahrhundert der Extreme* (München, 1996), pp. 243~298.

26 Wolfgang Schopf (hg.), *»So müßte ich ein Engel und kein Autor sein« Adorno und seine Frankfurter Verlager. Der Briefwechsel mit Peter Suhrkamp und Siegfried Unseld* (Fraknfurt a. M., 2003).

27 Siegfried Unseld, *Peter Suhrkamp. Zur Biographie eines Verlegers in Daten, Dokumenten und Bildern* (Frankfurt a. M., 2001).

28 크리스티안 카이저사에 대해서는 뒤에서 또 다루겠지만 우선은 아래의 문헌을 참조 바람. Georg Jäger (hg.), *Geschichte des Deutschen Buchhandels im 19. und 20. Jahrhundert.* Band 1, Teil 1: Das Kaiserreich 1870-1918 (Frankfurt am Main, 2001), p. 383; Friedrich Wilhelm Graf/Andreas Waschbüsch, "Christian Kaiser Verlag", in: *Historisches Lexikon Bayerns.*

29 Jürgen Moltmann, *Theologie der Hoffnung. Untersuchungen zur Begründung zu den Konsequenzen einer christlichen Eschatologie* (München, 1964; Gütersloh, 1997). 이 책의 출판에 대한 사회사적 고찰은 향후 1차 자료에 근거해서 다시 진행되어야 할 것이다. 이 책은 아마도 전후 시대 전 세계에서 가장 많이 읽힌 신학 서적일 텐데, 우선적으로 고찰되어야 할 것은 크리스티안 카이저사의 첫 번째 목적이기도 했던 막스 베버 탄생 100주년 기념행사라든지, 그리고 곧이어 등장하는 독일의 학생운동과의 관계가, 크리스티안 카이저사의 정치적 입장에 서로 어떤 영향을 미쳤는가 하는 점이다. [한국어 번역서로 1973년 김경재, 박봉랑 공역으로 대한기독교서회에서 나온 이후 가장 최근의 것으로는, 위르겐 몰트만 지음, 이신건 옮김, 『희망의 신학: 그리스도교적 종말론의 근거와 의미에 대한 연구』 (서울: 대한기독교서회, 2002)가 있다 _ 옮긴이 주]

30 위르겐 몰트만과 크리스티안 카이저사와의 관계에 대해서는, *Chr. Kaiser Almanach −125 Jahre Chr. Kaiser Verlag* (München, 1970)에 수록돼 있는 몰트만 자신의 증언을 참조 바람.

31 *The New York Times*, 19. March 1968.

32 *Christian Kaiser Verlag*, Bertelsmann Archiv Gütersloh: CKV 1~160 참조.

33 木田元, 『ハイデガーの思想』 (東京: 岩波書店, 1992), p. 103.

34 오이겐 디더리히스와 그의 출판사에 대해서는, Gangolf Hübinger, "Eugen Diederichs", in: Alf Christophersen/Friedemann Voigt (hg.), *Religionsstifter der Moderne. Von Karl Marx bis Johannes Paul II*, pp. 169~182 참조.

35 이 점에 대해서는 Friedrich Gogarten, *Religion weither* (Jena, 1917) 참조. 이것은 그가 오이겐 디더리히스 출판사에서 출간한 책들 중에서도 디더리히스의 영향을 가장 많이 받은 것으로서 트뢸치를 비판한 내용이 들어 있다.

36 Hermann Hesse, *Briefe* (Frankfurt a. M., 1964). 인용은 ヘルマン·ヘッセ, 『ヘッセ 魂の手紙』, (毎日新聞社, 1998), p. 52를 참조함.

37 Gerd Schulz, *Buchhandels-Ploetz. Abriß der Geschichte des deutschsprachigen Buchhandels von Gutenberg bis zur Gegenwart* (Freiburg, 1989, 4. Aufl.), p. 13.

38 Verlag라는 용어의 역사에 대해서는 上山安敏, 『神話と科學: ヨーロッパ知識社會 世紀末~20世紀』, p. 159 이하 참조. 또 Walter Horace Bruford, *Deutsche Kultur*

der Goethezeit (Essen, 1988)도 중요한 문헌이다.

39 Helmut Claus, "Erfurter Drucke in der ersten Hälfe des 16. Jahrhunderts", in: Ulman Weiß (hg.), *Erfurt 742—1992. Stadtgeschichte - Universitätgeschichte* (Weimar, 1992), pp. 295~314.

40 발터 드 그뤼터 출판사의 역사는 다음을 참조. 출판사로서 그 기원은 1749년까지 거슬러 올라간다. Doris Fouquet-Plümscher, *Aus dem Archiv des Verlages Walter de Gruyter: Briefe, Urkunden, Dokumente* (Berlin, New York: Walter de Gruyter, 1980).

| 제1장 | 디더리히스 출판사와 독일 프로테스탄티즘

1 오이겐 디더리히스는 누구인가?

1 早崎守俊, 『ドイツ表現主義の誕生』(三修社, 1996), p. 13; ディートマー・エルガー, 「ドイツ表現主義」, 『ドイツ表現主義の芸術』(アプトインターナショナル), p. 10; Frank Krause, *Frankreich und der deutsche Expressionismus* (Göttingen, 2007), p. 7.

2 Ernst Troeltsch, *Die Fehlgeburt einer Republik: Spektator in Berlin 1918-1922. Zusammengestellt u. mit einem Nachwort versehen v. Johann Hinrich Claussen* (Frankfurt a. M., 1944).

3 Otto Friedrich, *Before the Deluge—A Portrait of Berlin in the 1920's* (Harper & Low, 1972) [『洪水の前: ベルリンの1920年代』, 千葉雄一 訳 (新書館, 1985), p. 36.]

4 '때와 때 사이(Zwischen den Zeiten, 일본어로는 時の間)'이라는 말은, 프리드리히 고가르텐 등이 이른바 '변증법 신학'이라고 불리던 신학적 전위파들을 위한 잡지의 타이틀로 사용하면서 유명해진 상징적인 말이다. 하지만 이 말 자체는 1905년 이후, 표현주의자들에게만 한정되지 않고 어떠한 상징적 혹은 정치적 의미를 가지는 말로서 이용되고 있었다. Alf Christophersen, *Der Kairos. Stationen einer Begriffskarriere* (Tübingen, 2008), p. 93 참조.

5 빌헬름 보링어(Wilhelm Worringer)가 1911년의 ≪데어 슈투름(Der Sturm)≫지에 「현대 회화의 발전사에 대해서」라는 제목의 글을 게재한 바 있는데, 거기서 그는 마티스가 사용한 표현(exprssion)이란 말을 인용하면서 'die Expressionisten'이란 조어(造語)를 사용한 사실은 널리 알려져 있다. 그때 보링어가 이른바 후기인상파와 인상파를 구별하기 위해 이 용어를 사용한 것이 확실하다.

6 Georg Simmel, *Der Konflikt der modernen Kultur. Ein Vortrag* (Berlin 1918) [『ジンメル著作集』第6巻 (白水社, 1976)].

7 Peter Gay, *Weimar Cultur*, (Haper & Row, 1968), p. xiii.

8 최근의 칸딘스키론(論) 가운데 이 시대의 사회사적 문화사적 상황에 대해서 다루고 있는 연구 성과로는 Claudia Emmert, *Bühnenkomposition und Gedichte von Wassily Kandinsky* (Frankfurt, 1998)를 참조하기 바람.

9 Otto Friedrich, *Before the Deluge—A Portrait of Berlin in the 1920's* (『洪水の前: ベルリンの1920年代』, 千葉雄一 訳, p. 57.]

10 Andreas Meyer, "1896-1930: Der Verlagsgründer und seine Rolle als » Kulturverlag «", in: Gangolf Hübinger (hg.), *Versammlungsort moderner Geister. Der Eugen Diederichs Verlag—Aufbruch ins Jahrhundert der Extreme* (München, 1996), p. 26.

11 Mark Lehmstedt/Andreas Herzog (hg.), *Das bewegte Buch. Buchwesen und soziale, nationale und kulturelle Bewegungen um 1900* (Wiesbaden, 1999).

12 G. L. Mosse, *Die volkische Revoltion* (Frankfurt. a. M., 1991), p. 62. 모스가 가정한 체계란 것은 물론 '신낭만주의'를 의미한다. 같은 책, pp. 63~77.

13 Peter de Mendelssohn, *S. Fischer und sein Verlag* (Frankfurt a. M., 1970); Friedrich Wilhelm Graf, "Das Laboratorium der religiösen Moderne. Zur » Verlagsreligion « des Eugen Diederichs Verlag", in: Gangolf Hübinger (hg.), *Versammlungsort moderner Geister. Der Eugen Diederichs Verlag—Aufbruch ins Jahrhundert der Extreme*, pp. 243~298도 참조.

14 Graf, 같은 책, p. 291.

15 Sebastian Haffner, *Zur Zeitgeschichte* (München, 1982), p. 36. Peter de Mendelssohn, *S. Fischer und sein Verlag*도 참조.

16 上山安敏,『神話と科學: ヨーロッパ知識社會 世紀末~20世紀』, p. 164 이하.

17 Gangolf Hübinger, "Eugen Diederichs", in: Alf Christophersen/Friedemann Voigt (hg.), *Religionsstifter der Moderne. Von Karl Marx bis Johannes Paul II*, p. 169.

18 E. Diederichs, *Lebensaufbau* (1920/21), p. 245.

19 같은 책, p. 246.

20 山口知三他,『ナチス通りの出版社: ドイツの出版人と作家たち1886-1950』, (人文書院, 1989), p. 6.

21 Johann Wolfgang von Goethe, *Aus meinem Leben. Dichtung und Wahrheit* (autobiographische Dichtung. 4. Bole.), 1811-31 (=Sämtliche Werke, München Ausgabe in 20. Bände) hg. von Karl Richter neueste Auflage 1986 im Carl Hanser Verlag erschienen, München.) [ヨハン・ヴォルフガング・フォン・ゲーテ, 『ゲーテ全集』第9巻『自伝ー誌と真実 第1部, 第2部』(人文書院, 1960), p. 285]

2 고가르텐의 두 스승

1 Paul Tillich, "Systematische Theologie" (1913), in: *Ergänzungs- und Nachlaßsbä nde zu den Gesammelte Werke* (Berlin, 1971ff), Bd. IX.

2 Friedrich Gorgarten, *Religion weither* (Jena: E. Diederichs, 1917).

3 E. Diederichs, *Leben und Werk. Ausgewahlte Briefe und Aufzeichnungen*, hg. von Lulu von Strauß und Torney-Diederichs (Jena, 1936), p. 33.

4 같은 책, p. 34.

5 '그날 하루'가 어떤 날을 의미하는지는 지금도 명확히 규명되지는 않고 있다. 하지만 그날 디더리히스가 고가르텐에게 말한 그 무엇이 훗날 '변증법 신학'이라고 불리게 된 신학운동의 기관지 ≪때와 때 사이(Zwischen den Zeiten)≫로 정해지게 된다. Eugen Diederichs, *Lebensaufbau*, Autobiographie (1921) = ungedruckt, Privatbesitz Familie Diederichs München.

6 Friedrich Wilhelm Graf, *Friedrich Gorgartens Deutung der Moderne*, ZKG 100 (1989), pp. 169~230에 자세히 나와 있다.

7 Diederichs, 앞의 책, p. 180.

8 F. W. Graf, 앞의 책, p. 263. 또한 트뢸치가 오이겐 디더리히스와 같은 '종교적 세계관적 문화개혁 프로그램'에 대해서 비판적으로 거리를 두었던 점에 대해서는 Gangolf Hübinger, "Kulturkritik und Kurturpolitik des Eugen-Diederichs-Verlags im Wilhelmnismus. Auswege aus der Krise der Moderne?", in: H. Renz/F. W. Graf (hg.), *Umstrittene Moderne. Die Zukunft der Neuzeit im Urteil der Epoche Ernst Troeltschs*(= Troeltsch-Studien Bd. 4) (Gütersloh, 1987), pp. 92~114를 참고 바람.

9 1920년 10월 27일 자의 에두아르트 투르나이젠 앞으로 보내온 편지, *Karl Barth-Eduard Thurneysen Briefwechsel*, Bd. 1. 1913-1921, hg. von Eduard Thurneysen (Zürich, 1973), p. 142.

10 Barth-Thurneysen, 같은 책, p. 176.

11 Friedrich Gorgarten, *Ein autobiographischer Rückblick* (1927). 이미 출판된 자전적 스케치는 Matthias Kroeger, *Friedrich Gorgarten. Leben und Werk in zeitgeschichtlicher Perspektive mit zahlreichen Dokumenten und Materialien*, Bd. 1 (Stuttgart, 1997), p. 26 이하에 게재되어 있다.

12 예를 들면 고가르텐이 바르트를 비판한 *Gericht oder Skepsis. Eine Streitschrift gegen Karl Barth* (Jena, 1937).

13 Karl Barth, "Abschied", in: *Zwischen den Zeiten*, 1933, Nr. XI, p. 537.

3 막스 베버 뒤의 '숨은 그림자', 디더리히스

1 이 점에 대해서는 F. W. Graf, "Annihilatio historiae? Theologische Geschichtsdiskurse in der Weimarer Republik", in: *Jahrbuch des Historischen Kollegs 2004* (München, 2005), pp. 49~81 참조. 그중에서 그라프는 "Gottes Frontgeneration, oder: Die heilige Allianz der Generationsbruder"라는 표현에서 '아버지의 시대'에 대한 '자식의 시대'의 사상적 혁명을 설명하고 있다. 또한 아버지의 자식에 대한 반항이라는 심리학적인 용어에서 이러한 것을 설명한 것은 피터 게이(Peter Gay)를 들 수 있다[ピーターゲイ, 『ウイマール文化』(みすず書房, 1987)을 참조할 것].

2 Marianne Weber, *Max Weber. Ein Lebensbild* [Tübingen: J. C. B. Mohr (Paul Siebeck), 1926]. (マリアンネヴェーバー, 『マックス・ヴェーバー伝』, p. 446.)

3 Max Weber, *Wissenschaft als Beruf* (1917/1919), in: *Wissenschaft als Beruf 1917/1919. Politik als Beruf* 1919 (MWG I/17) (Tübingen, 1922), pp. 71~111. [『職業としての学問』, 尾高邦雄 訳, (岩波文庫)가 번역되어 있다.]

4 Erich von Kahler, *Der Beruf der Wissenschaft* (Berlin, 1920).

5 Karl Barth, "Antwort auf Herrn Professor von Harnack offenen Brief", in: *Die christliche Welt* 37 (1923), Nr. 16/17 [= Karl Barth, *Theologische Frage und Antworten. Gesammelt Vorträge* Bd.3 (1957)]. [『カールバルト著作集』, 第1集,「アドルフ・フォン・ハルナックとの往復書簡」(新教出版社)]

6 Ernst Troeltsch, "Ein Apfel vom Baume Kierkegaards", in: *ChW* 35 (1921), pp. 186~190. M. Doerry, *Übergangsmenschen. Die Mentalität der Wilhelminer und die Krise des Kaiserreichs*. 2. Bde (1986).

7 Ernst Troeltsch, "Die Revolution in der Wissenschaft", in: *Gesammelte Schriften*, Bd. 4 (Tübingen, 1925), p. 668.

8 マリアンネヴェーバー, 『マックスヴェーバー』, p. 446 이하.

9 위와 같음.

10 같은 책, p. 446.

11 『職業としての学問』, p. 57.

12 Troeltsch, 앞의 책, p. 668.

4 '교회 밖의 기독교'와 디더리히스

1 ≪디 타트≫의 정식 명칭은 'Die Tat. Wege zu freiem Menschentum'이다. 이 잡지

의 목적에 대해서는 Ernst Horneffer, "Unsere Ziele", in: *Die Tat.* 1. Jg., Heft 1 (April/1909), p. 1 이하 참조. 그리고 Hans Brunzel, *Die „Tat" 1918－1933* (Bonn, 1952); Stefan Brouer, *Anatomie der konservativen Revolution* (Darmstadt, 1993)도 함께 참조 바람.

2 上山安敏,『神話と科學: ヨーロッパ知識社會 世紀末~20世紀』, p. 134. 한편 이 점에 대해서는 우에야마 야스토시도 인용하고 있는 다음의 문헌에 자세히 소개되어 있다. Cary D. Stark, *Entrepreneurs of Ideology. New Conservative Publishers in Germany 1890-1933* (Chapel Hill, 1981), p. 72.

3 Albert Kalthoff, *Das Christus-Problem. Grundlinien zu einer Sozialtheologie* (Leipzig, 1902).

4 Albert Kalthoff, *Religiöse Weltanschauung, Reden* (Leipzig, 1903).

5 Albert Kalthoff, *Die Entstehung des Christentums, Neue Beitrage zum Christus-problem* (Leipzig, 1904).

6 Gottfried Traub, *Gott und Welt* (Jena, 1908)는 디더리히스의 지원하에서 정리한 것이다. 그 후 트라우프는 ≪뮌헨 아우크스부르크 석간지≫의 편집을 맡았을 때에 디더리히스의 출판사를 지원했다.

7 예를 들어 Ernst Horneffer, *Die künftige Religion* (Jena, 1909)이다. 또한 니체 연구나 플라톤주의에 관한 연구도 디더리히스의 지원을 받아 출판되었다.

8 E. Diederichs, *Leben und Werk. Ausgewählte Briefe und Aufzeichnungen*, hg. von Lulu von Strauß und Torney-Diederichs, p. 68.

9 마르틴 라데와 디더리히스와의 관계는 의외로 오래되었다. *Eugen Diederichs an Martin Rade*, 26. 10. 1903, in: *Eugen Diederichs Leben und Werk*, p. 88 참조. 이러한 '종교적이기는 하지만 교회적이지 않은 기독교', 전통적인 제도나 기성 교회를 부정하여 기독교 본연의 모습을 되찾으려고 하는 입장을 '교회 밖의 기독교'라고 부를 수 있을 것이다. 이러한 형태는 계몽주의의 영향을 받은 기독교라 할 수 있지만 그 특징은 종교 자체의 부정이 아니고 교회라는 제도의 부정이라고 하는 점이다. 디더리히스는 이러한 '교회 밖의 기독교'에 대한 옹호자였던 것이다.

10 Karl Barth, "Antwort auf Herrn Professor von Harnack offenen Brief", in: *Die christliche Welt*, 37(1923), Nr. 16/17 [= Karl Barth, *Theologische Frage und Antworten. Gesammelte Vortrage* Bd. 3 (1957)]. 신학의 학문성을 둘러싼 바르트와 하르낙의 논쟁에 대해서는 졸고, 深井智朗,『ハルナックとその時代』(キリスト新聞社, 2002)를 참조 바람.

11 이 점에 대해서는 John L. Heibron, *Max Planck. Ein Leben für die Wissenschaft 1858-1947* (Stuttgart, 2006)을 참조 바람.

12 이 점에 대해서는 졸고, 深井智朗, 「新しい宗教性としてのヴァンダーフォーゲル一解放としてのナショナリズム」, 『聖學院大學總合硏究所紀要』 제37호(2006)을 참조 바람.

13 W. Kindt, *Grundschriften der deutschen Jugendbewegung* (Dusseldorf/Köln, 1963), 5605.

14 E. Viehöfer, *Die Verlager als Organisator* (Frankfurt, 1888), p. 28.

5 시골 목사 바르트, 세상으로 나오다!

1 Karl Barth, "Vorwort zum Nachdruck von dem Römerbrief" (1. Aufl., 1963), in: *Der Römerbrief* (Erste Fassung, 1919), hg. von Hermann Schmidt, *Karl Barth Gesamtausgabe*, II, Bd. 16.

2 Barth, 같은 책, p. xii.

3 페스탈로치 부부와 바르트와의 관계에 대해서는 G. Merz, *Wege und Wandlungen* (München, 1961), p. 25 이하 참조.

4 Ulrich Linse, *Barfußige Propheten. Erloser der zwanziger Jahre* (Berlin, 1983) 참조.

5 1919년 10월 19일에 투르나이젠 앞으로 바르트가 보낸 편지 참조; *Karl Barth-Thurneysen Briefwechsel*, Bd. 1. 1913-1921, hg. von E. Thurneysen.

6 Hermann Schmidt, "Vorwort des Herausgebers", in: Karl Barth, "Vorwort zum Nachdruck von dem Römerbrief" (1. Aufl., 1963), in: *Der Römerbrief* (Erste Fassung) 1919, hg. von Hermann Schmidt, *Karl Barth Gesamtausgabe*, II, Bd. 16, p. IX 이하.

7 Karl Barth, *Der Christ in der Gesellschaft: Eine Tambacher Rede. Mit einem Geleitwort von Hans Ehrenberg* (Würzburg: Patomos Verlag, 1920).

8 G. Merz, 앞의 책, p. 204 이하

9 Franz Rosenzweig, *Der Mensch und sein Werk: Gesammelte Schriften I: Briefe und Tagebücher*. 2. Band. 1918-1929, hg. von Bernhard Casper (Hauge, 1979).

10 이러한 만남도 있었고 바르트의 「사회 속에서의 기독교인」은 최초로 뷔르츠부르크의 파트모스 출판사로부터 에렌베르그의 서문이 첨부되어 출판되었던 것이다.

11 "교류의 내용은 확실하지 않지만 적극적인 관계였다"고 한다. 슐츠에게 보낸 1954년 8월 2일 자 편지, in: *Karl Barth Gesamtausgabe. Offene Briefe 1945–1968*, hg. von Diether Koch (Zürich, 1984).

12 이러한 시대 분석에 대해서는 Fridrich Wilhelm Graf, "Annihilatio historiae? Theologische Geschichtsdiskurse in der Weimarer Republik", in: *Jahrbuch des Historischen Kollegs 2004*, pp. 49~81; *Der heilige Zeitgeist. Studien zur Ideengeschichte der protestantischen Theologie in der Weimarer Republik*, (Tübingen, 2011)를 참조 바람.

13 투르나이젠에게 보낸 1919년 2월 20일 자 편지, in: *Karl Barth - Eduard Thurneysen Briefwechsel*, Bd. 1. 1913-1921, hg. von E. Thurneysen.

14 위와 같음.

15 G. Marz, 앞의 책, p. 204.

16 같은 책, p. 205 이하.

17 바르트는 1957년 7월 16일 자의 G. 덴(G. Dehn)에게 보낸 편지에서 "나는 여기서 슈테르첸도르프의 목사 프리드리히 고가르텐을 만났다"라고 쓰고 있다. *Karl Barth Gesamtausgabe. Offene Briefe 1945-1968*, hg. von Diether Koch.

18 Karl Barh, Vorwort zum Nachchdurck vom Römerbrief, 1. Aufl. in: ibid.

6 저자의 사상과 편집자의 사상 사이에서

1 Karl Barth, Nachwort. zu: *Schleiermacher—Auswahl*, hg. von H. Boll (München und Hamburg, 1968), pp. 290~312.

2 Karl Barth/Eduard Thurneysen, *Suchet Gott, so werdet ihr leben!* (Bern: G. A. Bäschlin, 1917).

3 Hans Schwerte, "Deutsche Literatur im wilheminischen Zeitalter", in: H. J. Schoeps (hg.), *Zeitgeist im Wandel. Das wilhelminische Zeitalter* (Stuttgart, 1967).

4 Sigmund Freud/Carl Gustav Jung, *Briefwechsel* (Frankfurt a. M., 1974) [ウィリアム·マグァイア編; 平田武靖 訳,『フロイト=ユング往復書簡集』上 (誠信書房, 1979)] 참조.

5 Hellmut Diewald, "Literatur und Zeitgeist in der Weimarer Republik", in: J Schoeps (hg.), *Zeitgeist im Wandel. Zeitgeist der Weimarer Republik* (Stuttgart, 1968).

6 上山安敏,『神話と科學: ヨーロッパ知識社會 世紀末~20世紀』, p. 198. 이하 참조.

1 정치적 편집자, 빌리 뮌첸베르크

1 Jürgen Schleimann, "The Organisation Man. The Life and Work of Willi Münzenberg", in: *Journal of Soviet and East European Studies*. 4 (1965) 및 星乃治彦, 『赤いゲッベルスーミュンツェンベルクとその時代』 (岩波書店, 2009), p. 81 이하.

2 뮌첸베르크의 생애에 대해서는 Babette Gross, *Willi Münzenberg. Eine politische Biographie* (Leipzig, 1991); Sean MacMeekin, *The Red Millionaire. A Political Biography of Willi Münzenberg* (Yale University Press, 2003); Harald Wessel, *Münzenberg Ende. Ein deutscher Kommunist im Widerstand gegen Hitler und Stalin. Die Jahre 1933 bis 1940* (Berlin, 1991)를 참조 바람.

3 이 부분의 전후 사정에 대해서는 Rolf Eurmann, *Die Münzenberg-Legende. Zur Publizistik der revolutionären deutschen Arbeiterbewegung 1921-1933* (Köln, 1983)에 자세히 소개되어 있다.

4 이 부분에 대한 복잡한 사정을 더 자세히 알기 위해서는 이하의 세대론(世代論)을 참조 바람. Detlev J. K. Peukert, *Jugend zwischen Krieg und Krise. Lebenswelten von Arbeiter jungen in der Weimarer Republik* (Köln, 1987); *Die Weimarer Republik. Krisenjahr der Klassischen Moderne* (Köln, 1987).

5 Peukert, 같은 책.

6 Zxel Schildt, *Die Sozialgeschichte der Bundesrepublik bis 1989/90* (München, 2003) 참조.

7 Romain Rolland/Stefan Zweig, *Briefwechsel 1910-1940* Bd.1. 1910-1923, Bd.2. 1924-1940 (Berlin, 1987) 참조.

8 Karl Barth, "Jesus Christus und die soziale Bewegung", in: *Der freie Argau*, 23 und 30. 12. 1911.

9 이 강연이 수록되었을 것으로 보이는 바르트 전집의 "Vortrage und kleinere Arbeiten 1915-1924"는 아직도 미간행본이다. 물론 이 강연의 원고는 바젤의 바르트 자료관에서 볼 수 있다. 인용은 에버하르트 부쉬의 다음 책에서 가져왔다. Eberhard Busch, *Karl Barth, Lebenslauf. Nach seinen Briefen und autobiographischen Texten* (3. Aufl., 1978) [小川圭治 訳, 『カール・バルトの生涯』 (新教出版社, 1989), p. 120].

10 "그 무렵 어느 때인가 급진파의 '동지(同志)'인 빌리 뮌첸베르크가 자펜빌의 바르트에게 방문하였을 때 사람들은 미리 그에게 여기에서는 반교회적인 것을 말해선 안 된다고 충고했다고 한다"(Eberhard Busch, 같은 책, p. 121).

11 '동시대사(同時代史)'라는 시점은 중요하다. 스위스에서의 사회주의와 종교사회주의

간의 관계도 포함한 이 시대의 상황에 대한 고찰로는 Jürgen Reulecke, *Generationalität und Lebensgeschichte im 20. Jahrhundert* (München, 2003)을 참조 바람.

12 이 강연도 주 9번과 같은 이유로 아직 미간행 상태이다.

13 星乃治彦, 앞의 책, p. 62 이하.

14 Willi Münzenberg, *Propaganda als Waffe* (Paris, 1939). 이 책은 일본에서는 호시노(星乃) 씨에 의해서 번역되어 가시와 쇼보(柏書房) 출판사가 출판하였다.

15 星乃治彦, 앞의 책, p. 51.

16 같은 책, p. 77 이하 참조.

17 같은 책, p. 81.

18 Stephen Koch, *Double Lives, Stalin, Willi Münzenberg and the Seduction of the Intellectuals* (New York, 1994), p. 32 이하의 논의 참조.

19 Kurt Kersten, "Das Ende Willi Münzenberg. Ein Opfer Stalins und Ulbrichts", in: *Deutsche Rundschau*, 83 (1957), p. 82.

20 *Zukunft*, 22. 9. 1939. (인용은 Kurt Kersteu, 같은 책, p. 81로부터)

2 정치적 디자이너로서의 편집자, 괴벨스

1 이 영화에 대해서는 Janine Hansen, *Arnold Fancks „Die Tochter des Samurai": Nationalsozialistische Propaganda und japanische Filmpolitik*, Iaponia Insula Band 6 (Wiesbaden: Harrassowitz, 1997); Hans-Joachim Bieber, "„Die Tochter des Samurai" Deutsch-japanische Filmproduktionen in der NS-Zeit", in: Dagmar Bussiek/Simona Göbel (hg.), *Kultur, Politik und Öffentlichkeit. Festschrift für Jens Flemming* (Kassel University Press, 2009), pp. 355~377를 참고할 것.

2 아르놀트 팡크에 대해서는 Matthias Fanck, *Arnold Fanck—Bergfilme und Bergbilder* (Zürich, 2009)에 자세히 소개되어 있다. 그는 〈Wintereise durch Südmandschurien. Aufnahmen der japanischen Fanck-Expedition〉(1936/38), 〈Reis und Holz im Land des Mikado〉(1936/40), 〈Japans heiliger Vulkan〉(1936/41), 〈Frühling in Japan〉(1936/41), 〈Die Wildnis stirbt!〉(1936), 〈Die Tochter des Samurai〉(1937), 〈Bilder von Japans Küsten〉(1936/44), 〈Hänschen klein〉(1937/38), 〈Von Patagonien nach Feuerland〉(1938/40), 〈Kaiserbauten in Fernost. Aufnahmen der japanischen Fanck-Expedition〉(1938) 등 일본과 관계된 영화를 제작한 바 있다.

3 이타미 감독은 이 영화의 제작을 두고 팡크와 대립하였고 결국 각각 일본판과 독일판으로 영화를 제작하게 되었다.

4 Elke Fröhlich (hg.), *Die Tagebücher von Joseph Goebbels. Teil I: Aufzeichnungen 1923-1941*. 14 Bde. (München: K. G. Saur., 1997-2005).

5 그의 전기(평전)로서는 Peter Gathmann/Martina Paul, *Narziss Goebbels. Eine psychohistorische Biographie* (Wien: Böhlau, 2009)가 자세한 내용을 담고 있는데 그 심리분석이 특히 흥미롭다.

6 Wilhelm von Schütz als Dramatiker. Ein Beitrag zur Geschichte des Dramas der Romantischen Schule (Dissertation, 1921).

7 Ralf Georg Reuth, *Goebbels* (München/Zürich: Piper, 1990), pp. 85~88.

8 平井正,『ゲッベルスーメディア時代の政治宣専』, (中公新書, 1991), p. 33.

9 위와 같음.

10 위와 같음.

11 Joseph Goebbels, *Michael: Ein deutsches Schicksal in Tagebuchblätten* (München: Verlag Eher, 1929).

12 Kai Michel, *Vom Poeten zum Demagogen. Die schriftstellerischen Versuche Joseph Goebbels* (Köln/Weimar/Wien: Böhlau, 1999)에서 인용.

13 같은 책에서 인용.

14 괴벨스의 편집자로서의 경력에 대해서는 Ulrich Höver, *Joseph Goebbels. Ein nationaler Sozialist* (Bonn [u. a.]: Bouvier Verlag, 1992)의 소개가 자세하다.

15 Christian T. Barth, *Goebbels und die Juden* (Paderborn [u. a.]: Schöningh, 2003)을 참고할 것. 법조문의 인용은 平井正, 앞의 책을 참조했다.

16 Bernd Sösemann, "Alles nur Goebbels-Propaganda? Untersuchungen zur revidierten Ausgabe der sogenannten Goebbels-Tagebücher des Münchner Instituts für Zeitgeschichte", in: *Jahrbuch für Kommunikationsgeschichte* 10 (2008), pp. 52~76.

17 Kai Michel, *Vom Poeten zum Demagogen. Die schriftstellerischen Versuche Joseph Goebels*, p. 74 이하.

18 위와 같음.

19 이 점에 대해서는 Wolfgang Schivelbusch, *Intellektuellendämmerung. Zur Lage der Frankfurter Intelligenz in den zwanziger Jahren* (Frankfurt a. M., 1982)의 제4장 「라디오 프랑크프루트」에 자세히 소개되어 있다.

3 출판사의 정치적 미학(美學), 로볼트 부자

1 Hermann Gieselbusch/Dirk Moldenhauer/Uwe Naumann/Michael Toteberg

(hg.), *100 Jahre Rowohlt. Eine illustrierte Chronik* (Reinbek bei Hamburg: Rowohlt, 2008), p. 86.

2 Walther Kiaulehn, *Mein Freund der Verleger. Ernst Rowohlt und seine Zeit* (Hamburg, 1967) [平田達治他 訳, 『わが友·出版人 エルンスト·ローヴォルトとその時代』, (東京: ありな書房, 1983), p. 213].

3 Paul Mayer (hg.), *Ernst Rowohlt in Selbstzeugnissen und Bilddokumenten.* Zum 80. Geburtstag Ernst Rowohlts am 23. Juni 1967. (Sonderdruck) (Reinbek bei Hamburg: Rowohlt, 1967)/ 2. Auflage als Rowohlts Monographien, hg. von Kurt Kusenberg (1968)/ Neuausgabe: rororo Band 50707 Rowohlts Monographien (Reinbek bei Hamburg: Rowohlt, 2008).

4 Mayer, 같은 책, p. 59.

5 그의 생애에 대해서는 오래된 책들이 몇 권 있는데 Mara Hintermeier/Fritz J. Raddatz (hg.), *Rowohlt Almanach 1908-1962.* Mit einem Vorwort von Kurt Pinthus und der vollständigen Bibliographie von 1908-1961 (Reinbek bei Hamburg: Rowohlt, 1962) 등을 참고하라.

6 이 시대에 대한 것은 Heinrich Maria Ledig-Rowohlt/Hans Georg Heepe (hg.), *Rowohlt Almanach 2. 1963-1983. Zum 75-jährigen Jubiläum des Verlages.* Mit einem Vorwort von Otto F. Walter und einer vollständigen Bibliographie aller Veröffentlichungen von 1963-1983 (Reinbek bei Hamburg: Rowohlt, 1983)에 자세히 나와 있다.

7 Ledig-Rowohlt/Heepe, 같은 책, p. 4 이하.

8 카프카와의 관계에 대해서는 Walther Kiaulehn, *Mein Freund der Verleger. Ernst Rowohlt und seine Zeit* (平田達治他 訳, 『わが友出版人 エルンスト·ローヴォルトとその時代』)에 자세히 나와 있다.

9 Thorsten Oltmer, *Die Rowohlt Leinen-Rücken. Die ersten 450 Nummern der Rowohlt Taschenbücher in Darstellung und Bibliographie*, (Fachhochschule Hamburg, Fachbereich Bibliothek und Information, Diplomarbeit 1993).

10 Michael Töteberg/Sabine Buck (hg.), *Hans Fallada: Ewig auf der Rutschbahn—Briefwechsel mit dem Rowohlt Verlag* (Reinbek bei Hamburg: Rowohlt, 2008)의 해설을 참고하라.

11 망명 등에 대해서는 Paul Mayer, *Lebendige Schatten. Aus den Erinnerungen eines Rowohlt-Lektors* (Reinbek bei Hamburg: Rowohlt, 1969)를 참고하라.

12 Hermann Gieselbusch/Dirk Moldenhauer/Uwe Naumann/Michael Toteberg (hg.), *100 Jahre Rowohlt. Eine illustrierte Chronik* (Reinbek bei Hamburg: Rowohlt, 2008).

13 Thorsten Oltmer, 앞의 책, p. 26.

14 Walther Kiaulehn, *Mein Freund der Verleger. Ernst Rowohlt und seine Zeit* (平田達治他 訳,『わが友譯出版人 エルンスト・ローヴォルトとその時代』).

15 가마타 미치오(鎌田道生)의 논문 「右岸から左岸に及ぶイデオロギーの波―ローヴォルト書店」, 『ナチス通りの出版社―ドイツの出版人と作家たち 1886-1950』(人文書院, 1989), p. 168쪽에서 재인용.

16 위와 같음.

| 제3장 | 근대 출판사의 정치적 기능

1 '신학사전'의 정치학

1 초판은 *Real-Encyklopädie für protestantische Theologie und Kirche. In Verbindung mit vielen protestantische Theologen und Gelehrten*, hg. von J. J. Herzog. 21 Bde. (Gotha: Verlag v. Rudolf Besser, 1853-1866); 제2판은 *Real-Encyklopädie für protestantische Theologie und Kirche. Unter Mitwirkung vieler protestantischer Theologen und Gelehrten in zweiter durchgängig verbesserter und vermehrter Auflage*, hg. von J. J. Herzog/G. L. Plitt. Fortgeführt von Alb. Hauck. 18. Bde. (Leipzig: J. C. Hinrichs'sche Buchhandlung, 1877-1888); 제3판은 *Real-encyklopädie für protestantische Theologie und Kirche. In dritter verbesserter und vermehrter Auflage unter Mitwirkung vieler Theologen und anderer Gelehrten*, hg. von Albert Hauck. 21. Bde., ein Registerbd., zwei Nachtragsbde. (Leipzig: J. C. Hinrichs'sche Buchhandlung, 1893-1913).

2 Gangolf Hübinger, "Journalist und Literat. Vom Bildungsbürgertum zum Intellektuellen", in: *Intellektuelle im Deutschen Kaiserreich*, hg. von Gangolf Hübinger/Wolfgang J. Mommsen (Frankfurt, 1993), pp. 95~110.

3 이 점에 대해서는 필자의 부족한 논문, 「F.W.ニーチェとリッチュル學5派―ニーチェにおけるキリストーの問題」, 『アポロゲティークと終末論―近代におけるキリスト教批判とその諸問題』(北樹出版社, 1999)를 참조 바람. 또한 Albrecht Ritschl, *Vorlesung Theologische Ethik*, hg. von Rolf Schäfer (Berlin, 2007)도 참고 바람.

4 Otto Ritschl, *Albrecht Ritschls Leben*, 2. Bände (Freiburg 1892) 참조.

5 Albrecht Ritschl, *Unterricht in der christlichen Religion*. Studienausgabe nach der 1. Auflage von 1875 nebst den Abweichungen der 2. und 3. Auflage. Einl. u. hg. von Christine Axt-Piscalar 2002, XLII 참조.

6 Albrecht Ritschl, *Die christliche Lehre von der Rechtfertigung und Versöhnung*, 3. Bde. (Bonn, 1870-1879).

7 Albrecht Ritschl, "Über die Methode der älteren Dogmengeschichte", in: O. Ritschl (hg.), *Gesammelte Aufsätze von Albrecht Ritschl* (Freiburg, 1893), pp. 147~169와 아래 주 8의 트릴치의 논문을 비교할 것.

8 Ernst Troeltsch, "Die Dogmatik der religionsgeschichtliche Schule", in: *GS* II, pp. 500~524. 이것은 *American Journal of Religion* 1913년호 게재되었다.

9 Friedrich Wilhelm Graf, "Der Systematiker der kleinen Göttinger Fakultät. Ernst Troeltschs Promotionsthesen und ihr Göttinger Kontext", in: *Untersuchung zur Bibliographie und Werkgeschichte*, Troeltsch-Studien Bd. 1, hg. von Horst Renz und Friedrich Wilhelm Graf (Gütersloh, 1982), pp. 235~290.

10 G. W. Ittel, "Die Hauptgedanken der religionsgeschichtliche Schule", in: *ZRGG*, 19 (1958), pp. 61~78.

11 이 점에 대해서는 Ruth Conrad, *Lexikonpolitik: Die erste Auflage der RGG im Horizont protestantischer Lexikographie* (Berlin, 2006)를 참조 바람.

12 H. Paulsen, "Traditionsgeschichtliche Methode und religionsgeschichtliche Schule", in: *ZThK*, 75 (1978), pp. 20~55.

13 J. Hempel, "Art.: Religionsgeschichtliche Schule", in: *RGG* (3. Aufl.) Bd. V (1961), pp. 991~994.

14 이 점에 대해서는 R. Leuze, *Theologie und Religionsgeschichte. Der Weg Otto Pfleiderers* (München, 1980).

15 K. Rudolph, *Die Religionsgeschichte an der Leipziger Universität und die Entwicklung der Religionswissenschaft. Ein Beitrag zur Wissenschaftsgeschichte und zum Problem der Religionswissenschaft.* (= Sitzungsberichte der Sächsischen Akademie der Wissenschaften zu Leipzig), Philosophisch-historische Klasse, Bd. 107, Heft 1, [Berlin (-Ost), 1962].

16 Osker Rühle, *Der theologische Verlag von J. C. B. Mohr (Paul Siebeck). Rückblicke und Ausblicke* (Tübingen, 1926), p. 142; Ruth Conrad, 앞의 책, p. 187 이하.

17 Silke Knappenberger-Jans, *Verlagspolitik und Wissenschaft. Der Verlag J. C. B. Mohr (Paul Siebeck) im frühen 20. Jahrhundert* (Wiesbaden: Harrassowitz, 2001), p. 34.

18 위와 같음.

19 Ruth Conrad, *Lexikonpolitik: Die erste Auflage der RGG im Horizont protes-*

tantischer Lexikographie (Arbeiten zur Kirchengeschichte 97) (Berlin, 2006).

2 '번역'의 정치학

1 카이조우샤(改造社)와 야마모토 사네히코에 대해서는 松原一枝, 『改造社と山本實彦』(南方新社, 2000)를 참조할 것.

2 이 점에 대해서는 三宅正樹, 「ヒトラーの政掌握と日本の論壇ー雜誌『改造』と『中央公論』を中心とする考察」, 『ベルリン·ウィーン·東京 20世紀前半の中央と東アジア』(論創社, 1999)를 참조할 것.

3 물론 노디커스(ノーディカス)는 펜네임(필명)이다. Louis Leo Snyder, *The Iron Fact in Germany* (New York, 1932)가 번역되었던 것이다. *From Bismarck to Hitler: The Backgraund of Modern German Nationalism* (Williamsport, 1935)도 참조할 것. 三宅正樹, 앞의 책, p. 238.

4 키르케고르의 번역이 빌헬름 제정기 때 어떠한 정치성을 지니고 있었는지에 대해서는 필자의 부족한 논문, 「ヴィルヘルム帝政期の政治的暗號としてのキェルケゴールーキェルケゴールのドイツ語飜譯の政治的コンテクスト)」, 『十九世紀のドイツ·プロテスタンティズムーヴィルヘルム帝政期における神學の社會的機能についての硏究)』(敎文館, 2009)을 참조 바람.

5 Gangolf Hübinger, "Kulturkritik und Kulturpolitik des Eugen-Diederichs-Verlags im Wilhelminismus. Ausweg aus der Krise der Moderne?", in: H. Renz und F. W. Graf, *Umstrittene Moderne. Die Zukunft der Neuzeit im Urteil der Epoche Ernst Troeltschs* (= Troeltsch-Studien Bd. 4), p. 92~114.

6 바르트가 『로마서 강해』를 개정할 때 영향을 끼친 여러 요인이 소개되고 있는데, 그 가운데 칸트를 새롭게 읽는 방법, 키르케고르, 도스토예프스키의 영향, 그 밖에 오버베크의 영향 등은 디더리히스 출판사의 기획을 빼놓고선 생각할 수 없는 것이다.

7 久保田浩, 「宗教學からネオナチ出版社へー『ヨーロッパ宗教學史』を語る『宗教學』と『極右』」, 竹澤尙一郞, 『宗教とファシズム』(水聲社, 2010), p. 253 이하 참조.

8 H. Junginger, *Von der philosophischen zur völkischen Religionswissenschaft* (Stuttgart, 1999), p. 114 이하.

9 久保田浩, 앞의 책.

10 이 시기의 자세한 사정에 대해서는 M. Finkenberger u.a. (hg.), *Im Dienste der Lügen. Herbert Grabert (1901-1978) und seine Verlage* (Stuttgart, 2004)를 참조할 것.

11 D. L. Hoggan, *Der erzwungene Krieg. Die Ursachen und Urheber des 2.*

Weltkrieges (Bd. 1 der 166 Veröffentlichungen des Instituts für deutsche Nachkriegsgeschichte) (Tübingen: Verlag der Deutschen Hochschullehrerzeitung, 1961). 이 출판사가 1964년에 Grabert Verlag라고 개칭하였다.

3 크리스티안 카이저 출판사의 시작과 끝

1 *Chr. Kaiser Almanach—125 Jahre Chr* (München: Kaiser Verlag, 1970) 참조.

2 이 출판사의 역사에 대해서는 Friedrich Wilhelm Graf/Andreas Waschbüsch, "Christian Kaiser Verlag", in: *Historisches Lexikon Bayerns* (2009)를 참고 바람.

3 "Nachlaß Christian Kaiser Verlag", Bertelsmann Archiv Gütersloh: CKV 4.

4 Helmut Gollwitzer, "Zum Weg der Zeitschrift", in: *Evangelische Theologie* 44 (= 39 NF) (1984), pp. 137~147.

5 이즈음의 사정에 대해서는 본서 앞부분의 디더리히스 출판사와 프로테스탄티즘의 관계를 다룬 내용들을 참고하기 바람.

6 Georg Merz, "Die Begegnung Karl Barths mit der deutschen Theologie", in: *Kerygma und Dogma* 2 (1956), pp. 157~175.

7 Manacnuc Mathias Lichtenfeld, *Georg Merz—Pastoraltheologe zwischen den Zeiten. Leben und Werk in Weimarer Republik und Kirchenkampf als theologischer Beitrag zur Praxis der Kirche* (Gütersloh, 1997).

8 Friedrich Wilhelm Graf, "Friedrich Gogartens Deutung der Moderne. Ein theologiegeschichtlicher Rückblick", in: *Zeitschrift für Kirchengeschichte 100* (1989), pp. 169~230.

9 Peter Lange, "Konkrete Theologie?—Karl Barth und Friedrich Gogarten", *Zwischen den Zeiten* (1922-1933) (Zürich, 1972), p. 74.

10 Lange, 같은 책, p. 76.

11 Friedrich Wilhelm Graf, "Annihilatio historiae Theologische Geschichtsdiskurse in der Weimarer Republik", in: *Jahrbuch des Historischen Kollegs 2004*, pp. 49~81.

12 Graf und Waschbüsch, 앞의 책.

13 이것은 "Nachlaß Christian Kaiser Verlag", Bertelsmann Archiv Gütersloh: CKV 4에 등장하는 조사(弔辭)의 텍스트이다.

14 *Chr. Kaiser Almanach—125 Jahre Chr. Kaiser Verlag.*

15 Friedrich Wilhelm Graf/Andreas Waschbüsch, "Zwischen den Zeiten", in: *Historisches Lexikon Bayerns* (2009).

1 사상의 가치는 시장에서 결정되는가?

1 이 점에 대해서는 Cary D. Stark, *Entrepreneurs of Ideology. New Conservative Publishers in Germany 1890-1933*; 上山安敏, 『神話と科學－ヨーロッパ知識社會 世紀末~20世紀』, p. 132 이하에 자세히 설명되어 있다.

2 디더리히스 출판사가 발행한 책의 상당수는 유겐트 양식[Jugendstil, 아르누보(Art Nouveau) 풍이라고 해야 할까?]이 채용되고 있었다. 이 표지를 싫어한 사람이 바로 막스 베버였다. 파울 호니히스하임이 편집한 『막스 베버의 추억』에 따르면 "부직포 같은 종이에 인쇄하고 돈피(豚皮)에 금테 장식을 한 표지를 두른 신비주의자의 다양한 책들이 부인들의 책상 위에 놓여 있었다. 그리고 그녀들은 그것을 읽으며 정말로 종교적 체험을 한다고 믿어버렸다. 사람들은 베버의 '직업으로서의 학문'이라는 강연을 통해 행해진, 그러한 행동에 대한 그의 신랄하고 모욕적인 비판도 알고 있었다". 그러므로 베버는 그의 친구가 "항상 겸손하지 않으며 언제든 없어져도 좋은 인간은 바로 오이겐 디더리히스다"라고 주장하던 것에 반대하기는커녕 찬동했다고 한다. [Paul Honigsheim, 大林信治 訳, 『マックス・ウェーバーの思い出』 (みすず書房, 1972), p. 172].

3 Cary D. Stark, 앞의 책, p. 74.

4 같은 책, p. 76.

5 Peter de Mendelssohn, *S. Fischer und sein Verlag* (Frankfurt a. M., 1970).

6 Gerhard Hauptmann, *Sämtliche Werke. Centenar－Ausgabe VI*, (Frankfurt, 1949), p. 816.

7 Gangolf Hübinger, "Eugen Diederichs" , in: Alf Christophersen/Friedemann Voigt (hg.), *Religionsstifter der Moderne. Von Karl Marx bis Johannes Paul II*, p. 169.

8 上山安敏, 앞의 책, p. 132 이하.

9 Max Horkheimer/Theodor Adorno, *Dialektik der Aufklärung. Philosophische Fragmente* (Amsterdam: Querido, 1947).

10 Gerhard Bolte, *Von Marx bis Horkheimer. Aspekte kritischer Theorie im 19. und 20. Jahrhundert, Wissenschaftliche Buchgesellschaft* (Darmstadt, 1995).

11 Alfred Schmidt/Norbert Altwicker (hg.), *Max Horkheimer heute: Werk und Wirkung* (Frankfurt am Main: Fischer Taschenbuch, 1986).

2 파울 틸리히와 호세 오르테가 이 가세트의 '대중론'

1 Paul Tillich, "Masse und Geist", in: *Gesammelte Werke*, hg. von Renate Albrecht (Stuttgart, 1958ff), Bd. II.

2 Tillich, 같은 책, p. 69.

3 같은 책, p. 34.

4 José Ortega y Munilla, *La Rebelión de las Masas* (1930) [『大衆の反逆』, 神吉敬三訳, ちくま學藝文庫 (筑摩書房, 1995)].

5 위와 같음.

6 위와 같음.

7 위와 같음.

3 시장을 지배하는 내셔널리즘과 출판

1 Paul Tillich, *Ergänzungs- und Nachlaßbände zu den Gesammelte Werke*, Bd. III (Stuttgart, 1973), p. 41.

2 덧붙여서 베를린에서 행해진 이 분서 사건은 라디오를 통해 전국에 중계방송되었는데, 그때 나치스의 선전장관 괴벨스가 행한 강연이 생방송되었다.

3 그들이 이 당시의 기억을 회고한 문헌으로는 아래의 내용을 참조 바람. "Erinnerungen an Paul Tillich. In Gesprächen mit Prof. Dr. Max Horkheimer, Prof. Dr. Theodor W. Adorno, Prof. Dr. Eduard Heimann, Prof. Dr. Ernst Bloch und Prof. Dr. Wolf-Dieter Marsch. Redaktion: Gerhard Rein". in: Eine Sendung des Süddeutschen Rundfunkts Stuttgart am 21. August 1966.

4 프랑크푸르트대학 역사사회연구소의 성립에 대해서는 다음 책이 지금도 변함 없이 가장 매력적인 중요 참고 문헌이다. Wolfgang Schivelbusch, *Intellektuelledämmerung. Zur Lage der Frankfurter Intelligenz in den zwanziger Jahren*, (Frankfurt a. M., 1982).

5 이때의 대학 행정상 복잡한 정치적 동향에 대해서는 아래의 책을 참조 바람. Werner Schüssler/Erdmann Sturm, *Paul Tillich Leben-Werk-Wirkung*, (Darmstadt, 2007).

6 *Neue Blätter für den Sozialismus*, hg. von Eduard Heimann/August Rathmann/Paul Tillich (Potsdam: Alfred Protte Verlag). 덧붙여서 이 잡지는 계간으로 발행되었으며 1권에 90페니히, 1년 정기구독료는 2마르크 34페니히였다.

7 "추방의 대상이 된 것은 정교수 313명, 정원 외 교수 300명, 강사 322명으로 모두 1,684명이었다. 그 56퍼센트가 민족적 정치적 이유로 인한 정직 처분이었다"[Hans

Meier, "Nationalsozialismus—Hochschule—Politik", in: Helmut Kuhn (hg.), *Die Deutsche Universität im Dritten Reich* (München, 1966), p. 82].

8 Hannah Tillich, *From Time to Time* (New York, 1973), p. 115 참조.

9 *Frankfurter Zeitung*, 3. April 1933, p. 12.

10 Hans Meier, "Nationalsozialismus—Hochschule—Politik", in: Helmut Kuhn (hg.), *Die Deutsche Universität im Dritten Reich*, p. 82.

11 Paul Tillich, *Grenzen* (Stuttgart, 1962), p. 10 (= GW XIII, p. 419).

12 Nobert Frei/Johannes Schmitz, *Journalismus im Dritten Reich* (München, 1989). 일본어로는『ヒトラー獨裁下のジャーナリストたち』(朝日新聞社, 1996)로 번역되어 있다.

13 같은 책(일본어 번역본), p. 99.

14 같은 책(일본어 번역본), p. 104.

15 위와 같음.

4 **'대중'이라는 이름의 편집자**

1 ≪朝日新聞≫ 2010년 7월 1일 자에서 인용.

2 위와 같음.

3 위와 같음.

4 ≪프랑크푸르터 차이퉁≫의 역사에 대해서는 Wolfgang Schivelbusch, *Intellektuellendämmerung. Zur Lage der Frankfurter Intelligenz in den zwanziger Jahren*, 제3장 '프랑크푸르트 신문'을 참조하기 바람.

5 위와 같음.

6 위와 같음.

7 Nobert Frei/Johannes Schmitz, *Journalismus im Dritten Reich* (일본어 역:『ヒトラー獨裁下のジャーナリストたち』, p. 211).

에필로그 **'사상으로서의 편집자'를 꿈꾸다**

1 André Schiffrin, *The Business of Books: How the International Conglomerates Took Over Publishing and Changed the Way We Read* (Verso, 2000). [『理想なき出版』, 勝貴子 訳, (柏書房, 2002), p. 8 이하].

2 위와 같음.

3 같은 책, p. 146.

4 Walter Benjamin, *Abhandlungen, Gesammelte Schriften*, Bd. I-2 [Frankfurt, 1974(2. Aufl.)], pp. 471~508 참조.

5 이 점에 대해서는 이 책의 네 번째 테마 '편집자와 시장'의 내용들을 참고하기 바람.

6 개신교 성직자이며, 신학박사 학위까지 취득한 아카이시 타다시 목사가 어째서 출판사 편집자의 길을 선택했는지의 문제는 향후 연구 과제일 것이다.

7 플레이아드 총서에 대해서는 아래의 책을 참조 바람. André Schiffrin, *Paris, New York und züruck. Politische Lehr-jahre eines Verlagers. Aus Amerikanischen von Andrea Marenzeller* (Berlin, 2010).

참고문헌

Albert Kalthoff. *Das Christus-Problem. Grundlinien zu einer Sozialtheologie*. Leipzig, 1902.

_____. *Die Entstehung des Christentums, Neue Beitrage zum Christus-problem*. Leipzig, 1904.

_____. *Religiöse Weltanschauung, Reden*. Leipzig, 1903.

Albrecht Ritschl. "Über die Methode der älteren Dogmengeschichte". in: O. Ritschl (hg.) *Gesammelte Aufsätze von Albrecht Ritschl*. Freiburg, 1893.

_____. *Die christliche Lehre von der Rechtfertigung und Versöhnung*, 3. Bde. Bonn, 1870-1879.

_____. *Unterricht in der christlichen Religion*. Studienausgabe nach der 1. Auflage von 1875 nebst den Abweichungen der 2. und 3. Auflage. Einl. u. hg. von Christine Axt-Piscalar 2002.

_____. *Vorlesung Theologische Ethik*. hg. von Rolf Schäfer. Berlin, 2007.

Alf Christophersen. *Der Kairos. Stationen einer Begriffskarriere*. Tübingen, 2008.

Alfred Schmidt/Norbert Altwicker (hg.) *Max Horkheimer heute: Werk und Wirkung*. Frankfurt am Main: Fischer Taschenbuch, 1986.

André Schiffrin. *Paris, New York und züruck. Politische Lehr-jahre eines Verlagers. Aus Amerikanischen von Andrea Marenzeller*. Berlin, 2010.

_____. *The Business of Books: How the International Conglomerates Took Over Publishing and Changed the Way We Read*. Verso, 2000. (『理想なき出版』. 勝貴子 訳. 柏書房, 2002.)

Andreas Meyer. "1896-1930: Der Verlagsgründer und seine Rolle als » Kulturverlag «", in: Gangolf Hübinger (hg.), *Versammlungsort moderner Geister. Der Eugen Diederichs Verlag—Aufbruch ins Jahrhundert der Extreme*. München, 1996.

Babette Gross. *Willi Münzenberg. Eine politische Biographie*. Leipzig, 1991.

Bernd Sösemann. "Alles nur Goebbels-Propaganda? Untersuchungen zur revidierten Ausgabe der sogenannten Goebbels-Tagebücher des Münchner Instituts für Zeitgeschichte", in: *Jahrbuch für Kommunikationsgeschichte* 10 (2008).

Betthold Vallentin. "Zur Kritik von Presse und Theater". in: *Jahrbuch für die geistige Bewegung der Zeit* 2 (1911).

Brian Epstein. *A Cellarful of Noise*. London, 1964.

Cary D. Stark. *Entrepreneurs of Ideology. New Conservative Publishers in Germany 1890-1933*. Chapel Hill, 1981.

Chr. Kaiser Almanach—125 Jahre Chr. Kaiser Verlag. München, 1970.

Christian Kaiser Verlag. Bertelsmann Archiv Gütersloh: CKV 1~160.

Christian T. Barth. *Goebbels und die Juden*. Paderborn: Schöningh, 2003.

Claudia Emmert. *Bühnenkomposition und Gedichte von Wassily Kandinsky*. Frankfurt, 1998.

D. L. Hoggan. *Der erzwungene Krieg. Die Ursachen und Urheber des 2. Weltkrieges*. (Bd. 1 der 166 Veröffentlichungen des Instituts für deutsche Nachkriegsgeschichte). Tübingen: Verlag der Deutschen Hochschullehrerzeitung, 1961.

Deborah (Debbie) Geller/Anthony Wall. *In my Life: The Braian Epstain Story*. London, 2002.

Detlev J. K. Peukert. *Die Weimarer Republik. Krisenjahr der Klassischen Moderne*. Köln, 1987.

_____. *Jugend zwischen Krieg und Krise. Lebenswelten von Arbeiter jungen in der Weimarer Republik*. Köln, 1987.

Doris Fouquet-Plümscher. *Aus dem Archiv des Verlages Walter de Gruyter: Briefe, Urkunden, Dokumente*. Berlin, New York: Walter de Gruyter, 1980.

Eberhard Busch. *Karl Barth, Lebenslauf. Nach seinen Briefen und autobiographischen Texten*. 1978 (3. Aufl.). (小川圭治 訳. 『カール・バルトの生涯』. 新教出版社, 1989).

Elke Fröhlich (hg.) Die Tagebücher von Joseph Goebbels. Teil I: Aufzeichnungen 1923-1941. 14 Bde. München: K. G. Saur., 1997-2005.

Erich von Kahler. *Der Beruf der Wissenschaft.* Berlin, 1920.

Ernst Horneffer. *Die künftige Religion.* Jena, 1909.

Ernst Troeltsch. "Die Dogmatik der religionsgeschichtliche Schule". in: *GS* II.

_____. "Die Revolution in der Wissenschaft", in: *Gesammelte Schriften*, Bd. 4. Tübingen, 1925.

_____. "Ein Apfel vom Baume Kierkegaards". in: *ChW* 35 (1921).

_____. *Die Fehlgeburt einer Republik: Spektator in Berlin 1918-1922. Zusammengestellt u. mit einem Nachwort versehen v. Johann Hinrich Claussen.* Frankfurt a. M., 1944.

Eugen Diederichs. *Leben und Werk. Ausgewählte Briefe und Aufzeichnungen*, hg. von Lulu von Strauß und Torney-Diederichs. Jena, 1936.

_____. *Lebensaufbau*, Autobiographie (1921) = ungedruckt, Privatbesitz Familie Diederichs München.

Frank Krause. *Frankreich und der deutsche Expressionismus.* Göttingen, 2007.

Franz Rosenzweig. *Der Mensch und sein Werk: Gesammelte Schriften I: Briefe und Tagebücher.* 2. Band. 1918-1929, hg. von Bernhard Casper. Hauge, 1979.

Frederic P. Miller/Agnes F. Vandome/John McBrewster (eds.) *Brian Epstein.* London, 2010.

Friedrich Gorgarten. *Ein autobiographischer Rückblick* (1927). in: Matthias Kroeger, *Friedrich Gorgarten. Leben und Werk in zeitgeschichtlicher Perspektive mit zahlreichen Dokumenten und Materialien*, Bd. 1. Stuttgart, 1997.

_____. *Gericht oder Skepsis. Eine Streitschrift gegen Karl Barth.* Jena, 1937.

_____. *Religion weither.* Jena: E. Diederichs, 1917.

Friedrich Wilhelm Graf. "Annihilatio historiae? Theologische Geschichtsdiskurse in der Weimarer Republik". in: *Jahrbuch des Historischen Kollegs 2004.* München, 2005, pp. 49~81.

_____. "Das Laboratorium der religiösen Moderne. Zur »Verlagsreligion« des Eugen Diederichs Verlag". in: Gangolf Hübinger (hg.) *Versammlungsort moderner Geister. Der Eugen Diederichs Verlag–Aufbruch ins Jahrhundert der Extreme.* München, 1996.

_____. "Der Systematiker der kleinen Göttinger Fakultät. Ernst Troeltschs Promotionsthesen und ihr Göttinger Kontext". in: *Untersuchung zur Bibliographie und Werkgeschichte.* Troeltsch-Studien Bd. 1. hg. von Horst Renz und Friedrich Wilhelm Graf. Gütersloh, 1982.

_____. "Friedrich Gogartens Deutung der Moderne. Ein theologiegeschichtlicher Rückblick". in: *Zeitschrift für Kirchengeschichte 100* (1989), pp. 169~230.

_____. *Der heilige Zeitgeist. Studien zur Ideengeschichte der protestantischen Theologie in der Weimarer Republik.* Tübingen, 2011.

_____./Andreas Waschbüsch. "Christian Kaiser Verlag", in: *Historisches Lexikon Bayerns.* 2009.

_____./Andreas Waschbüsch. "Zwischen den Zeiten". in: *Historisches Lexikon Bayerns.* 2009.

G. W. Ittel. "Die Hauptgedanken der religionsgeschichtliche Schule", in: *ZRGG*, 19 (1958), pp. 61~78.

Gangolf Hübinger (hg.) *Versammlungsort moderner Geister. Der Eugen Diederichs Verlag–Aufbruch ins Jahrhundert der Extreme.* München, 1996.

_____. "Eugen Diederichs", in: Alf Christophersen/Friedemann Voigt (hg.) *Religionsstifter der Moderne. Von Karl Marx bis Johannes Paul II.* Mü nchen, 2009.

_____. "Journalist und Literat. Vom Bildungsbürgertum zum Intellektuellen", in: *Intellektuelle im Deutschen Kaiserreich.* hg. von Gangolf Hübinger/Wolfgang J. Mommsen. Frankfurt, 1993.

_____. "Kulturkritik und Kurturpolitik des Eugen- Diederichs-Verlags im Wilhelmnismus. Auswege aus der Krise der Moderne?", in: H. Renz/F. W. Graf (hg.), *Umstrittene Moderne. Die Zukunft der Neuzeit im Urteil der Epoche Ernst Troeltschs* (= Troeltsch-Studien Bd. 4). Gütersloh, 1987.

Georg Jäger (hg.) *Geschichte des Deutschen Buchhandels im 19. und 20.*

Jahrhundert. Band 1, Teil 1: Das Kaiserreich 1870-1918. Frankfurt am Main, 2001.

Georg Merz. "Die Begegnung Karl Barths mit der deutschen Theologie". in: *Kerygma und Dogma* 2 (1956), pp. 157~175.

_____. *Wege und Wandlungen*. München, 1961.

Georg Simmel. *Der Konflikt der modernen Kultur. Ein Vortrag*. Berlin 1918 (『ジンメル著作集』第6巻. 白水社, 1976.)

Gerd Schulz. *Buchhandels-Ploetz. Abriß der Geschichte des deutschsprachigen Buchhandels von Gutenberg bis zur Gegenwart*. Freiburg, 1989 (4. Aufl.)

Gerhard Bolte. *Von Marx bis Horkheimer. Aspekte kritischer Theorie im 19. und 20. Jahrhundert, Wissenschaftliche Buchgesellschaft*. Darmstadt, 1995.

Gerhard Rein. "Erinnerungen an Paul Tillich. In Gesprächen mit Prof. Dr. Max Horkheimer, Prof. Dr. Theodor W. Adorno, Prof. Dr. Eduard Heimann, Prof. Dr. Ernst Bloch und Prof. Dr. Wolf-Dieter Marsch. Redaktion: Gerhard Rein". in: Eine Sendung des Süddeutschen Rundfunkts Stuttgart am 21. August 1966.

Gottfried Traub. *Gott und Welt*. Jena, 1908.

H. Junginger. *Von der philosophischen zur völkischen Religionswissenschaft*. Stuttgart, 1999.

H. Paulsen. "Traditionsgeschichtliche Methode und religionsgeschichtliche Schule". in: *ZThK*, 75 (1978), pp. 20~55.

Hannah Tillich. *From Time to Time*. New York, 1973.

Hans Meier. "Nationalsozialismus—Hochschule—Politik". in: Helmut Kuhn (hg.) *Die Deutsche Universität im Dritten Reich*. München, 1966.

Hans Schwerte. "Deutsche Literatur im wilheminischen Zeitalter". in: H. J. Schoeps (hg.) *Zeitgeist im Wandel. Das wilhelminische Zeitalter*. Stuttgart, 1967.

Hans-Joachim Bieber. "„Die Tochter des Samurai" Deutsch-japanische Filmproduktionen in der NS-Zeit". in: Dagmar Bussiek/Simona Göbel (hg.) *Kultur,*

Politik und Öffentlichkeit. Festschrift für Jens Flemming. Kassel University Press, 2009.

Harald Wessel. *Münzenberg Ende. Ein deutscher Kommunist im Widerstand gegen Hitler und Stalin. Die Jahre 1933 bis 1940*. Berlin, 1991.

Heinrich Maria Ledig-Rowohlt/Hans Georg Heepe (hg.) *Rowohlt Almanach 2. 1963-1983. Zum 75-jährigen Jubiläum des Verlages*. Mit einem Vorwort von Otto F. Walter und einer vollständigen Bibliographie aller Veröffentlichungen von 1963-1983. Reinbek bei Hamburg: Rowohlt, 1983.

Hellmut Diewald. "Literatur und Zeitgeist in der Weimarer Republik". in: J Schoeps (hg.), *Zeitgeist im Wandel. Zeitgeist der Weimarer Republik*. Stuttgart, 1968.

Helmut Claus. "Erfurter Drucke in der ersten Hälfe des 16. Jahrhunderts". in: Ulman Weiß (hg.), *Erfurt 742—1992. Stadtgeschichte－Universitätgeschichte*. Weimar, 1992.

Helmut Gollwitzer. "Zum Weg der Zeitschrift". in: *Evangelische Theologie* 44 (= 39 NF). 1984.

Hermann Gieselbusch/Dirk Moldenhauer/Uwe Naumann/Michael Toteberg (hg.) *100 Jahre Rowohlt. Eine illustrierte Chronik*. Reinbek bei Hamburg: Rowohlt, 2008.

Hermann Hesse. "Der Verlag Eugen Diederichs". in: *März* 3, II (1909), pp. 318~320.

______. *Briefe*. Frankfurt a. M., 1964. (ヘルマン・ヘッセ. 『ヘッセ 魂の手紙』. 毎日新聞社, 1998.)

Hermann Schmidt. "Vorwort des Herausgebers". in: Karl Barth. "Vorwort zum Nachdruck von dem Römerbrief" (1. Aufl., 1963). in: *Der Römerbrief* (Erste Fassung) 1919. hg. von Hermann Schmidt. *Karl Barth Gesamtausgabe*, II, Bd. 16.

J. Hempel. "Art.: Religionsgeschichtliche Schule", in: *RGG* (3. Aufl.) Bd. V. 1961, pp. 991~994.

Janine Hansen. *Arnold Fancks „Die Tochter des Samurai": Nationalsozialistische Propaganda und japanische Filmpolitik*, Iaponia Insula Band 6. Wiesbaden: Harrassowitz, 1997.

John L. Heibron. *Max Planck. Ein Leben für die Wissenschaft 1858-1947*.

Stuttgart, 2006.

José Ortega y Munilla. *La Rebelión de las Masas* (1930) (『大衆の反逆』, 神吉敬三 訳, ちくま學藝文庫. 筑摩書房, 1995.)

Joseph Goebbels. *Michael: Ein deutsches Schicksal in Tagebuchblätten.* München: Verlag Eher, 1929.

Jürgen Moltmann. *Theologie der Hoffnung. Untersuchungen zur Begründung zu den Konsequenzen einer christlichen Eschatologie.* München, 1964.

Jürgen Reulecke. *Generationalität und Lebensgeschichte im 20. Jahrhundert.* München, 2003.

Jürgen Schleimann. "The Organisation Man. The Life and Work of Willi Münzenberg". in: *Journal of Soviet and East European Studies.* 4 (1965).

Justus H. Ulbricht und Meike G. Werner (hg.) *Romantik, Revolution und Reform. Der Eugen Diederichs Verlag im Epochenkontext 1900-1949.* Göttingen, 1999.

K. Rudolph. *Die Religionsgeschichte an der Leipziger Universität und die Entwicklung der Religionswissenschaft. Ein Beitrag zur Wissenschaftsgeschichte und zum Problem der Religionswissenschaft.* (= Sitzungsberichte der Sächsischen Akademie der Wissenschaften zu Leipzig). Philosophischhistorische Klasse, Bd. 107, Heft 1. Berlin (-Ost), 1962.

Kai Michel. *Vom Poeten zum Demagogen. Die schriftstellerischen Versuche Joseph Goebbels.* Köln/Weimar/Wien: Böhlau, 1999.

Karl Barth. "Abschied". in: *Zwischen den Zeiten*, 1933, Nr. XI, p. 537.

_____. "Antwort auf Herrn Professor von Harnack offenen Brief". in: *Die christliche Welt* 37 (1923), Nr. 16/17 [= Karl Barth. *Theologische Frage und Antworten. Gesammelt Vorträge* Bd.3 (1957)].

_____. "Jesus Christus und die soziale Bewegung". in: *Der freie Argau*, 23 und 30. 12. 1911.

_____. "Vorwort zum Nachdruck von dem Römerbrief" (1. Aufl., 1963). in: *Der Römerbrief* (Erste Fassung, 1919). hg. von Hermann Schmidt. *Karl Barth Gesamtausgabe*, II, Bd. 16.

_____. *Der Christ in der Gesellschaft: Eine Tambacher Rede. Mit einem Geleitwort von Hans Ehrenberg.* Würzburg: Patomos Verlag, 1920.

_____. *Karl Barth - Eduard Thurneysen Briefwechsel*, Bd. 1. 1913-1921. hg. von Eduard Thurneysen. Zürich, 1973.

_____. *Karl Barth Gesamtausgabe. Offene Briefe 1945—1968.* hg. von Diether Koch. Zürich, 1984.

_____. Nachwort. zu: *Schleiermacher—Auswahl*, hg. von H. Boll. München und Hamburg, 1968.

_____./Eduard Thurneysen. *Suchet Gott, so werdet ihr leben!* Bern: G. A. Bäschlin, 1917.

Kurt Kersten. "Das Ende Willi Münzenberg. Ein Opfer Stalins und Ulbrichts", in: *Deutsche Rundschau*, 83 (1957), p. 82~114.

Kurt Nowak. "Die antihistorischen Revolution. Symptome und Folgen historischer Weltorientierung nach dem Ersten Weltkrieg in Deutschland". in: Horst Renz und Friedrich Wilhelm Graf (hg.) *Umstrittene Moderne. Die Zukunft der Neuzeit im Urteil der Epoche Ernst Troeltschs* (=Troeltsch Studien 4). Gütersloh 1987.

Louis Leo Snyder. *The Iron Fact in Germany.* New York, 1932.

M. Doerry. *Übergangsmenschen. Die Mentalität der Wilhelminer und die Krise des Kaiserreichs.* 2. Bde, 1986.

M. Finkenberger u.a. (hg.) *Im Dienste der Lügen. Herbert Grabert (1901-1978) und seine Verlage.* Stuttgart, 2004.

Manacnuc Mathias Lichtenfeld. *Georg Merz—Pastoraltheologe zwischen den Zeiten. Leben und Werk in Weimarer Republik und Kirchenkampf als theologischer Beitrag zur Praxis der Kirche.* Gütersloh, 1997.

Mara Hintermeier/Fritz J. Raddatz (hg.) *Rowohlt Almanach 1908-1962.* Mit einem Vorwort von Kurt Pinthus und der vollständigen Bibliographie von 1908-1961. Reinbek bei Hamburg: Rowohlt, 1962.

Marianne Weber. *Max Weber. Ein Lebensbild.* Tübingen: J. C. B. Mohr (Paul Siebeck), 1926. (マリアンネヴェーバー. 『マックス・ヴェーバー伝』. みすず書房).

Mark Lehmstedt/Andreas Herzog (hg.) *Das bewegte Buch. Buchwesen und soziale, nationale und kulturelle Bewegungen um 1900.* Wiesbaden, 1999.

Matthias Fanck. *Arnold Fanck—Bergfilme und Bergbilder.* Zürich, 2009.

Max Horkheimer/Theodor Adorno. *Dialektik der Aufklärung. Philosophische Fragmente.* Amsterdam: Querido, 1947.

Max Weber. *Wissenschaft als Beruf* (1917/1919). in: *Wissenschaft als Beruf* 1917/1919. *Politik als Beruf* 1919 (MWG I/17). Tübingen, 1922.

Michael Töteberg/Sabine Buck (hg.) *Hans Fallada: Ewig auf der Rutschbahn —Briefwechsel mit dem Rowohlt Verlag.* Reinbek bei Hamburg: Rowohlt, 2008.

Nobert Frei/Johannes Schmitz. *Journalismus im Dritten Reich.* München, 1989. (『ヒトラー獨裁下のジャーナリストたち』. 朝日新聞社, 1996.)

Osker Rühle. *Der theologische Verlag von J. C. B. Mohr (Paul Siebeck). Rückblicke und Ausblicke.* Tübingen, 1926.

Otto Friedrich. *Before the Deluge—A Portrait of Berlin in the 1920's.* Harper & Low, 1972. (『洪水の前: ベルリンの1920年代』. 千葉雄一 訳. 新書館, 1985).

Otto Ritschl. *Albrecht Ritschls Leben*, 2. Bände. Freiburg 1892.

Paul Mayer (hg.) *Ernst Rowohlt in Selbstzeugnissen und Bilddokumenten.* Zum 80. Geburtstag Ernst Rowohlts am 23. Juni 1967. (Sonderdruck). Reinbek bei Hamburg: Rowohlt, 1967/ 2. Auflage als Rowohlts Monographien, hg. von Kurt Kusenberg. 1968/ Neuausgabe: rororo Band 50707 Rowohlts Monographien. Reinbek bei Hamburg: Rowohlt, 2008.

_____. *Lebendige Schatten. Aus den Erinnerungen eines Rowohlt-Lektors.* Reinbek bei Hamburg: Rowohlt, 1969.

Paul Tillich. "Masse und Geist". in: *Gesammelte Werke.* hg. von Renate Albrecht (Stuttgart, 1958ff), Bd. II.

_____. "Systematische Theologie". in: *Ergänzungs- und Nachlaßsbände zu den Gesammelte Werke* (Berlin, 1971ff), Bd. IX.

_____. *Ergänzungs- und Nachlaßbände zu den Gesammelte Werke*, Bd. III.

Stuttgart, 1973.

_____. *Grenzen.* in : *Gesammelte Werke.* hg. von Rovolt Albrecht. Bd. (Stuttgart 1962), Bd. XIII.

Peter de Mendelssohn. *S. Fischer und sein Verlag.* Frankfurt a. M., 1970.

Peter Gathmann/Martina Paul. *Narziss Goebbels. Eine psychohistorische Biographie.* Wien: Böhlau, 2009.

Peter Gay. *Weimar Cultur.* Haper & Row, 1968.

Peter Lange. "Konkrete Theologie?—Karl Barth und Friedrich Gogarten", *Zwischen den Zeiten* (1922-1933), Zürich, 1972.

R. Leuze. *Theologie und Religionsgeschichte. Der Weg Otto Pfleiderers.* München, 1980.

Ralf Georg Reuth. *Goebbels.* München/Zürich: Piper, 1990.

Ray Coleman. *The Man who Made the Beatles: An Intimate Biography of Brian Epstein.* London, 1989.

Real-Encyklopädie für protestantische Theologie und Kirche. In Verbindung mit vielen protestantische Theologen und Gelehrten. von J. J. Herzog. 21 Bde. Gotha: Verlag v. Rudolf Besser, 1853-1866.

Real-Encyklopädie für protestantische Theologie und Kirche. Unter Mitwirkung vieler protestantischer Theologen und Gelehrten in zweiter durchgängig verbesserter und vermehrter Auflage. von J. J. Herzog/G. L. Plitt. Fortgeführt von Alb. Hauck. 18. Bde. Leipzig: J. C. Hinrichs'sche Buchhandlung, 1877-1888.

Real-encyklopädie für protestantische Theologie und Kirche. In dritter verbesserter und vermehrter Auflage unter Mitwirkung vieler Theologen und anderer Gelehrten. von Albert Hauck. 21. Bde., ein Registerbd., zwei Nachtragsbde. Leipzig: J. C. Hinrichs'sche Buchhandlung, 1893-1913.

Rolf Eurmann. *Die Münzenberg-Legende. Zur Publizistik der revolutionären deutschen Arbeiterbewegung 1921-1933.* Köln, 1983.

Romain Rolland/Stefan Zweig. *Briefwechsel 1910-1940.* Bd.1. 1910-1923, Bd.2. 1924-1940. Berlin, 1987.

Ruth Conrad. *Lexikonpolitik: Die erste Auflage der RGG im Horizont protestantischer Lexikographie* (Arbeiten zur Kirchengeschichte 97). Berlin, 2006.

Sean MacMeekin. *The Red Millionaire. A Political Biography of Willi Münzenberg.* Yale University Press, 2003.

Sebastian Haffner. *Zur Zeitgeschichte.* München, 1982.

Siegfried Unseld. *Goethe und seine Verlager.* Neuaufgabe von Insel Verlag, 1998.

_____. *Peter Suhrkamp. Zur Biographie eines Verlegers in Daten, Dokumenten und Bildern.* Frankfurt a. M., 2001.

Silke Knappenberger-Jans. *Verlagspolitik und Wissenschaft. Der Verlag J. C. B. Mohr (Paul Siebeck) im frühen 20. Jahrhundert.* Wiesbaden: Harrassowitz, 2001.

Stephen Koch. *Double Lives, Stalin, Willi Münzenberg and the Seduction of the Intellectuals.* New York, 1994.

Thorsten Oltmer. *Die Rowohlt Leinen-Rücken. Die ersten 450 Nummern der Rowohlt Taschenbücher in Darstellung und Bibliographie.* (Fachhochschule Hamburg, Fachbereich Bibliothek und Information, Diplomarbeit 1993).

Ulrich Höver. *Joseph Goebbels. Ein nationaler Sozialist.* Bonn [u. a.]: Bouvier Verlag, 1992.

Ulrich Linse. *Barfüßige Propheten. Erloser der zwanziger Jahre.* Berlin, 1983.

Walter Benjamin. *Abhandlungen, Gesammelte Schriften*, Bd. I-2. Frankfurt, 1974 (2. Aufl.)

Walter Horace Bruford. *Deutsche Kultur der Goethezeit.* Essen, 1988.

Walther Kiaulehn. *Mein Freund der Verleger. Ernst Rowohlt und seine Zeit.* Hamburg, 1967. (平田達治他 訳.『わが友・出版人 エルンスト・ローヴォルトとその時代』. 東京: ありな書房, 1983.)

Werner Schüssler/Erdmann Sturm. *Paul Tillich Leben-Werk-Wirkung.* Darmstadt, 2007.

Wolfgang Schivelbusch. *Intellektuellendämmerung. Zur Lage der Frankfurter*

Intelligenz in den zwanziger Jahren. Frankfurt a. M., 1982.
Wolfgang Schopf (hg.) *»So müßte ich ein Engel und kein Autor sein« Adorno und seine Frankfurter Verlager. Der Briefwechsel mit Peter Suhrkamp und Siegfried Unseld*. Fraknfurt a. M., 2003.
Zxel Schildt. *Die Sozialgeschichte der Bundesrepublik bis 1989/90*. München, 2003.

鎌田道生. 「右岸から左岸に及ぶイデオロギーの波―ローヴォルト書店」, 『ナチス通りの出版社－ドイツの出版人と作家たち 1886-1950』. 人文書院, 1989.
久保田浩. 「宗教學からネオナチ出版社へ―『ヨーロッパ宗教學史』を語る『宗教學』と『極右』」. 竹澤尙一郎. 『宗教とファシズム』. 水聲社, 2010, p. 253 이하.
木田元. 『ハイデガーの思想』. 東京: 岩波書店, 1992.
三宅正樹. 「ヒトラーの政掌握と日本の論壇－雜誌『改造』と『中央公論』を中心とする考察」. 『ベルリン・ウィーン・東京 20世紀前半の中央と東アジア』. 論創社, 1999.
上山安敏. 『神話と科學: ヨーロッパ知識社會 世紀末~20世紀』. 東京: 岩波現代文庫, 2001.
星乃治彦. 『赤いゲッベルス―ミュンツエンベルクとその時代』. 岩波書店, 2009.
松原一枝. 『改造社と山本實彦』. 南方新社, 2000.
深井智朗. 『十九世紀のドイツ・プロテスタンティズム－ヴィルヘルム帝政期における神學の社會的機能についての研究)』. 教文館, 2009.
早崎守俊. 『ドイツ表現主義の誕生』. 三修社, 1996.
平井正. 『ゲッベルス－メディア時代の政治宣專』. 中公新書, 1991.
ヨハン・ヴォルフガング・フォン・ゲーテ. 『ゲーテ全集』 第9巻 『自伝－誌と真実 第1部, 第2部』. 潮出版社, 2003.

집필 후기

이 책은 2010년 1월부터 2011년 3월까지, 일본의 대표적인 기독교 출판사인 신교출판사(新教出版社)가 발행하는 월간지 ≪복음과 세계(福音と世界)≫에 15회에 걸쳐서 연재한 「출판사의 신학(出版社の神學)」을 대폭 수정하고 가필한 것이다. 연재를 시작했을 때는 '출판사'의 사회적인 기능에 대해 분석할 예정이었지만, 계속해서 써가는 가운데 사상사 연구에서 편집자가 갖는 의의에 대하여 깊이 고민하게 되었다. 그 결과 '편집자는 누구인가?'라는 문제를 넘어서, 최종적으로 오늘날에는 '누가 편집자인가?'라는 질문을 던지게 되었다. 그러므로 이 책의 탈고를 끝낼 즈음 '사상으로서의 편집자(思想としての編集者)'라는 제목을 최종적으로 선택하기에 이르렀다.

또한 이 책의 논의가 추상적인 제언에만 그치지 않도록 하기 위해서, 필자는 역사적인 사례에 근거한 고찰을 추구해나갔다. 그래서 이 조그

만 연구는 독일의 빌헬름 제정기부터 바이마르 공화국 시기, 그리고 종전 이후 서독(본 공화국, die Bonner Republik) 시기에 형성된 독일 프로테스탄티즘과 출판의 관계를 주된 본보기로서 다루었기 때문에, '현대 독일 프로테스탄티즘과 출판의 역사(現代ドイツ·プロテスタンティズムと出版史)'라는 부제를 붙였다.

이러한 이유 때문에 이 책의 구성은 연재 때와 좀 달라졌고, 내용도 꽤 바뀌었으며 새로운 항목도 첨부되었다. 또한 연재에는 없던 주(註)와 참고문헌도 덧붙였다.

이 연재를 시작하면서 월간지 ≪복음과 세계≫의 편집장 구라타 나츠키(倉田夏樹) 선생과 연재의 방향과 내용에 대해 얼마나 많이 상담했는지 모른다. 두 사람이 나눈 내용은 이 책에서 살펴본 시대처럼 종이 편지를 통한 논의가 아니었고, 대부분 이메일 교환을 통해 이루어졌기 때문에 아마도 그 기록은 훗날 발견되어 평가될 일은 없을 것이다(물론 우리 두 사람의 이야기에 대해서 흥미를 가질 사람이 향후 나올 것이라고 생각하지도 않는다). 다만 여기서 이 책이 출판될 때까지의 경과에 대해 간단하게 적어두는 것 정도는 필요할 듯싶다.

내가 이 연재를 처음 구상했던 것은, 2008년 크리스마스 직전에 독일 뮌헨을 방문했을 때이다. 우연히 들렀던 셸링(Schelling) 거리의 고서점에서 오이겐 디더리히스의 자서전을 발견했고, 돌아오는 비행기에서 그 책을 찬찬히 읽었다. 귀국 후에도 크리스티안 카이저 출판사의 창업 125주년 기념 문집을 프랑크푸르트의 고서점 카탈로그 안에서 우연히 발견하여 곧장 주문하여 손에 넣을 수 있었다. 그다음 봄방학 기간 중에는 도쿄 간

다(神田) 진보초(神保町)의 헌책방을 지나다가 그 앞에 쌓아놓은 문고본 가운데 우치보리 히로시(內堀弘)* 선생이 쓴 『본 서점의 환상: 모더니즘 출판사의 빛과 그림자(ボン書店の幻:モダニズム出版社の光と影)』(ちくま文庫, 2008)를 발견해 구입하였다. 그리곤 그다음 날 오스트리아 빈으로 떠나는 비행기 안에서 잠잘 시간도 아껴가며 읽었다.

우연히 같은 시기에 발견한 위의 헌책 세 권이 이 주제를 연재할 수 있도록 중요한 힌트와 아이디어를 주었으며, 결국 책으로까지 출판할 수 있도록 이끌었다. 특히 우치보리 히로시 선생이 책에 남긴 다음 대목은 참으로 신선한 충격을 주었다.

> 어째서 책이라는 것은 저자의 유산으로만 남겨지는 것일까? '환상의 출판사(幻の出版社)'라고 하면 듣기에는 좋지만, 실제로 책을 만든 사람들의 면면이나 활동에 대해서 이 나라의 '문학사(文學史)'는 섬세하고 온당하게 기억해 주지 않는 것은 아닐까? 그렇다면 그것은 실로 한심한 얘기가 아닐 수 없다. (13쪽)

우치보리 선생은 서지학적(書誌學的)인 관점에서 위와 같이 말한 것이지만, 나는 그것을 읽으면서 근대 이후의 사상사를 전혀 다른 관점으로 풀어낼 가능성은 없을까 하고 생각하게 되었다. 사상사 연구에서 차지하는 '편집자'의 의의와 역할이 바로 그것이다. 그러한 관점에서 생각

* 도쿄의 유명한 고서점 石神井書林의 창업자.

해보면서, 출판사(出版史), 즉 '출판의 역사'에 관한 연구는 이미 방대한 축적이 이루어져 있으며, 출판사(出版社)와 독일 프로테스탄티즘과의 깊은 관계에 대한 연구도 최근 10여 년 사이에 조금씩 등장하고 있음을 떠올리게 되었다.

이듬해인 2009년의 여름, 나는 어떤 출판사가 개최한 '편집자와 청년 연구자들의 교류회' 행사에서 출판사나 편집자의 관점에서 사상을 생각해보자는 취지의 짧은 강연을 했다. '오이겐 디더리히스와 바이마르의 신성 프런트 세대(オイゲン・ディーデリヒスとヴァイマールの聖なるフロント世代)'라고 제목을 붙였던 그때의 소박한 강연이 이 책의 원형이기도 하다. 그곳에서 단편적인 생각들을 보고했던 것이 '사상사 연구에서의 편집자의 의의(思想史研究における編集者の意義)'라는 또 다른 연구 성과로 이어졌다. 그다음 단계로 신쿄출판사의 구라타 편집장과 이 주제에 관한 연재를 상의하게 되었던 것이다. 나는 '사상사 연구에서의 편집자, 혹은 출판사의 의의와 역할'에 대해 생각해보자는 취지로 연재를 제안했으며, 그에 대해 구라타 편집장은 "편집자를 격려하는 연재를 해주시면 좋겠다"면서 최종적인 집필 의뢰를 맡겨왔다. 나의 의도와 구라타 선생의 구상이 얼마나 이상적으로 연재물 가운데 실현되었는지에 대해서는 나 자신도 쉽게 판단할 수 없지만, 이 연재의 집필은 즐거운 일이었고 실로 가치 있는 경험이었다. 물론 이 책이 시도한 작업은, 그저 문제 제기에 지나지 않기 때문에 언젠가는 반드시 이 주제에 대한 본격적인 연구를 전개해보고 싶지만, 자료 수집이나 정리가 어려운 부분도 많기 때문에 숨을 길게 쉬고 장기적인 계획으로 추가 연구를 이어나가고 싶다.

연재가 한참 진행 중일 때, 때마침 '전자책(e-book) 원년'을 목격했으며, 급변하는 출판과 편집의 환경에 대해 깊이 고민할 수밖에 없던 시기였으므로 여러 다양한 의견을 들을 수 있었다. 그러므로 연재된 내용이 한 권의 책으로 나오게 되기까지는, 비록 짧은 시간이었지만 지적해주신 여러 고견들을 최대한 반영하기 위해 노력했다.

1년 반에 걸친 ≪복음과 세계≫의 연재 원고를 단행본으로 정리해준 점에 대해서, 신쿄출판사의 고바야시 노조무(小林望) 사장님과 구라타 나츠키 편집장에게 진심으로 감사의 말씀을 드리고 싶다. 특히 여러 힘든 작업을 헌신적으로 감당해주신 구라타 선생의 모습은 말 그대로 '사상으로서의 편집자' 그 자체였다. 또한 산만했던 연재물의 내용을 정리해가며 세부 조정 작업, 참고문헌과 색인의 작성, 그리고 정교한 교정 작업을 위해 애써주신 마쓰다 아즈미(松田あずみ) 선생과 모리시타 히로시(森下拓) 선생에게도 감사드린다. 또한 자료의 수집을 위해 협력해주신 뮌헨방위대학의 알프 크리스토퍼젠(Alf Christophersen) 교수와 바이에른 방송의 클라우디아 슐체 크리스토퍼젠(Claudia Schulze Christophersen) 선생에게도 감사의 마음을 전한다. 또한 책 표지에는 무리한 부탁을 청하여, 19세기 말 베를린에서 태어난 20세기 최고의 풍자 화가로 평가받은 게오르게 그로츠(George Grosz, 1893~1959)의 작품을 사용했다. 오타카 가쓰지로(大高勝次郎) 선생에 따르면, 일본의 소설가 다자이 오사무(太宰治, 1909~1948)는 구제(舊制) 고등학교 학생이던 시절에 그로츠의 그림첩에 관심이 있었다는 대목이 『다자이 오사무의 추억(太宰治の思い出)』(たいまつ社)이라는 책에 등장하지만, 일반적으로 선호되는 작풍은 아니었다

고 한다. 이 책의 표지에 사용한 작품은 '정치와 종교와 대중'이 동시에 비판되고 있는 모습을 묘사한 것이다. 그로츠는 구원 없는 카오스를 비판하고 있는데, 동시에 그 그림에는 구원을 추구하는 카오스가 그려져 있다.

2011년 6월 14일

후카이 토모아키

서평

비판적 사상으로서의 편집이라는 영위(營爲)

니시타니 요시히데(西谷能英)

'편집이란 무엇인가?' 혹은 '편집자란 누구인가?'라는 물음을 두고, 통상의 기술론적인 위상을 넘어서, 존재론적 혹은 문화론적인 물음으로서 다시 숙고해볼 필요가 있다. 하지만 그럴 경우에는 매우 독선적인 '결정론'에 빠져버리기가 쉽다. 편집자 스스로가 자기 규정을 해버리면, 자신의 '개인적 영위(營爲)'에 불과한 것을 자칫 필요 이상으로 정당화해버리는 경향을 지닐 수 있다. 필자 스스로도 그러한 편집자를 여러 명 알고

니시타니 요시히데는, 1951년 미라이샤(未來社)를 창립한 니시타니 요시오(西谷能雄, 1913~1995)의 장남으로 1949년 도쿄에서 태어났다. 도쿄대학(東京大學) 대학원 프랑스어문학과 석사과정을 졸업했다. 1976년에 미라이샤에 입사한 그는 편집부를 거친 뒤, 1992년부터 대표(사장)를 역임하고 있다. 저서로는 PC 편집 기법에 대해 소개한 『出版のためのテキスト実践技法/執筆篇』(未來社, 2001), 『同/編集篇』(2002)과 『秀丸エディタ超活用術』(翔泳社, 2005), 『出版文化再生: あらためて本の力を考える』(未來社, 2011) 등이 있다.

있을 뿐 아니라, 나 자신에게조차 그 질문의 공이 다시 튀어 돌아오지 않으리라 장담할 수 없다. 그만큼 위의 질문들과 그에 대한 대답은 난문이 아닐 수 없다.

'편집자란 어떻게 존재해야 하나?' 이러한 질문에 대해서, 편집자를 기본적으로 주인공으로 설정해 소개한다면, 그 대답 자체가 '편집자 = 조연'이라는 세속적 상식의 틀에 비추어 엉뚱하고도 거만한 태도로 보일 수 있다. 하지만 아무리 '주인공'이 되기 힘든 '조연'에 그칠지라도, 편집자나 출판사가 그 어떤 방법론(policy)도 갖지 않은 채 편집이나 출판의 영위에 종사하고 있다고는 생각할 수 없다. 적어도 문화나 예술, 학문적인 작업에 관여하려는 편집자는 어떠한 규준(規準)을 가져야 하며, 또 가지고 있을 것이다. 단지 평소에는 이러한 작업과의 관계를 특별히 언설화(言說化)하지 않았을 뿐이다.

그래서 편집자의 '일(작업)'을 마주하게 될 경우, 대부분의 사람은 기술론 혹은 출판에 관련된 주변 정보에만 시종 관심을 기울일 뿐, 그 내용이 깊이 있게 논급되는 경우는 거의 없다. 하지만 그러한 편집자의 작업을 그 존재론적 혹은 문화론적인 위상으로까지 한 걸음 더 나아가 깊이 있게 분석한 책이 등장했다. 철학 및 신학 연구자인 후카이 토모아키의 책 『사상으로서의 편집자: 현대 독일 프로테스탄티즘과 출판의 역사』(新教出版社, 2011)가 바로 그것이다.

후카이는 이 책에서 자신의 연구 영역인 신학 연구로부터 축적해온 통찰에 기초하여, 20세기 전반 독일 출판계의 동향 가운데에서 널리 알려지지 않은 편집자(= 출판인)의 사례를 여러 명 새롭게 찾아냈다. 표현주의 시대를 주도한 오이겐 디더리히스, 좌익 운동가였던 빌리 뮌첸베르크, 타블로이드판 염가 서적을 탄생시킨 에른스트 로볼트, 크리스티안 카이저사라는 명문 출판사를 인수한 알베르트 렘프 등, 저마다 개성과 식견을 지닌 편집자(= 출판인)의 작업을 사상사적으로 자리매김하면서, 시대가 요구한 새로운 문화나 사상의 추진자로서 그들이 얼마나 중요한 역할을 감당해왔는지 실증하였다. 후카이는 그동안의 사상사 연구가 '저자로서의 사상가'가 남긴 텍스트가 어떻게 수용돼왔는지에 대한 증명에만 주목해온 것에 의문을 던지며 비판하고 있다. 특히 학문적, 종교적, 정치적인 저작이 이 세상에 알려지는 과정에는 반드시 편집자(= 출판인)의 이해와 전략이 크게 영향을 미쳤음을 기억해야 한다고 주장한다.

근대 이후 대학이나 아카데미라고 하는 제도가 과거와 같은 권위를 잃고 상대화되었고, 그러한 제도적 학문의 울타리를 넘어 대학 밖에서의 '학(學)'이 특별한 의미를 지니게 되었다. 결국 전문가 집단으로서의 대학인(大學人)이나 학회원(學會員)을 통해서만이 아니라, 더욱 폭을 넓혀 대중에게 사상의 시장이 확대되어갔고, 한발 더 나아가 그 시장이 사상의 가치를 직접 판단하게 되었다. 이처럼 사상이 더 이상 일부 지적 서클의 독점물이 아니게 되었을 때, '저자-독자'라는 공고한 틀은 깨어졌고 양자 사이에 새로운 지성의 프로모터로서 '편집자'가 등장했다고 말할 수 있지 않을까? 그들은 자명한 권위를 대신하여 시장이 필요로 하는 사상을 공급하기 위해 등장했다. 말하자면 그들은 경영이나 기술로서의 인쇄라고 하는 문제를 뛰어넘어, 사상의 내용과도 관계 맺게 되었다.

―「프롤로그」 중에서

후카이는 위에서 '저자 ⇆ 독자'라는 틀이 깨어져, '저자 ⇆ 편집자 ⇆ 독자'라는 새로운 틀이 등장했다고 주장한다. 이것은 독일 프로테스탄티즘에 존재하는 개별적 사례뿐만 아니라 20세기 이후의 근대적 출판의 존재 방식을 명확하게 읽어낸 대목이라고 볼 수 있다. '편집자 = 조연'이라는 도식 이상으로, 후카이는 책 제목처럼 '사상으로서의 편집자'라는 새로운 개념을 이끌어내며 다음과 같이 말한다.

편집자는 확실히 어떤 사상가의 최초의 독자가 되며, 이후 독자와의 접점을 낳게 하는 존재이기 때문에, 사상의 텍스트를 사회화한다는 매우 중요한 위치에 서 있는 것이다. 사상은 저자에 힘입어 로고스(logos)화되지만, 현대에는 한층 더 편집자에 힘입어 사회화되는 것이다.

―「사상사의 '숨은 모퉁잇돌'」 중에서

출판계에 종사하는 필자로서는 '사상으로서의 편집자'라는 말에 조금은 낯간지러워지는 것이 사실이다. 하지만 스스로의 사상을 그대로 표현하는 것은 아니라 할지라도, 편집자는 자신이 편집한 출판물을 통해서 (자신의 사상을) 일정한 경향(= 사상)으로서 표현해내는 것은 사실이다. 그렇게 편집자가 관여한 학술서, 계몽서, 문학서, 예술서 등에서 드러나는 일관된 경향성은, 특정 정치적 입장을 무조건 변호(옹호)하는 '무비판적 출판(= 편집)'과는 확실히 구별된다. 즉, 주류 사회나 체제(기득권)에 영합하기만 할 뿐이 아니라, 그것에 대해서 근본적인 '의의(疑義)'를 설정해나가는 저작의 출판을 위해 애쓰는 편집이 있다는 말이다. 사회나 학문은 항상 '현상'을 넘어서 발전해나가려고 한다. 그러한 새로운 가능성을 지향하는 저작이 소통될 수 있도록 지원하는 것, 한편 체제를 위해 어떠한 새로운 발견을 제공하지 않는 한 그러한 저작은 쳐다보지도 않는 것이 대립하는 상황에서, 편집이란 곧 '비판'을 의미한다.

그러한 의미에서, 아래에 소개하는 후카이의 주장은 중요한 무게를 지니며 특히 현대적 의미에서 시사하는 바가 크다. 반드시 기억해야 할 지적이 아닐 수 없다.

> 사회의 주류 담론에 반하는 책을 내놓아 사상적 질문을 끊임없이 던진다는 점에서, 카이저 출판사는 그 시대의 사회적 동향을 충분히 알면서도 거기에 반하는 서적을 굳이 내놓았던 것이다. 그러므로 그러한 의도성에는 출판사의 신학이나 정치적 태도가 자각적으로 표출되기 마련이다. 그때 그 사상은 확실히 사회의 목탁(木鐸)이 되고 질문이 되며 새로운 시대의 용어와 담론이 된다. 힘겨운 경영상의 난맥 속에서 결국 파탄이 초래되었다 할지라도, 카이저 출판사는 시대 앞에서 하나의 사명을 완수했다는 해석이 가능하지 않을까?
>
> 하지만 그 파산(매각)의 원인이, 출판사가 그 시대의 정치적 동향을 충분히 이해하지 못한 채, 시대와 어긋나버린 입장임에도 불구하고 그것을 도그마처럼 받들고 그 노선을 자각 없이 답습했을 뿐이었다고 한다면, 그것

은 출판사의 태만이라고 말하지 않을 수 없다. 역설적인 표현이지만 그것을 두고 '출판사의 보수화(保守化)'가 일어났다고 하는 것이다. 사상은 급진적이고 자유롭다 할지라도, 출판사와 편집자의 태도가 보수적, 권위적, 전통주의적으로 전락해버릴 수 있다.

—「크리스티안 카이저 출판사 매각이 남긴 질문들」 중에서

이 글은, 西谷能英, 「批判的思想としての編集という営為」라는 제목으로 일본의 대표적 인문학 출판사인 '미라이샤(未來社)'가 발행하는 월간지 ≪未来≫, 제575호(2014년 8월), 26~27쪽에 수록된 것이다.

서평

한국 독자들에게 이 책을 소개하며

낙운해(洛雲海)

후카이 토모아키 박사에 관하여

이번에 경애하는 외우(畏友), 후카이 토모아키(深井智朗) 박사의 저작 『사상으로서의 편집자: 현대 독일 프로테스탄티즘과 출판의 역사(思想としての編集者: 現代ドイツ·プロテスタンティズムと出版史)』의 한국어 번역본이 한 권의 책으로 완성되었다. 2011년 일본에서 발행된 이 책은 평소 신뢰하는 홍이표 목사의 번역에 힘입어, 한국의 대표적인 신학잡지인 ≪기독교사상≫에 '20세기 신학사상과 무대 뒤의 편집자들'이라는 제목으로 연재되어 한국 기독교 사상계에 널리 소개된 바 있다. 더욱이 이 책의 내용은 일본 신쿄출판사의 신학 잡지인 ≪복음과 세계≫에 연재된

낙운해 목사는 1964년 도쿄에서 태어난 일본인으로, 도쿄신학대학 대학원과 장로회신학대학교 대학원을 졸업(신학박사)했다. 현재 일본기독교단 파송 한국 선교사로서 장로회신학대학교 외국인 교수(전임, 조직신학)로 재직하고 있으며, 대한예수교장로회 새문안교회 협력교역자, 일본의 세이가쿠인대학(聖學院大學) 객원교수이다.

내용을 기반으로 했기에, 한일 양국의 대표적인 기독교 출판사를 통해 소개되었다는 점에서 또한 큰 의미를 지닌다고 할 수 있다.

실은 이전에도 『사상으로서의 편집자』가 일본에서 출판되었을 때, 후카이 박사 본인의 부탁으로 일본의 출판잡지인 ≪혼노히로바(本のひろば, 책의 광장)≫에 이 책의 서평을 쓴 적이 있었다. 이번에는 한국어 번역이 완결되어, 번역자인 홍 목사로부터 의뢰를 받아 새롭게 한국어로 서평을 쓰게 되었다. 일본인 원저자와 한국인 번역자와는 양쪽 모두 친밀하게 지내온 관계로서, 부족하지만 한일 양국어로 서평을 하게 된 것을 또한 아울러 기쁘게 생각한다.

저자인 후카이 박사는 아직 40대의 젊은 학자임에도 불구하고 근래 일본에서 가장 정력적으로 신학과 독일사상사 관련 논고를 간행해온 철학자 및 신학자의 한 사람이다. 이분이 그동안 내놓은 저작은 단행본 13권, 공저 3권, 번역서 11권으로, 그 대부분이 목회 현장에서 목사로서의 직무를 병행해가는 가운데 출판한 노작(勞作)들이다. 그러나 그는 단순한 다작가(多作家)는 결코 아니다. 그의 여러 저작은 이미 여러 분야에서 주목을 받았고, 30대 시절부터 각종 이름 있는 학술상을 수상한 바 있다. 그는 현대 일본의 기독교 신학계는 물론 널리 일본의 종교학계나 사상계에서도 확고한 명성을 얻고 있다. 그중에서도 근대 이후의 독일 신학사상과 사상사에 국한하여 말하자면, 현재 그보다 넓은 지식을 갖고 있는 일본의 학자를 나는 알지 못할 뿐만 아니라 그보다 더 독일 신학계 및 독일 신학자들과 깊고 밀접한 교류를 가지고 있는 일본인 신학자도 알지 못한다. 그가 지닌 그 방면의 지식의 양은 압도적인 것으로 이번에 한국어로 번역된 『사상으로서의 편집자』 하나만을 보더라도 독자는 그것을 충분히 느낄 수 있을 것이다.

설득력 있는 의외성

이 책은 주로 19~20세기의 독일, 즉 빌헬름 제정기 이후 독일의 신학 출판사와 프로테스탄티즘의 역사를 축으로 편집자와 출판사의 문제를 다룬 저작이다(이 책 289쪽). 거기서 주장되는 것은 '사상으로서의 편집자'의 중요성이며 그 필요성이다. 그 의도는 후카이 박사에 따르면 "사상사 연구에서 편집자가 갖는 의의에 대하여 깊이 고민해"보고 싶다는 데에 있다(338쪽). 이 책은 종종 고도의 학술적인 내용을 다루면서도 누구나 쉽게 읽을 수 있도록 고안되었다. 따라서 이 책은 신학을 전공으로 하지 않는 사람들도 지루하지 않고 즐겁게 읽을 수 있을 것이다. 물론 독자가 신학 전문가라면 이 책 속에는 흥미를 끄는 내용이 더욱 많을 것이다. 그것은 우선 나 자신부터 그랬다.

"그런 이야기가 있을 줄 몰랐다!" 그의 저작은 늘 그렇지만 이 책에서도 나에게는 그렇게 생각되는 의외의 내용이 여러모로 소개되어 있다. 이번 저작의 경우는 한국어로 얘기하자면 야사(野史)에 속하는 내용이라고 할까. 이른바 신학서적만 읽어서는 절대로 볼 수도, 보이지도 않는 비화나 뒷이야기가 신학적 주장이나 두루 알려진 사건을 배경으로 여러 모양으로 소개되어 있다. 그것도 단순한 흥미 위주의 가십 같은 것에만 머무는 것도 아니며, 쉬어가는 페이지 같은 에피소드도 아닌, 오히려 저자의 주장을 뒷받침하고 설득력을 갖기에 유효한 역사적 자료들이 다루어지고 있는 것이다.

예를 들면 이 책 프롤로그의 서두에서 갑자기 등장하는 파울 틸리히의 이야기부터가 그러하다. 독일에서 미국으로 망명한 후의 틸리히에 얽힌 이야기인데, 도미 후에 자신이 "학문적 경력 면에서 최초의 걸음마 단계로 추락해 있다는 사실을 새삼 깨닫게 되었"(20쪽)던 틸리히가, 그것도 이미 49세나 된 틸리히가 그 후 "어떤 과정을 거쳐 뉴욕 브로드웨이를 휩쓸며, ≪타임(Time)≫지 특집호의 표지를 장식한 저명한 망명 지식인 가운데 한 사람이 되었는지"(17쪽), 또 그것을 위해 필요했던 것은 그 자신의 사상 외에 무엇이었을까를 설명하기 위한 것이었다. 이렇게 별로 알려지지 않은 내용의 소개로 이 책을 쓰기 시작한 것은 후카이 박사에 따르면 "틸리히의 책이 출판되는 과정이, 이후 이 책의 내용 전개를 위한 의도와 뜻을 분명히 할 수 있는 적절한 본보기가 될 수 있지 않을까"(27~28쪽)라고 생각했기 때문이라고 한다.

이렇게 하여 적지 않은 독자는 이 책 속에서 뜻밖의 발상이나 해석 또는 말의 표현을 곳곳에서 발견할 수 있을 것이다. 그리고 '설득력 있는 의외성'을 독자 안에서 유발한다고나 할까, 독자를 멈추게 하고 재고를 촉구하며 어떤 신학적 사상가와 그 사상에 대하여 이제껏 독자가 갖고 있던 이미지에 변화를 구하고 있다. 또한 어떤 신학자나 그 사상 자체에 대해 새로운 각도에서 그것을 다시 보고 새롭게 해석하는 계기를 마련해줄 수 있을 것이다. 예를 들면 신학에 뜻을 둔 사람에게는 중요한 20세기의 신학자 칼 바르트나, 그 활동의 초기에 바르트와 함께 변증법 신학의 일익을 담당한 프리드리히 고가르텐도, 후카이 박사의 손에는 둘 다 당시의 "학문의 장소를 교회나 대학으로부터 그 바깥 세계로 끌고" 나간 '신학적 아방가르드(avantgarde)'(72쪽)로 평가되고 만다는 식이다. 이 두 사람을 '신학적 아방가르드'로 평가하는 것이 과연 우리들이 주변에서 쉽게 접할 수 있는 관점일까? 하지만 후카이 박사의 논술 과정에 따라 이해하다 보면, 당시의 두 사람은 '신학적 아방가르드'였음이 틀림없어 보인다.

이처럼 기독교 신학에 조금이라도 관심이 있는 독자라면 서두에서부터 이 책에 흥미를 가질 수 있도록 연구된 흔적을 느낄 수 있다. 상세한 내용은 본문에 양보하는 것으로 하고, 과연 후카이 박사가 '이 책에서 언급하려는 것'은 도대체 무엇일까? 그것은 단순히 '저자로서의 사상가와 그 사상'이 존재하는 것만으로는 부족하고, 그 사상을 세상에 알릴 '편집자'의 존재가 얼마나 중요하며 동시에 필요한 것인가 하는 것이다. 왜냐하면 후카이 박사에 따르면 "사상은 저자에 힘입어 로고스(logos)화되지만, 현대에는 한층 더 편집자에 힘입어 사회화되는 것"(120쪽)이기 때문이다. 그래서 이 책에서는 편집자의 중요성에 초점을 맞춰서 논의가 전개되었던 것이다.

편집자의 존재와 그 중요성

그때 후카이 박사는 사상사 연구에서 어떤 틀의 전환이 일어난 것에 주목하도록 재촉한다. 즉, 근대 이전에는 "저자-독자"라는 관계를 기반으로 성립되었던 시장의 틀이 근대에 들어와서 "저자-편집자-독자"의 관계라는 틀로 전환한 것에 이 책의 독자는 주의를 요청받게 된다(29~30, 47, 119, 128, 290쪽 등). 거기서 근대에서 현대에 이르기까지 저자와 독자 사이에서는 사람으로서의 편집자라는 존재가, 출판사와 함께 사상의 창조에 얼마나 중요한 역할을 해왔는지를 후카이 박사는 차분하고 무게 있게 논증한다. 게다가 후카이 박사는 그것을 관념적 혹은 추상적으로 주장하는 것이 아니라, 풍부한 역사 자료들을 토대로 하여 구체적으로 논증해가기 때문에 그 주장은 큰 설득력을 갖게 되었다. 이상의 근거들을 종합하여 후카이 박사는 대담하게도 "편집자 자신이 사상가인 경우도 있다"(32쪽)고 서술하였으며, 또한 "편집자는 사상가나 작가를 대할 때, 또 다른 한 명의 사상가가 아니면 안 되는 것"(302쪽)이라고까지 단언하였다.

후카이 박사에 따르면 편집자는 텍스트에 개입하는 한 저자의 일원이다. 그것을 인정할 때, 해석자로서의 '독자'는 사실 '저자의 사상'뿐 아니라 '편집자의 사상'까지 동시에 세트로 받게 된다는 것이다(123~129쪽).

이와 같은 주장이나 아이디어에 대해서는, 이미 각 방면의 선행 연구에서 언급해왔음을 후카이 박사 스스로도 잘 알고 있었으며, 본문에서도 그 성과들을 언급하고 있다(예를 들면, 우에야마 야스토시나 간골프 휘빙거 등의 주장에 대한 언급: 30~31쪽). 하지만 그러한 기존의 관점들을 끌어들여 신학이라는 새로운 관점에서 빛을 비추어 기독교 사상과 접맥시켜 주장한 점은, 실로 참신할 뿐 아니라 주목할 만한 충분한 가치가 있다고 본다. 즉, 칼 바르트의 『로마서 강해』의 성공 뒤에는 크리스티안 카이저 출판사와 그 회사에 속한 알베르트 렘프라는 편집자가 있었으며, 위르겐 몰트만의 『희망의 신학』이 성공할 수 있었던 이유도 역시 그 뒤에 크리스티안 카이저 출판사와 그곳의 편집자가 있었기 때문이다. 틸리히가 미국에서 성공할 때도 그 뒤에는 프레드 위크가 있었고, 프리드리히 고가르텐이나 헤르만 헤세, 막스 베버의 뒤에는 공통적으로 오이겐 디더리히스와 그 출판사가 있었던 것이다. 이들 수많은 편집자 가운데 후카이 박사가 특히 주목하였던 인물은 오이겐 디더리히스이다. 후카이 박사에 따르면 디더리히스는 '논쟁을 조성(promote)하였던 편집자'였고 '다양한 지적(知的) 모험이나 논쟁을 시도'한 사람이었으며, '편집자라는 이름의 사상가로서' 출판인이 만들고 연출해낸 극장의 '무대 뒤쪽에 서 있었으며' '논의와 담론의 무대를 준비하여 각각의 등장인물에게 그가 쓴 시나리오에 따른 역할을 부여하고 있던' 인물이었다(이상 93쪽).

그렇다면 후카이 토모아키 박사는 도대체 어디서 그러한 이야기를 알게 되었을까? 일본에 있으면서 대관절 어떻게 그러한 내용의 기본이 되는 역사 자료들을 입수할 수 있었을까? 그 힌트는 일본에서 출간된 저서의 '집필 후기'에 조금 나오는 이야기지만, 후카이 박사의 자료 분석 능력뿐만이 아니라, 탁월한 자료 수집 능력 때문임을 알 수 있다. 이를 통해 자료 수집을 위한 인맥과 필요한 자료의 입수를 가능하게 해주는 도움의 손길이 독일을 비롯해 세계 각지에 존재했음을 유추해볼 수 있다.

'참된 사상가와 사상을 가진 편집자'의 필요성

이제 이 책의 전체적 구성과 내용을 정리해보자. 이 책은 '프롤로그 + 제1부 및 제2부 + 에필로그'라는 총 네 부분으로 구성되어 있다.

제1부에서는 '편집자란 누구인가?'라는 주제를 놓고 저자와 시장 또는 시장과 독자를 매개로 하는 편집자가 근대 시기에 등장하게 된 상황 배경과 그 쟁점을 다루고 있다. 저자는 근현대 독일 프로테스탄티즘이라는 역사적 사례를 고찰함으로써, 편집자는 저자와 함께 사상을 잉태하는 사상의 일익(一翼)으로서 자신이 '사상으로서의 편집자'라는 사실을 자각해야 한다고 주장한다.

그에 대해 제2부는 '누가 편집자인가?'라는 주제를 통해 근대 이후 시장화가 진행된 상황과 그 문제점을 다루고 있다. 여기서는 출판사는 하나의 기업체이므로 책이 팔리지 않으면 안 되는 실존의 문제가 있기 때문에 시장에서 잘 팔리는 책을 만들기 위해서는, 편집자보다도 "시장의 동향과 대중의 기호가 편집의 주도권을 잡게 되는"(234쪽) 현상에 대해 살피고 있다. 그러한 고찰을 통해 현대에 들어 편집자가 예전의 개인에서 '익명의 대중'으로 변화해간 것 그리고 그러한 현대적 상황에서는 근대에 등장한 '사상으로서의 편집자'가 이미 제대로 기능하지 못하고 있다는 점 등을 논하고 있다(251~253쪽).

에필로그는 사실상 제3부의 구실을 한다. 거기서는 '사상으로서의 편집자'라는 주제를 놓고 2000년 전후의 최근 상황에 초점을 맞추어, 새롭게 등장하고 있는 편집자의 문제를 기술과 사상이라는 주제로 다루고 있다. 즉 "IT 기술의 발전을 통해 인쇄되지 않는 서적(e-book)이나 웹사이트상에서 충분히 사상을 발표하고, 심지어 출판까지도 가능하다는 점, 다시 말해 출판사나 편집자가 없이도 가능한 출판"(295쪽)에 대한 것이다. 여기서는 이전까지는 생각할 수 없었던 새로운 상황의 출현, 즉 현대는 출판사나 편집자를 통하지 않아도 웹사이트 등의 IT 기술을 사용하면 자신의 사상을 세상에 내놓는 것이 가능해졌다는 데 주목한다. 예를 들어, 훌륭한 사상을 가지고 있는데도 발전한 IT 기술에 적응하지 못한 저자들은 사상의 시장에서 쫓겨나 버리고 만다는, 사상에 대한 기술 우위의 상황에 초점을 맞춘다. 또한 그 상황에서 저자는 자신이 말하고 싶은 사상을 시장에 제공하기보다는, 오히려 시장이 원하는 사상을 저자가 제공하게 되는, 사상에 대한 시장 우위의 상황에도 초점을 맞추는 것이다. 이때 후카이 박사는 "그러므로 이러한 현대 출판계의 상황에서야말로 '사상을 가진 편집자'가 필요한 것이 아닐까?"(298쪽)라며 반어적인 질문을 던진다. 그의 이러한 의문에 필자도 전적으로 찬성이다. 하지만 여기에 한 가지 더 보태어 이렇게 묻고 싶다. "그런 까닭에 지금이야말로 시대의 조류를 타지 않고, 시장의 요구에도 아첨하지 않으며, 오히려 자신이 정말로 말하고 싶은 사상을 자신 있게 말하고, 그를 통해 시장(세계)을 바꿔나갈 수 있는 '참된 사상가와 사상을 가진 편집자'가 둘 다 필요한 것이 아닐까?'라고 말이다.

번역자와 번역문에 관하여

마지막으로 번역자와 그 번역문에 대해서도 짧게 언급하고 싶다. 역자인 홍이표 목사는 일본인 여성 목사와 결혼하여 한일 양국에서 중요한 역할을 감당하는 신진 역사신학자이다. 현재 그는 기독교대한감리회에서 일본으로 파견된 선교사이며, 부부가 효고 현에 있는 일본기독교단의 교회에서 목회하면서 병행하여 교토대학 대학원에서 일본 근대기독교 사상사 연구에도 매진하고 있다. 개인적인 일이지만 예전에 부인인 가미야마 미나코(神山美奈子) 목사가 한국에 체류할 때는, 필자가 봉사하고 있는 새문안교회 일본어 예배부에서 몇 번인가 설교 봉사로 도움을 받은 적이 있다. 부부가 목회자로서 성실히 살고 있으며, 신앙적으로나 학문적으로 신뢰할 수 있는 분들이다.

그런데 이번 한국어 번역에 대하여 꼭 해두고 싶은 말이 있다. 그것은 이번 번역 자체가 하나의 독창적 작품이라고 말할 수 있을 정도로 역작이라는 것이다. 우선 이 번역에는 일본어의 원서에는 없는 주목할 만한 특색이 있다. 그것은 이 저서에서 언급된 인물이나 사건과 관련된 사진이나 삽화가 지면에 풍부하게 채용되었다는 점이다. 원저에는 그러한 것이 하나도 없다. 원저에 없는 사진이나 도안 등을 번역문의 지면에 게재한다는 것은 그 자체가 하나의 모험이다. 왜냐하면 그렇게 하는 것은 번역자 자신의 텍스트 해석을 표시하는 것이며, 언급된 인물이나 그 사상 혹은 관련된 사건에 대한 해석을 표현한 것이기 때문이다. 한편 그것은 번역자가 텍스트 해석을 위하여 쏟은 노력의 흔적이기도 하며, 원저의 번역에 대한 번역자의 열의와 함께 독자를 배려했기 때문이기도 하다. 번역문의 곳곳에 게재하기 위한 사진 자료를 찾아내어 선정하고 그 부가 설명을 게재하는 작업만으로도 얼마나 큰 노력과 시간을 들였을지 짐작하고도 남는다. 그러한 삽화 및 사진 자료의 편성 덕분에 이번 번역서에는 원저에는 없던 새로운 방법과 시도로 시각적인 면에서 한층 더 자극적이고 흥미를 불러일으키는 체재를 갖출 수 있게 되었다. 또한 번역문 자체도 더 이상 말할 필요도 없을 만큼 훌륭하며 읽기 쉬운 문장으로 되어 있다.

다만 원문에 대한 정확성이라는 관점에서 보면, 홍 목사는 번역 그 자체의 정확성은 약간 희생을 하더라도 때로는 원문에 없는 언어나 설명을 의도적으로 덧붙이거나 혹은 어순과 줄을 바꾸는 방법을 동원했다. 그처럼 원문을 약간 바꾸는 것으로, 또는 폰트의 형태에 변화를 주는 식의 모험을 통해서 원문의 의미를 보다 알기 쉽게 전하는 데에 중점을 둔 것처럼 느껴졌다. 하지만 그 덕분에 번역문이 원문보다 의미가 명료해진 부분이 있는 것도 적지 않다. 이러한 점도 독자를 향한 역자의 배려라고 볼 수 있다. 그런 의미에서 이 번역은 역자의 새로운 해석이 반영되고 시행된 하나의 작품으로 보일 정도이다. 이러한 특색이 잘 기능하고 있는 것은 원저에 언급된 신학자들이나 사상에 대한 깊은 이해가 없이는 불가능한 것이고, 무엇보다도 원서 자체에 대한 깊은 이해 없이는 불가능한 것이다. 그래서 필자는 이번 저서가 참으로 좋은 역자를 만나 더 빛을 발하고 있다고 마음속 깊이 말하고 싶다.

역자 후기

고교 시절, 나는 '서태지와 아이들'의 멤버 양현석과 닮았다는 소리를 자주 들었다. 동물원이나 해바라기의 포크 음악에 심취해 있던 나는 그저 시큰둥하게 반응했다. 새로운 음악 문화에 환호하는 친구들과 대중에 대한 일종의 저항감이었다. 하지만 양현석 닮았다는 소리가 수없이 반복되자 나는 부지불식간에 그에게 친밀감을 느끼고 있었고, 은퇴 후 그의 활동도 예의 주시하고 있었다. 이후 대학 진학으로 서울 생활을 시작한 나는 청와대 바로 옆의 아담한 교회에서 신학생으로 일하게 되었는데, 뜻밖에도 그곳에서 유명 연예인과 처음으로 직접 인사하게 되었다. 어릴 적부터 그 교회에서 성장한 이수만 권사였다. 그런데 그분도 모 회사를 창업하셨다는 소식과 함께 교회에서 뵙기가 점점 어려워졌다. 이듬해 그는 HOT와 함께 대중 앞에 새로이 등장했다.

역자 후기에 참고한 자료들은 다음과 같다. Ute Schneider, *Der unsichtbare Zweite. Die Berufsgeschichte des Lektors im literarischen Verlag*, (Wallstein Verlag, 2005); Emmanuel Lévinas, "Quelques réflexions sur la philosophie de l'hitlérisme", in *Esprit* (1934), (repris dans Rivages poche/Petite bibliothèque: 1997), p. 7(안성헌 제공); ≪세계의 문학≫, 제107호(2003년 봄). 민음사.

양현석과 이수만, 두 사람은 현재 한국 대중문화를 주도하는 대표 기획사의 CEO가 되어 있다. 나는 이 책을 번역하면서, 특히 비틀즈의 산파역 브라이언 엡스타인의 이야기를 옮긴 이후부터는 내내 이 두 사람을 떠올렸다. 엡스타인처럼 양현석도 서태지 뒤에서 춤을 추며 화음을 맞추던 2인자였다. 이수만도 대중에게서 잊혀가던 철 지난 가수였다. 하지만 그들의 현재 모습은 20년 전과 전혀 달라졌다. 세븐, 빅뱅, 싸이, 악동뮤지션 뒤에는 양현석이 있고, 신화, 보아, 동방신기, 소녀시대, 슈퍼주니어, 엑소의 뒤에는 이수만이 있다. 그동안 한국의 대중문화사는 가수나 배우의 화려한 이름들로만 채워져왔다. 하지만 최근 들어 한국의 대중들은, 스타를 발굴한 기획자들을 주목하고 있다. 그들의 뒷이야기들은 이제 한국 대중문화사의 가장 중요한 역사로 인식되고 있다.

대중에게는 어렵게 느껴질 수도 있는 '사상'의 영역에도 문화예술의 배후 기획자 같은 사람들이 존재했다. 가수와 배우는 '무대' 위에서 자신의 진가를 드러내지만, 사상가는 자신의 '사상'을 주로 책에 담아냈다. 강의나 강연 같은 실제 무대 공간에서 전파되는 '사상'의 알맹이도 결국 책에 담긴 것들을 음성화한 것과 다르지 않다. 따라서 '사상의 역사', 즉 '사상사'에서 양현석과 이수만 같은 존재는 책을 기획하고 만드는 사람, 즉 '편집자'가 된다.

하지만 지금까지 사상사 연구자들은 유명한 스타 사상가들의 삶과 행적, 그들의 문헌에 대해서는 섬세하게 고찰했지만, 그들이 스타가 되기까지 뒤에서 헌신한 편집자들의 삶과 사상에 대해서는 무관심하였다. 후카이 토모아키 선생님은 그러한 '사상사 연구'의 행태에 대해서 문제를 제기하며 사상가로서 존재한 '편집자'의 활동에 주목하였다. 그리하여 과거에는 '저자(사상가)-독자(대중)'의 직접적 관계가 주를 이루었지만, 근대 이후 '저자-편집자-독자'라는 새로운 관계 구도가 설정되었음을 주장하면서, 새로운 지성의 프로모터로서 편집자의 존재 의미를 근대 독일 프로테스탄티즘의 역사를 통해 설명하고자 하였다.

13년째 편집자로 활동하고 있는 이현정 선생님과 이 책의 번역에 대해 대화한 적이 있다. 그때 이 선생님은 편집자란 '보이지 않는 두 번째 저자(Der Unsichtbare Zweite = The invisible Second)'라고 표현하였다. 그 출처를 물었더니 독일의 출판학(Buchwissenschaft) 연구자 우테 슈나이더(Ute Schneider)가 쓴 『보이지 않는 두 번째 저자: 문학 출판사에서 편집자라는 직업의 역사』(2005)라는 책을 알려주었다. 그리고 편집자의 실존을 다음과 같은 말로 표현한 것을 지금도 잊을 수가 없다.

> 자신의 치열함과 고충을 입 밖에 내지 못한 채 가슴에 품고 갈 수밖에 없는 일이 가장 많은 직업군 중 하나가 편집자인 것 같아요.

저자의 뒤에 위치하는 존재로서 편집자의 무게감이 묵직하게 다가왔다. 아울러 이 선생님은 프랑수아 발(François Wahl)에 대해서도 언급했다. 라캉, 데리다, 바르트 등을 발굴해 스타 사상가로 키워낸 프랑스의 명문 출판사 쇠이유(Seuil)의 편집자 프랑수아 발, 그도 만년에 인생을 회고하며 '편집자'의 정체성을 다음과 같이 설명하고 있기 때문이다.

> 편집자의 신념과 저자의 신념이 만나는 지점에서 책이 탄생하는 겁니다.……

저는 편집자가 마치 철학자처럼 원칙과 신념을 갖고 움직이기를 바랐습니다. 편집자도 일종의 저자가 될 수 있는, 그러나 결코 자신의 이름을 책에 올릴 수 없는 '숨어 있는' 저자, 또는 '슬픈' 저자가 될 수 있는 상황을 선호했습니다.…… 골드만의 책 이름을 빌려 '숨은 신'이라고 한다면 편집자로서 지나친 오만을 드러낸 것이겠지만 편집자는 우선적으로 여성적인 존재임에는 틀림없습니다. 그는 세상에 무언가를 낳기 위해 산고를 치릅니다. 우리는 흔히 작가의 고통, 창작자의 산고만을 머리에 떠올리곤 하는데 오히려 편집자와의 관계에서 본다면 작가는 남성적인 존재에 더 가깝다고 할 수 있습니다. 작가는 씨를 뿌리고 편집자가 이를 거두어 자신의 품에서 작품을 산출하는 것이지요. 작가의 '남성성'은 편집자의 이러한 '여성성' 덕분에 존재할 수 있습니다.

―「라캉, 데리다, 바르트의 편집자 프랑수아 발과의 만남, 지식인이여, 편집자가 되라」, ≪세계의 문학≫ (민음사, 2003년 봄)

'작가'는 사상의 씨를 뿌리지만 홀로 존재할 수는 없을 것 같다. 골방의 유리병에 갇힌 사상의 씨앗이라면, 해와 흙과 비와 바람을 만날 수 없으며, 당연히 뿌리와 줄기도 뻗을 수 없겠으니 말이다. 그러므로 작가는 편집자와의 관계성 아래서 비로소 사상을 꽃피워 낼 수 있다. 프랑수아 발의 말처럼 '작가의 남성성과 편집자의 여성성의 만남'은 서로 다름의 화해 프로세스가 아닐까? 그러므로 이 지점에서 우리는 그러한 화해의 과정을 결여한 작가에게서 진정성 있는 '사상'을 기대할 수 있을지 질문하게 된다. 즉 '편집자 없는 사상'을 상상할 수 있겠는가?

후카이 토모아키 선생님도 이 책에서 '저자-독자'의 관계가 근대에 이르러 '저자-편집자-독자'로 변화하여 편집자의 역할이 중요해졌음을 강조했다. 하지만 첨단 기술이 발달한 현재의 출판 환경에서는 결국 '대중'마저도 직접 편집자의 기능을 수행하게 됨으로써, 근대적 의미의 '편집자'가 그 확고한 입지를 잃어가고 있음을 지적했다. 전문 직업인으로서 편집자들은 대중의 기호와 성향에 눈치를 보게 되며, 그 결과 대중이라는 편집자가 설정한 방향대로만 책이 산출된다는 것이다. 심지어는 대중 스스로가 사상의 씨앗을 뿌리는 작가가 되어 e-book을 통해 책을 만드는 시대가 되었음을 강조했다. 그러므로 이러한 시대에는 '편집자는 누구인가?'라는 질문보다는 '누가 편집자인가?'라는 질문에 대한 성찰이 더욱 긴급하게 요구된다고 보았다.

이 책을 번역하면서 가장 인상 깊은 편집자는 단연 에른스트 로볼트(Ernst Rowohlt)였다. 그가 바라본 제1차 세계대전 직후의 독일 상황은 마치 2013년의 고국 풍경인 것만 같아 가슴을 치며 한글로 옮겼다.

> 그는 바이마르 시대의 자유가 지나치게 방임되었던 것, 그리고 실제로 그러한 현상을 민감하게 느끼고 있었다. 지나친 자유는 대중에게 오히려 불안과 불투명성을 느끼게 하여 사회를 급속히 보수화시킬 것이라는 점을 간파하고 있었다. 빌헬름 제정기라는 옛 시대가 그저 좋은 시대인 것만은 아님을 잘 알면서도, 대중은 바이마르의 급진적인 자유를 목도하면서 겨우 수년 전에 존재했던 옛 시대가 마치 '좋은 시대'였던 양 '이상화된 추억'을 떠올리며 비교하였다. 그럴 때 마침 경제적으로도 꽉 막혀 있었고 소수 정당들의 난립으로 분쟁의 흙탕물로 변해버린 막막한 정치판을 바라보아야 했으며, 과격한 문화적 표현들만 난무하는 듯한 바이마르 정부보다 오히려 한때 기세를 떨쳤던 빌헬

름 제정기를 이상적으로 생각하게 되어 그 시절을 그리움 가득히 회상하게 된 것이다. 로볼트는 이러한 대중들이 지닌 정치의식의 치졸함과 변덕스러움을 통감하고 있었다. 어제와 오늘이 지나고, 다시 내일이 오면 정치적 입장을 한 순간에 뒤집어버리는 대중들을 앞에 두고 그는 하나의 정치적인 입장을 제시하는 것보다는 자유로운 언론의 광장을 제시하는 게 낫다고 생각했다.

—이 책, 173~174쪽

후카이 선생님은 이 시대에 '사상'을 조타하는 새로운 '편집자로서의 대중'이 전면에 나서고 있음을 우려 섞인 시선으로 바라보고 있다. 급기야 대중은 사상의 씨앗을 뿌리는 저자의 영역까지도 잠식해가고 있다. 매체의 발달과 함께 대중이 사상을 주도하는 것은 피할 수 없는 현상이겠지만, 후카이 선생님은 로볼트가 직시하고 있던 나치스 시대 직전 독일 대중의 어리석음을 우리가 준엄한 경고(반면교사)로 삼아주길 촉구하고 있다. 1934년 레비나스는 자신의 논문 서두에서 "히틀러의 철학은 유치하기 짝이 없지만, 그 유치함이 지금 독일 영혼에 비밀스러운 향수를 불러일으키고 있다"고 적었다. 그릇된 향수에 취한 대중은 언제든지 고삐 풀린 망아지처럼 자신이 어디로 가는지 모른 채 우왕좌왕할 수 있음을 지적한 것이다. 80년 전 독일이 그랬고, 현재의 한국과 일본이 그런 상태이다.

근대 이후 '편집자'는 저자와 독자를 역동적으로 연결시켰다. 마치 '살아 있는 생물'같이 '사상' 그 자체로서 존재했다. 그런데 이제는 대중이 그 영역을 잠식하여 앞으로 어떤 생물로 변해갈지 그 예단이 힘들다. '두 번째 저자'(슈나이더)나 '숨어 있는 저자'(발)와 같은 표현은 '편집자'가 결코 주변적이고 보조적 존재라는 사실을 의미하는 것이 아니다. 오히려 그것은 공공사회의 사상적 조류를 조타하던 '공공의 예언자'로서의 편집자를 강조한 말이다.

그런 점에서 다수의 대중이 '편집자'의 기능을 잠식해오는 이 시대에 기존 '편집자'들의 사명은 더욱 커져버렸다. 과거에는 편집자가 행하는 사상의 조타 활동에 대중이 많은 경우 이끌려 왔지만, 이제는 대중이라는 이름의 편집자가 몰고 오는 거대한 사상의 파고와 맞서야 하기 때문이다. 그 파도의 방향이 공공의 순행에 도움이 될 수도 있겠지만, 오히려 역행할 수도 있다. 그럴 때, '편집자'는 비로소 '공적인 예언자'의 사명을 감당해야 한다. 왜냐하면 시민 한 사람 한 사람의 의식을 일깨워 그들을 한 덩어리의 대중으로 뭉쳐내야 하기 때문이다.

민주주의의 최후의 보루는, 깨어 있는 시민의 조직된 힘이다.

'사상'을 오롯이 담아내는 '기록'의 중요성을 유난히 강조했던 한 전직 대통령의 유훈이다. 하지만 우민화(愚民化) 정책을 통한 괴벨스 시대로의 회귀를 획책하는 자들이 여전히 득세하고 있으며, 한국의 대중은 빌헬름 제정기를 그리워하던 나치스 직전의 독일 대중과 닮아 있다. 저자들은 자신의 사상을 열심히 씨 뿌려보지만 여전히 힘에 부친다. 인터넷과 SNS 매체가 대중에게 주어졌어도 여전히 대중이란 이름의 편집자에게는 편집 능력이 충분히 배양돼 있지 못하다. 그렇기 때문에 '사상으로서의 편집자'가 사명을 감당해야 할 절실한 시대가 아닐 수 없다.

'편집자'는 거대한 '사상의 바다' 한가운데서 길을 찾아나가는 항해사이다. 정치인, 기업가, 성직자 들은 사상을 구현하는 바다 위의 선장과 같은 존재들이다. 그런데 그들 각 배의 선장들이 조타의 의무를 등한시하고, 승객들을 권력 유지와 이윤 창출의 도구로 수단화하며, 위기 발생 시 그들을 사지에 방치해둔다면, 항해사는 선장의 오판을 바로잡아야 한다. 급류나 암초, 빙산 같은 위험한 사상의 바다가 눈앞에 확인되면 뱃길을 돌려야 하지 않겠는가? 그리고 항해사는 선장뿐 아니라 승객들도 일깨워야 한다. 2014년의 세월호 사건은 선장과 항해사 모두가 승객을 버렸기에 일어난 참극이다. 안타깝게도 대한민국의 출판언론인, 즉 편집자들 가운데엔 승객을 버리고 선장과 함께 도망친 세월호의 항해사 같은 이들이 너무 많은 것 같다. 정치권력과 자본가, 성직자 들이 그릇된 사상으로 역사를 왜곡시켜갈 때 '편집자'가 그걸 바로잡아야 한다. 그때 대중은 비로소 거대한 사상의 바다 한가운데서 안전한 항행을 이어갈 수가 있다. 그러므로 '항해사로서의 편집자'는 사상의 바다를 온몸으로 파악하고 체득한 '사상 그 자체'가 되지 않으면 안 된다. 침몰할 것만 같아 위태로운 이 시대의 대한민국에 때마침 이 책이 소개되는 것이 참으로 다행스러운 이유이다.

이 책은 교토대학의 아시나 사다미치(芦名定道) 선생님께서 처음 소개해주셨다. 마침 대한기독교서회의 ≪기독교사상≫이 창간 55주년을 맞아 기념 연재를 기획 중이었는데, 그 과정에서 서진한 사장님과 홍승표 편집장님이 지면을 허락해주셔서 번역 기회를 얻었다. 총 20회에 걸쳐 연재된 이 책의 내용은 한국의 목회자와 신학자, 신자 들에게까지 폭넓은 호평을 받았다. 하지만 이 책은 기독교 사상은 물론, 독일의 출판과 정치, 문화, 예술의 주제들을 총체적으로 다루고 있기 때문에 종교와 무관하게 일반 독자들에게도 소개되면 좋겠다고 생각해왔다. 그런데 마침 도서출판 '한울'의 박행웅 고문께서 연락을 주셨고, 이렇게 단행본으로 한국 독자들과 만날 수 있게 되었다. 좋은 책을 알아봐 주신 도서출판 한울의 사장님과 헌신적으로 책을 만들어주신 편집자들께 진심으로 감사드린다. 또한 바쁜 학위 일정 속에서도 번역본을 읽어주며 교정에 힘써준 김진혁 박사(영국 옥스퍼드대학)와 안성헌 목사(프랑스 스트라스부르대학), 그리고 독일어 해독을 감수해주신 하시모토 유키(橋本祐樹) 목사(독일 하이델베르그대학)와 서평 부탁에 흔쾌히 응해주신 장로회신학대학교의 낙운해 교수님, 번역 시작 단계부터 격려와 지원을 아끼지 않았던 신교출판사(新教出版社)의 고바야시 노조무(小林望) 사장님, 후카야 유키(深谷有基) 편집장님, 어려운 일본어 표현에 막힐 때마다 고민을 해결해준 아내 가미야마 미나코(神山美奈子) 목사에게도 특별히 감사의 마음을 전하고 싶다. 마지막으로, 부족한 사람을 신뢰하여 기탄없이 번역을 맡겨주신 후카이 토모아키 선생님께도 재차 감사의 말씀을 드린다. 부디 이 책이 한국의 독자들에게, 독자 스스로가 올바른 사상의 조타수, 즉 '사상으로서의 편집자'가 되어야겠다는 사명감을 자극하는 청량제가 되길 바란다. 그 바람이 이뤄진다면 지난한 번역 작업의 피로감도 모두 사라질 것 같다.

2014년 6월 10일

일본 니시노미야(西宮) 갑산(甲山) 아래에서

홍이표

찾아보기

【출판사명】

【인명】

지은이 소개

후카이 토모아키(深井智朗) 교수는 1964년생으로, 독일 아우크스부르크대학 철학·사회학부에서 박사학위(Dr. Phil.)를 취득하였고, 이후 다시 교토대학(京都大學) 대학원 문학연구과에서 문학박사학위를 받았다. 일본 도쿄의 세이가쿠인대학(聖學院大學) 종합연구소 교수, 일본기독교단 다키노가와(瀧野川) 교회 목사를 거쳐, 현재는 나고야에 있는 긴죠가쿠인대학(金城學院大學) 교수로 재직하고 있다.

옮긴이 소개

홍이표(洪伊杓) 목사는 연세대 학부에서 신학과 법학을 전공했으며, 동 대학 연합신학대학원에서 신학석사(Th.M.)를, 일본 교토대학 대학원에서 문학석사를 마친 뒤, 연세대 대학원에서 박사학위(교회사 전공, Ph.D.)를 취득했다. 현재 기독교대한감리회 목사로서 일본기독교단 협력선교사로 활동하면서, 교토대학 문학연구과 박사과정에서 일본기독교사 및 사상사 연구를 이어가고 있다.

한울아카데미 1769
사상으로서의 편집자
현대 독일 프로테스탄티즘과 출판의 역사

지은이 | 후카이 토모아키
옮긴이 | 홍이표
펴낸이 | 김종수
펴낸곳 | 도서출판 한울
편집책임 | 이교혜

초판 1쇄 인쇄 | 2015년 2월 13일
초판 1쇄 발행 | 2015년 2월 27일

주소 | 413-120 경기도 파주시 광인사길 153 한울시소빌딩 3층
전화 | 031-955-0655
팩스 | 031-955-0656
홈페이지 | www.hanulbooks.co.kr
등록번호 | 제406-2003-000051호

Printed in Korea.
ISBN 978-89-460-5769-2 93920(양장)
ISBN 978-89-460-4961-1 93920(학생판)

* 책값은 겉표지에 있습니다.
* 이 책은 강의를 위한 학생판 교재를 따로 준비했습니다.
  강의 교재로 사용하실 때에는 본사로 연락해주십시오.